「健康で文化的な生活」をすべての人に

憲法25条の探究

浜岡政好・唐鎌直義・河合克義 編著

板倉香子・菅野道生・中野航綺・小川栄二・
中村美帆・吉永　純・安發明子 著

自治体研究社

はじめに
——「健康で文化的な生活」調査の概要と本書の目的・構成

河合克義

1 「健康で文化的な生活」実現のために

　本書は、「健康で文化的な生活」調査からみえてきた事実、そして課題を多角的に考察したものである。この調査は「健康で文化的な生活とは何か」を考えるために、調査対象者の生活実態を量的・質的に把握しようと企画された。

　調査を実施しようとした背景には、国が 2013 年から生活保護基準引き下げを強行していることがある。この引き下げの取消を求めて全国で 1000 人以上が訴訟を起こしている。昨今の社会保障・社会福祉政策の基調にある「自己責任」論、あるいは生活保護への非難・攻撃などによって、生活保護利用者対年金生活者・勤労者との対立と分断が深まっている。生活保護基準の低位性を問題にすること自体が、〈みんなが我慢して頑張っている「国民感情」〉からしておかしいというような雰囲気さえ作られているのである。そうであろうか。現実の生活保護基準は、到底十分なものとはいえない。現在の生活保護基準に「健康で文化的な」内容を含めて考えると、このことはより明確になる。

　さらに、私たちが大きな課題として捉えていることは、わが国では低所得層以上の一般層も含めて「健康で文化的な生活」をしているのかどうか、ということである。その現実を本書で明らかにし、「健康で文化的な生活」を実現するには、何が必要なのかを考えたい。すべての人にとっての「健康で文化的な生活」とは何なのであろうか。

2 「健康で文化的な生活」調査の概要と結果

　本書発行の直接的な契機は、本書の執筆者の多くが関わった「健康で文化的な生活」調査の結果を広く発信しようという意見から始まった。

　「健康で文化的な生活」調査の対象は、次の2つの組織である。第1は、全日本民主医療機関連合会（以下、全日本民医連）の共同組織、第2は全国生活と健康を守る会連合会（以下、全生連）の会員である。この2つは、日本の社会保障領域の自主的民間組織であり社会保障運動を推進してきている団体である。

　本調査が実施された2018年時点において、全日本民医連は358万8383組織、全生連は会員数5万2813世帯という規模の団体である。この両者を合計すると364万1196組織・世帯という巨大組織となる。この約364万組織・世帯が本調査の母数である。

　この母数の特徴を把握する調査として、全日本民医連の場合は358万8383組織の700分の1を無作為抽出した。抽出された数は5126組織であり、この組織に対してアンケート調査を実施した。また全生連は、5万2813世帯の10分1を無作為に抽出した。抽出された数は5286世帯であり、この対象にアンケート調査を実施した。両組織から抽出された数の合計は、1万412となった。この約1万ケースに対するアンケート調査が、第1次調査である。調査票は、2つの組織の抽出対象に対し、同一内容のものを使用した。

　本調査は、2段階になっている。まず第1次調査としてのアンケート調査を実施した。その後、第1次調査のデータから類型ごとの典型例を選び、第2次調査として訪問面接調査を実施した。訪問面接ができたケースは、北海道から九州までの地域に分布しているが、全部で29世帯となった。

　なお、2次調査の際に、訪問対象者に1週間の日記の記述をお願い

した。日記を書いてくださった方は、全部で16人であった。日記の記述期間は1週間ということでお願いしたが、中には1週間を超えて詳細に書いてくださった方もいた。この日記は、非常に貴重にして詳細な生活の現実と彼らの意識を私たちに示してくれている。

　第1次調査の回収結果については、全日本民医連の有効回収数が926ケース、有効回収率が18.1％、全生連の有効回収数が3416ケース、有効回収率が64.6％であった。

　この調査の報告書は、『健康で文化的な生活とは何か—全国生活と健康を守る会連合会会員および全日本民主医療機関連合会共同組織の生活と意識に関する調査報告書—』というタイトルで、2020年12月に発行されている。発行元は、全国生活と健康を守る会連合会および民主医療機関連合会である。

3　本書の構成

　本書は、単に「健康で文化的な生活」調査の結果を紹介したものではない。本書の構成を考えるために研究会を何回か行った。その際、この調査に参加していない2人の研究者をあらたに迎えた。静岡文化芸術大学の中村美帆氏とパリ在住の社会保障・社会福祉研究者である安發明子氏である。

　中村は、その著書『文化的に生きる権利—文化政策研究からみた憲法第二十五条の可能性—』（春風社、2021年）において、憲法制定過程で25条の中身を提唱・検討した森戸辰男と鈴木義男について論述している。中村は、この労作において森戸と鈴木の文化の捉え方をつぎのように紹介している。

　「森戸は文化の前提としての生活の安定・向上を重視しており、生存権による経済的保障の目的として『文化の生成と繁栄』も視野に含めていた可能性が指摘できる。鈴木は贅沢ではないが通常の文明の恩

沢に浴し、芸術、社交、読書、修養といった人格価値を高められるような文化を享受できる生活の保障を念頭に『人格的生存権』を提唱し、最小限度の肉体の生存とは明確に区別する立場をとっていた」（中村美帆、前掲書、292頁）。

　これは、憲法制定過程での議論である。中村は文化政策の研究者である。しかし、中村は「文化権」という文化政策の基本理念に関わるものを生存権との関わりで研究してきており、私たちの研究領域では議論が薄い部分に対する重要な問題提起をしている。このことから、中村氏を私たちの研究会にお招きし、参加していただいた。

　また、パリ在住の社会保障・社会福祉研究者である安發氏は、フランスにおける子どもと家族を中心に、実態と社会諸サービスについて研究をしている方である。フランスの生活保障と文化活動が一体となった政策展開は、日本の「健康で文化的な生活」のあり方を考える新たな視点を与えてくれるものであり、安發氏を本書の研究会にお誘いした。フランスの生活に入り込む文化政策は、衝撃的ともいえる。

　さて、本書の構成について簡単に述べておこう。
　本書は、2部構成となっている。第1部は、「健康で文化的な生活」調査からみえてきた現実を述べている。第1章は、全国生活と健康を守る会連合会を対象とした調査にもとづく会員の生活実態を多角的に紹介した上で、とくに文化的生活に焦点をあてて分析した。第2章は、全日本民主医療機関連合会を対象とした調査からみえてきた一般的諸事実である。この章は、次の章において、限定的テーマで全生連と全日本民医連のデータを分析したことから、その前提としての全日本民医連の調査結果を概括したものである。なお、全生連の調査結果については第1章でみることができる。以上の2つの調査の一般的特徴を前提に、第3章では経済的理由による「切り詰め」・「滞り」経験の実

態を2つの調査データを用いて分析した。

つぎに、第4章では2つの調査の自由回答をベースに生活の現実をみた。その I は、2つの調査の自由回答の分析から健康で文化的な生活を構成する要素とその阻害要因を検討した。次に、その II として全生連調査について、その自由回答と2次調査として実施した訪問面接調査を通して人間に値する生活の基盤について考察している。

第5章は、第2次調査として実施した事例の分析である。生活歴をベースに各個人の意識も紹介している。とくに注目していただきたいことは、人生の軌跡が現在を決定づけていることである。つまり、調査時点現在の状態を分析してもみえてこない、生活の歩みの中で作られているもの、現在の生活の背景が描かれる。

第2部は、調査結果を基本にしつつも、その枠を超えて「健康で文化的な生活」を実現するための諸条件を考えた。第6章として「生活」と「文化」を憲法25条の成立過程に焦点をあてて分析した。憲法25条と文化的に生きる権利を論じた章である。

第7章は、すでに触れた生活保護基準引き下げ違憲訴訟、いわゆる「いのちのとりで裁判」を通して「裁判所の貧困観」を眺め、さらに「健康で文化的な生活」調査が明らかにした貧困の実態を通じて述べている。

第8章は、日本の最低生活保障と国民生活の現状を、社会保障政策の方向性との関連で考察したものである。とくに日本の社会保障政策の特殊性を給付水準の国際比較から分析し、健康で文化的な最低生活保障を行う財政的ゆとり（経済力）が充分すぎるほどにあることを明らかにしている。

第9章は、フランスの子どもと家庭の実態と諸社会サービスおよび文化政策の実態を紹介している。生活の基盤が政策的に整えられ、その上に幼少期から高齢期まで文化活動に参加する多様なプログラムを

持つ実態が示される。日本にとっては刺激的ともいえるものがある。

　第10章は、本書のまとめとして「健康で文化的な生活」を問うことの今日的意味を、1つは「健康で文化的な生活」という物差しの検討、2つは「最低限度」（ミニマム）の重要性の検討をおこない、最後に地方自治体と社会運動の役割について提言している。

4　生活と文化を考える視点

　憲法25条は、「すべて国民は、健康で文化的な最低限度の生活を営む権利を有する」と規定している。ここには「健康」「文化」「最低限度」という3つの要素がある。本書では、この3つの要素が正しく機能し、真に「健康で文化的な最低限度の生活」が実現する条件を考えたい。

　これまで「健康」や「最低限」の問題については、その水準や政策の方向について問題が多いとはいえ、それなりに議論されてきた。しかし、〈国民の基本的生活領域の課題として〉文化の問題についてはあまり取り上げられてきていない。現実に、国民の文化的活動の内容は階層的な格差を含んでいる。私たちは、今日の日本において「健康で文化的な生活」とは何かを、この格差を前提に問われなければならないと考えている。

　読者は、本書において「文化的生活」が強調されすぎているように感じられるかもしれない。「貧困・低所得の状態にある人に向かって文化を強調することは問題だ。その前に、生活保障こそが必要だ」ということはよくいわれることである。文化以前の生活保障がないではないかと。

　しかし、私たちは、憲法25条が規定する「健康で文化的な生活」を保障するミニマムをいかに実現するかを、総合的に考えたいのである。

目　次

「健康で文化的な生活」をすべての人に
―憲法 25 条の探究―

第1部

調査からみえてきた「健康で文化的な生活」の現実

第1章

全国生活と健康を守る会連合会会員の生活実態と文化的な生活

板倉香子

はじめに

　「健康で文化的な生活」とはどのような生活なのか。文化というと演劇や音楽、美術といった芸術をまず想起するが、趣味や娯楽、スポーツ、学習、ボランティア活動なども、文化的な活動といえる。本稿ではこの「文化的な生活」をどのように捉えるかという命題に対し、社会参加活動を切り口として考察を試みたい。ここでいう社会参加活動とは、趣味の会や町会・自治会活動など、身近な地域で住民同士が交流しながら取り組むものを指す。趣味や健康づくり、学習といった文化的要素を媒介として、人々が互いにつながりあい社会に参加していく活動である。

　ここでは、「健康で文化的な生活」全国調査のうち、全国生活と健康を守る会連合会（以下、全生連）の会員を対象として実施した調査結果を用いて分析と考察を行う。

1 「全国生活と健康を守る会連合会」
調査回答者の特徴

まずは、調査回答者の特徴をみていきたい。

(1) 性別・年齢・家族構成

　回答者は、男性が 46.0%、女性が 53.0% であった。平均年齢は 69.1
歳で、65 歳未満が 26.7%、65 歳以上 75 歳未満が 38.2%、75 歳以上が
35.1%、65 歳以上の高齢者が回答者に占める割合は 7 割を超えた。全
生連調査の回答者は高齢者が多い。

　家族構成は、ひとり暮らし世帯（単独世帯）がもっとも多く 43.3%
を占め、そのほか、夫婦のみの世帯が 24.9%、「夫婦と未婚の子」「ひ
とり親と未婚の子」の二世代世帯が 22.5%、三世代世帯は 3.4% であっ
た（表1-1）。これを国民生活基礎調査（2018 年）と比較すると、全
生連調査の回答者は「単独世帯」が多く、「夫婦と未婚の子のみの世
帯」が少ないことがわかる。上述したように、本調査の回答者は高齢
者が多いため、比較的若い世代である「夫婦と未婚の子のみの世帯」
が少なくなっていると考えられる。

表1-1　家族構成の比較

(%)

	全生連調査	国民生活基礎調査(2018)
単独世帯	43.3	27.7
夫婦のみの世帯	24.9	24.1
夫婦と未婚の子のみの世帯	12.8	29.1
ひとり親と未婚の子のみの世帯	9.7	7.2
三世代世帯	3.4	5.3
その他の世帯	6.0	6.6

出所：「健康で文化的な生活」調査の結果および厚生労働省「平成 30 年国民生活
　　　基礎調査の概況」より筆者作成。

(2) 仕事・収入・経済状況

　仕事については、現在の仕事と、これまでもっとも長く就いた仕事（最長職）についてたずねた（表1-2）。

　現在の仕事については、無職（現在仕事をしていない）がもっとも多く、56.9％を占めた。現在仕事をしている人のうちでは「非正規就業」で働く人が多く、次に多いのが「自営業」で、「正社員・正職員」は6％程度であった。それを年齢階層別にみると、年齢が高くなるにしたがって正規職員の割合が低くなり、無職の割合が高くなることがわかる。非正規就業は、75歳を超えると5％程度と低くなるが、65歳以上75歳未満ではおよそ2割弱を占める。高齢期に入っても継続して就労しているのではないかと考えられる。65歳未満の場合、「正社員・正職員」が15.7％、「非正規就業」の割合が27.4％である。

　これまでにもっとも長く従事した職業（最長職）では、「正社員・正職員」が44.0％、「非正規就業」が27.1％、「自営業」が19.1％であった。

　次に、年間収入についてみていく。表1-3は、個人と世帯それぞれの年間収入について集計したものである。表からは、世帯の年間収入が400万円を超える世帯はわずか1割であり、200万円未満の収入で

表1-2　現在の仕事と最長職

(％)

	現在の仕事				最長職
	全体	65歳未満	65歳以上75歳未満	75歳以上	
正社員・正職員	5.8	15.7	2.7	1.1	44.0
非正規就業	17.0	27.4	19.3	5.4	27.1
自営業	10.1	12.2	11.2	6.8	19.1
その他の就業形態	5.2	9.5	5.4	1.3	8.5
仕事をしたことはない	5.0	9.8	4.0	2.1	1.4
現在仕事をしていない	56.9	25.4	57.3	83.3	―

出所：「健康で文化的な生活」調査の結果より筆者作成。

表1-3　年間収入

(%)

	世帯の年間収入	個人の年間収入
100 万円未満	31.6	41.5
100 万円以上 200 万円未満	36.9	40.4
200 万円以上 400 万円未満	21.0	14.3
400 万円以上	10.5	3.7

出所：表1-2に同じ。

表1-4　経済状況についての意識

(%)

	全生連調査	国民生活基礎調査(2018)
大変ゆとりがある	0.4	0.8
ややゆとりがある	4.1	3.7
普通	31.9	38.1
やや苦しい	37.6	33.3
大変苦しい	26.0	24.4

出所：表1-1に同じ。

暮らす家庭が全体の7割近くを占めていることがわかる。個人の収入をみると、200万円未満の収入の人が8割にものぼる。

　国民生活基礎調査によれば、全世帯の平均所得は552.3万円、高齢者世帯は312.6万円である。また、年間所得が100万円未満の世帯は6.4％、100万円以上200万円未満の世帯は12.6％である[1]。それと比較すると、全生連調査回答者の収入は全体的にかなり低い方に寄っていることがわかる。収入源として多くを占めているのは「年金（老齢年金）」（62.0％）であった。そのほか、「仕事による収入」が38.6％、「生活保護」が30.8％にのぼった。

　家の経済状況の感じ方について表1-4をみると、経済状況にゆとりがあると感じている人の割合はわずか4.5％しかない。「普通」という回答もおよそ3割しかなく、実に6割もの人が経済状況について苦しいと感じていることがわかった。これは国民生活基礎調査と比べるとやや高い割合で、全生連会員の生活の厳しさがみてとれる。

(3) 本人の健康状態

健康状態については、5割の人が「良くない」と回答している（「あまり良くない」36.4%、「良くない」13.9%）。健康状態の良くない人が多いことは、本調査の特徴のひとつである。

健康状態について、厚生労働省が 2018 年に実施した「家庭の生活実態及び意識に関する調査」の結果と比較したものが表1-5である。一般世帯の場合、半数の人が「普通」と回答しており、「あまり良くない」と「良くない」を合わせた健康状態が良くない人の割合は 15.6% であった。全生連調査の結果とは大きく異なることがわかる。では、生活保護受給世帯と比較するとどうか。全生連調査の回答と生活保護受給世帯の回答では、「普通」が3割程度で傾向としては似ているところがある。しかし、それでも「健康」（「良い」＋「まあ良い」）な人の割合は全生連調査では 15.3% で、生活保護受給世帯の 25.4% を大きく下回っている。「あまり良くない」と「良くない」を合わせた「健康状態が良くない」人の割合は、生活保護受給世帯では 41.8%、全生連調査では 50.3% であった。一般世帯と比較すると、全生連調査と生活保護受給世帯の傾向は似ているが、全生連調査の方が健康状態の良くない人がより多いことがわかる。

表1-5　健康状態の比較

(%)

| | 全生連調査 | 家庭の生活実態及び生活意識に関する調査 | |
		生活保護受給世帯	一般世帯
良い	5.6	13.6	16.1
まあ良い	9.7	11.8	17.7
普通	33.3	32.2	49.6
あまり良くない	36.4	31.7	13.6
良くない	13.9	10.1	2.0
無回答／不詳	1.0	0.6	1.0

出所：「健康で文化的な生活」調査結果および厚生労働省「家庭の生活実態及び生活意識に関する調査」より筆者作成。

表1-6　年齢階層・世帯の年間収入別にみた健康状態

	年齢階層			世帯の	
	65歳未満	65歳以上 75歳未満	75歳以上	100万円未満	100万円以上 200万円未満
良い	9.5	4.1	4.3	2.9	4.4
まあ良い	11.9	9.8	8.6	6.0	8.5
普通	32.9	37.1	30.3	29.9	30.6
あまり良くない	32.0	36.0	41.3	41.5	41.1
良くない	13.7	13.0	15.5	19.6	15.3

出所：表1-2に同じ。

　表1-6は、健康状態を年齢階層と年間収入別に集計したものである。一般に、加齢に伴って有病率が上がり、健康状態の良くない人が相対的に増えていくといわれる。本調査の回答者についても、年齢が高いほど健康状態の良くない人の割合が高くなることがわかる。とくに割合に変化があるのは「あまり良くない」で、「65歳未満」では32.0％であったが、「65歳以上75歳未満」では36.0％、「75歳以上」では41.3％と、年齢が上がるにつれて割合が高くなっていくことがわかる。しかし一方で、健康状態が「良くない」人の割合は、どの年齢階層においても13～15％程度でそれほど大きな差はみられない。全生連調査の回答者は、全体的に健康状態の良くない人が多く、65歳未満の比較的若い世代においてもその傾向がみられることがわかる。

　年間収入別には、収入の低い人のほうが健康状態の良くない人の割合が高い。年間収入が200万円未満の場合、健康状態が「あまり良くない」人の割合は4割にのぼり、「200万円以上400万円未満」（28.6％）、「400万円以上」（18.9％）と比べて高い値を示している。また、健康状態が「普通」の人の割合は3割で、200万円以上の人が4割前後であることと比べると、低い割合にとどまっている。

年間収入		
200 万円以上 400 万円未満	400 万円以上
8.1	15.2
12.9	21.7
43.3	39.8
28.6	18.9
7.1	4.3

(%)

(4) 近所づきあい

近所づきあいについては、回答者全体でもっとも高い割合を占めたのが「あいさつを交わす程度」で36.4%、次いで「会ったときに世間話をする」が25.7%であった。行き来がある（互いに行き来する・ときどき行き来する）ような親密なつきあいをしている人の割合は、およそ3割であった（表1－7）。

それを男女別にみると、男女ともにもっとも高い割合を示したのは「あいさつを交わす程度」であったが、その割合は、女性が3割程度であったのに対して、男性は4割にのぼっていることがわかる。「つきあいがない」と回答した人の割合は、女性は6.4%、男性は10.2%であった。女性より男性の方が、近所づきあいが希薄な傾向にあることがわかる。

年齢階層別には、高齢であるほど近所づきあいが親密になる傾向がある。65歳未満の場合、「あいさつをかわす程度」の人が半分を占め、行き来があるような親密なつきあいをする人（「互いに行き来する」＋

表1－7 性別・年齢階層別にみた近所づきあいの程度

(%)

	全体	性別		年齢階層		
		男性	女性	65歳未満	65歳以上 75歳未満	75歳以上
互いに行き来する	12.0	10.2	13.6	5.4	10.6	18.7
ときどき行き来する	17.7	16.8	18.5	13.1	17.9	21.0
会ったときに世間話をする	25.7	22.0	28.9	20.1	28.5	26.8
あいさつを交わす程度	36.4	40.8	32.6	50.2	34.6	27.9
つきあいがない	8.2	10.2	6.4	11.3	8.4	5.6

出所：表1－2に同じ。

表1-8　健康状態別にみた近所づきあいの程度

(%)

	健康状態が良い	普　通	健康状態は良くない
互いに行き来する	18.0	11.6	10.5
ときどき行き来する	19.2	20.4	15.2
会ったときに世間話をする	26.7	26.8	24.5
あいさつを交わす程度	32.1	35.5	38.6
つきあいがない	4.0	5.7	11.1

出所：表1-2に同じ。

「ときどき行き来する」）の割合は2割弱である。しかし、年齢階層が高くなるにつれ、親密なつきあいをする人の割合は3割から4割程度に高まり、一方で「あいさつを交わす程度」の割合は3割台から2割台へと低くなっていく。内閣府が行った「社会意識に関する世論調査」においても、男性より女性の方が比較的親密な近所づきあいをすること、そして年齢が高いほど近所づきあいが親密になる傾向にあった[2]。近所づきあいの程度については、全国的な傾向と大きく変わらないことがうかがえる。

　高齢であるほど近所づきあいが親密になる傾向はあるが、健康状態とのかかわりはどうであろうか。表1-8は、健康状態別に近所づきあいの程度をみたものである。この表によれば、行き来があるような親密な近所づきあいをする人は、健康状態が良い人では37%程度、良くない人では25%程度で、健康状態が良い人の方が多かった。一方、「つきあいがない」と回答する人の割合は、健康状態が良い人ではわずか4%であったが、健康状態が良くない人では、およそ1割であった。健康状態が良くなければ外出の機会は減り、人との接触が少なくなってしまうことから、近所づきあいも希薄な方に寄っていくと考えられる。

　また、東京都が高齢者を対象に行った調査[3]によれば、単身世帯は近所づきあいが希薄な傾向にあることがわかっている。そこで、本調

表1-9　家族構成・結婚の有無別にみた近所づきあいの程度

（%）

| | 家族構成 | | | | | 結婚の有無 | |
	単独世帯	夫婦のみの世帯	親と未婚子の世帯	三世代世帯	その他の世帯	結婚歴あり	結婚歴なし
互いに行き来する	11.2	13.9	11.2	14.3	14.6	13.0	5.9
ときどき行き来する	15.0	19.6	18.3	32.1	16.2	18.5	12.1
会ったときに世間話をする	21.5	29.7	27.8	29.5	28.8	26.6	19.3
あいさつを交わす程度	38.7	33.7	38.6	21.4	34.8	34.8	47.5
つきあいがない	13.7	3.0	4.2	2.7	5.6	7.0	15.2

出所：表1-2に同じ。

査の回答者の近所づきあいについて、家族構成および結婚の有無別にみたものが表1-9である。

　単独世帯は、「会ったときに世間話をする」人の割合が他より低く（21.5%）、「つきあいがない」と回答する人が13.7%と高い。また、結婚歴がない人は「あいさつを交わす程度」が47.5%と半分近くを占め、「つきあいがない」も15.2%と、結婚歴がある人の2倍程度の割合を示した。ひとり暮らしの人、そして結婚経験がない人の方が、近所づきあいが希薄な傾向にあることがわかる。

　本調査の回答者は、①高齢者が多く、②収入が低く、③健康でない人が多いという特徴がある。これらは、次にみる社会参加の状況にも大きく影響している。

2　社会活動への参加と生活の充実

　本調査の回答者のうち6割の人が、地域の社会活動に参加している。本調査でその参加有無をたずねた社会活動は表1-10のとおりである。ここでは、

表1-10　地域で参加している社会活動

趣味・文化の会
健康づくりの活動
社会活動（PTA・生協活動など）
学習の会
ボランティア活動
町会・自治会活動
その他

社会活動に参加している人と参加していない人の状況を比較しながら
その特徴をみていく。

(1) 社会参加の状況

　社会活動への参加有無を男女別にみると（表1-11）、男女ともおよ
そ6割の人が社会活動に参加しており、そこに性別による差がないこ
とがわかる。

　年齢階層別には（表1-11）、65歳以上では、社会活動に参加してい
る人の割合が6割半を占めている。一方で、65歳未満の場合には、社
会活動に参加している人は53.2%とやや低くなる。

　表1-12は、社会活動への参加の有無別に健康状態と世帯の年間収
入を集計したものである。

　まずは健康状態についてである。すでにみたように、本調査の回答

表1-11　男女別・年齢階層別にみた社会参加の有無

(%)

	全体	性別		年齢階層		
		男性	女性	65歳未満	65歳以上75歳未満	75歳以上
社会参加あり	62.1	61.0	62.9	53.2	65.6	65.4
社会参加なし	37.9	39.0	37.1	46.8	34.4	34.6

出所：表1-2に同じ。

表1-12　社会参加の有無別にみた健康状態・世帯の年間収入

(%)

		全体	社会参加あり	社会参加なし
健康状態	健康状態は良い	15.5	17.8	12.0
	普通	33.7	36.8	28.4
	健康状態は良くない	50.8	45.4	59.6
世帯の年間収入	100万円未満	31.6	27.2	38.5
	100万円以上200万円未満	36.9	33.9	41.6
	200万円以上400万円未満	21.0	25.3	14.4
	400万円以上	10.5	13.7	5.6

出所：表1-2に同じ。

者は健康状態の良くない人が多いため、社会活動に参加している場合もそうでない場合も、健康状態が「良くない」と回答する人の割合が高い。そのうえで両者を比較すると、社会活動に参加している人の方が、「健康状態は良くない」人の割合が14ポイント程度低くなっている。また、「普通」と回答した人の割合は、社会活動に参加している人の方が8ポイント程度高い。全体的には、社会活動に参加している場合には、健康状態が比較的良い方に寄っていることがわかる。

　次に世帯の年間収入である。これもすでにみたように、本調査の回答者は収入の低い世帯が多く、全体の7割近くが200万円未満の収入である。社会活動に参加している場合、年間収入が400万円以上の世帯が13.7％、200万円以上400万円未満の世帯が25.3％で、およそ4割が200万円以上であり、200万円未満の人は6割であった。一方、社会活動への参加がない場合は、200万円未満の人が8割にのぼる。本調査の回答者は収入の少ない人が多いが、社会活動に参加していない人には、その傾向がより強く出ることがわかる。

　これらを踏まえて社会活動に参加している人の特徴をまとめると、(a)高齢者が多い、(b)健康状態が比較的良い人が多い、(c)相対的に収入が安定している、の3点である。

　さて、表1-13は、社会参加の有無別に近所づきあいの程度をみたものである。社会活動に参加している人は、互いに行き来があるような

表1-13　社会参加の有無別にみた近所づきあい

(％)

	全体	社会参加あり	社会参加なし
互いに行き来する	12.1	16.8	4.9
ときどき行き来する	17.6	22.2	10.0
会ったときに世間話をする	25.6	28.0	21.9
あいさつを交わす程度	36.5	28.9	48.4
つきあいがない	8.2	4.2	14.7

出所：表1-2に同じ。

親密な近所づきあいをしている人の割合がおよそ4割にのぼるが、社会活動に参加していない場合には15%程度にとどまる。一方で、あいさつを交わす程度のつきあいをしている人の割合は、社会活動に参加していない場合には48.4%と半分近くにのぼり、つきあいがない人の割合は1割半を占めた。これらはいずれも、社会活動に参加している人に比べて高い割合である。これらの結果から、社会活動に参加している人の方が、より親密な近所づきあいをしていることがわかる。

なお、この結果と、社会活動に参加している人の特徴との関連にも留意しておきたい。社会活動に参加している人は、高齢者そして健康状態が良い人が多い。高齢であるほど近所づきあいは親密になること、そして、健康状態の良い人の方が比較的親密な近所づきあいをすることがわかっている。このことが、社会活動への参加と近所づきあいの関係に影響していることは確かだろう。

⑵　文化施設の利用状況

本調査では「あなたが考える健康で文化的な生活とは」を自由回答でたずねている。そこでは、芸術やスポーツ、学習について以下のような意見がみられた。

・月に1回は映画やお芝居、スポーツなどを家族とともに観賞（観戦）できること。(57歳・女性)
・衣食住にかかるお金の心配がない状態で時には、旅行に行ったり、文化的な芸術に触れることができる生活。病院にかかることもなく、スポーツや日常の生活習慣に健康予防を意識した運動が取り組むことのできる生活。(57歳・女性)
・行きたい所に自由に行けて、旅行、コンサート、映画など友人たちと楽しめること。趣味にお金を気にせず没頭できること。社会参加も、出かけていけて、学習できること。(61歳・女性)

・最低限の衣食住は確保されている。趣味、学習、観劇等文化生活を享受できている。（70歳・男性）

　これらの回答にある「映画」「お芝居」「スポーツ」などを「文化的活動」とするなら、そうした活動を行える場が「文化施設」である。「映画」は映画館、「観劇」は劇場、「趣味」や「学習」、「社会参加」は図書館や公民館で行うことができる。ここでは、そうした文化活動の場となる地域の文化施設の利用状況についてみていきたい。

　本調査では、地域にある文化施設等の利用頻度をたずねている（表1-14）。全体的には利用しない（「あまり利用しない」＋「全く利用しない」）人の割合のほうが高く、7〜8割程度にのぼる。しかし「ショッピングセンター・百貨店」だけは、利用する（「よく利用する」＋「ときどき利用する」）人の割合のほうが高く7割にのぼり、利用しない人の割合は3割にとどまった。ショッピングンセンターや百貨店は、食料品など生活必需品を購入する店でもあり、映画や美術などに触れることのできる文化施設でもある。他の6施設とは利用傾向が大きく異なるのは、文化施設としてよりも店としての性質に対する回答になったからではないかと考える。そこで、以下では「ショッピングセンター・百貨店」を除いた6施設について分析と考察を行いたい。

　さて、6施設のなかで比較的よく利用される施設が「図書館」と「公民館・文化会館」である。利用する人の割合は、図書館は2割、公民

表1-14　文化施設等の利用有無

(%)

	図書館	映画館	劇場・コンサートホール	スポーツ施設・体育館	ショッピングセンター・百貨店	公民館・文化会館	博物館・美術館等
利用する	22.2	17.7	19.3	11.1	70.3	32.3	13.4
利用しない	77.8	82.3	80.7	88.9	29.7	67.7	86.6

出所：表1-2に同じ。

表 1－15　文化施設を利用している人の割合

(%)

		図書館	映画館	劇場	スポーツ施設	公民館	博物館
全体		22.2	17.7	19.3	11.1	32.3	13.4
性別	男性	22.8	15.9	15.3	10.6	30.6	13.5
	女性	21.6	19.0	22.9	11.5	33.7	13.1
年齢階層	65 歳未満	20.2	23.5	14.0	11.6	24.0	13.3
	65 歳以上 75 歳未満	24.9	17.4	22.5	11.5	35.0	12.9
	75 歳以上	21.1	12.2	20.5	10.1	36.2	14.2
健康状態	健康状態は良い	27.2	30.9	32.1	19.5	42.6	19.3
	普通	24.0	19.0	20.1	11.9	35.3	14.4
	健康状態は良くない	19.4	12.2	14.2	7.5	27.0	10.5
世帯の年間収入	100 万円未満	19.9	9.8	10.4	7.3	21.5	8.7
	100 万円以上 200 万円未満	20.5	14.8	16.3	8.1	29.2	11.0
	200 万円以上 400 万円未満	27.9	23.9	28.0	16.2	44.6	19.1
	400 万円以上	23.7	35.3	32.3	16.9	46.7	21.8

出所：表 1－2 に同じ。

館は 3 割であった。次に「劇場・コンサートホール」(19.3%)、「映画館」(17.7%) と続き、「スポーツ施設・体育館」と「博物館・美術館等」は 1 割強であった。

　次に、文化施設を利用している人の特徴をみていく。表 1－15 は、回答者の性別や年齢、健康状態、年間収入別に、各施設を利用している人の割合をまとめたものである。

　性別によって統計的な有意差が認められた施設は、映画館と劇場であった。いずれも女性の方が利用する人の割合が高い。そのほかの 4 施設は、多少の割合差はあるものの、統計的に有意な差は認められなかった。概ねどの文化施設も、男女の別なく 1 割から 3 割程度の人が利用していることがわかる。

　年齢階層別の割合に統計的な有意差が認められた施設は、図書館、映画館、劇場、公民館であった。公民館を利用している人の割合につ

いては、65 歳未満の場合は 2 割半であったが、65 歳以上では 3 割半に増えている。反対に、映画館は、年齢が若い人のほうが利用している人の割合が高くなっている。

次に、健康状態についてである。どの施設も、健康状態の良い場合に、施設を利用する人の割合が高く、健康状態が良くない場合には、利用している人は少なくなることがわかる。健康状態が良くない場合にも比較的利用者が多い施設は、図書館（19.4％）と公民館（27.0％）であった。

最後に、世帯の年間収入についてである。全体的に、収入が少ない人ほど施設を利用する人の割合が低くなる。収入が 100 万円未満でも比較的よく利用されている施設は、図書館（19.9％）と公民館（21.5％）である。

ここで、6 つの文化施設をその利用状況から、[A]図書館・公民館、[B]映画館・劇場・博物館、[C]スポーツ施設、の 3 つに整理を試みたい。

[A]図書館・公民館は、健康状態が良くない人や収入が低い層の人にも、比較的よく利用される施設である。これらは社会教育施設であり、公立であることが多く、無料で利用できること[4]、そして滞在型の施設であることが特徴である。とくに図書館は、収入による割合差がもっとも小さく、2 割から 3 割弱の人が利用している。性別や年齢、健康状態にもそれほど大きく左右されることがない。だれもが気軽に訪れて読書し学習することのできる図書館は、国民の文化的生活を支える貴重な社会資源となっているのではないだろうか。

また、公民館も、収入が少ない層でも安定的に利用されている施設である。健康状態が良くない場合でも、利用する人の割合は 3 割弱である。そして高齢者の利用が多い。公民館は、文化活動や学習、地域活動などを行える身近な文化施設となっていることがうかがえよう。

[B]映画館・劇場・博物館は、健康状態の良くない人や低所得層の利用が少ない施設である。とくに年間収入200万円を境に、利用する人の割合が顕著に低くなっている。[A]図書館・公民館が無料で利用できる滞在型の施設であるのに対して、[B]映画館・劇場・博物館は、観たい映画や演劇、展示などのプログラムを目的として、利用料を支払って鑑賞する場であることが特徴である。その点から、経済面が比較的安定している人のほうが利用しやすい施設といえるだろう。

　この3施設のうち博物館（美術館等を含む）は、図書館・公民館と同様に社会教育施設である。文部科学省が行った「平成30年度社会教育統計」によれば、全国の公民館、図書館、博物館のうち、1施設あたりの利用者数がもっとも多いのは博物館で、以下図書館、公民館と続く[5]。しかし本調査の回答者は、この3施設のうちでは公民館の利用率が高く、博物館は低い。その違いのひとつとして、利用料の有無が挙げられる。公益財団法人日本博物館協会「令和元年度日本の博物館総合調査報告書」（2020年9月）によれば、全国にある公立博物館のうち6割半が利用料を徴収している[6]。博物館が、同じ社会教育施設であってもグループ[A]と利用者像が異なるのは、この利用料の有無という違いが影響しているのではないだろうか。

　[C]スポーツ施設は、スポーツ鑑賞もしくは自身がスポーツを行うことを目的に利用する場で、利用料がかかることが多い[7]。健康で、収入が安定している人が利用する施設といえる。本調査は高齢で、収入が少なく、健康ではない人が多いことが影響しているのか、全体的に利用が少ない。比較的よく利用しているのは、65歳未満の人と、年間収入が200万円以上の層である。表1-6でみたように、65歳未満の人は65歳以上の人に比べて健康である人の割合が高い。また、年間収入が低い人ほど健康である人の割合は低くなる。スポーツ施設を利用する人は、まず健康であることがひとつの条件であり、その健康の背

景には、年齢や収入が関わっていることがうかがえる。

　あらためて本調査の回答者の特徴をみると、①高齢者が多く、②収入が低く、③健康でない人が多い。このうち②収入が低いことに注目すると、収入が低いほど文化施設の利用が少なくなること、とくに[B]映画館・劇場・博物館と[C]スポーツ施設にその傾向が強いことがわかった。これはすなわち、低収入の人ほど、文化施設の利用が限定され、遠ざけられているということでもある。「健康で文化的な生活」に関する自由回答では、こうした文化的活動を行うための経済的なゆとりが必要だとする以下のような意見が見られた。

・趣味・芸術・運動・旅行ができる時間とお金があること。（63歳・女性）

・体には他少病気があっても、命にかかわるものでなく、日常生活に支障がなく生活できることと、たまにはお友達と食事をしたり1泊旅行に出掛けることがあり、また映画や音楽会、美術館または趣味を楽しめること。でも体以外のことは多少お金に「ゆとり」がなければ、文化的生活というより心豊ではなく、心貧しいことではないかと思います。（68歳・女性）

　だれもが健康を維持し文化的活動を行える「健康で文化的な生活」を営むためには、それを実現できる収入の保障は、まず考えられるべきことであろう。加えて、文化施設を無料または安価な利用料で利用できるよう整備することも、文化施設を利用とそこでの文化活動の保障、すなわち「文化的な生活」の保障のために、欠かせないものではないかと考える。それには、社会教育施設である図書館、公民館、博物館だけでなく、地方公共団体による社会体育施設、そのほか民間施設である劇場や映画館についても、たとえば利用料の補助など、その利用が広く国民に保障されるようなしくみが求められる。

(3) 社会活動への参加と「文化的な生活」

　社会活動への参加の有無別に文化施設の利用状況をみたものが表1
-16である。全体的に、社会活動に参加している方が、各施設を利用
する人の割合が高い。

　とくに利用者の割合が高いのが公民館である。社会活動に参加して
いる場合、利用者の割合は 46.0％ にのぼっている。公民館は集会室や
調理室を備え、市民のサークル活動や町会・自治会、PTA などの会議
や活動の場として会場を提供している。また、ボランティア活動や趣
味の会、学習の機会の提供など、社会活動への参加を促進し、地域住
民同士のつながりをつくることもその役割である[8]。社会活動に参加
している人の利用が多いことは当然ともいえるだろう。

　先の表1-15において、公民館を利用する人の割合は65歳を境に高
くなる特徴をみた。公民館は社会活動に参加している人の利用が多く、
そして社会活動に参加している人は、(a)高齢者が多いという特徴があ
る。こうした特徴が、公民館の利用者の特徴として表れていたのであ
ろう。

　社会活動に参加している人は、公民館だけでなく多様な文化施設を
利用している。社会活動に参加している人の3つの特徴のうち、(b)
健康状態が比較的良い人が多い、(c)相対的に収入が安定しているとい
うことは、[B]映画館・劇場・博物館や[C]スポーツ施設を利用する人
の特徴にも共通している。文化施設を利用し社会参加ができる、すな
わち文化的な生活の機会を得やすい人は、とくに健康面と経済面の安

表1-16　社会参加の有無別にみた文化施設を利用している人の割合

(％)

	図書館	映画館	劇場	スポーツ施設	公民館	博物館
社会参加あり	26.9	21.3	24.8	14.7	46.0	17.5
社会参加なし	13.8	11.6	9.3	4.2	7.7	5.9

出所：表1-2に同じ。

定をその条件として備えていることがわかる。それは、健康や経済面の安定がない場合、文化施設の利用だけでなく社会活動への参加からも遠ざかることを示してもいる。社会活動への参加についても、健康状態や経済状況にかかわらず保障する方策が求められるだろう。

　自由回答には、文化的生活について次のような意見がみられた。

> ・「文化的な生活」は自分の好きなこと（短歌・絵手紙・民主文学、健康教室）に参加したり、自宅に友人がきてともに楽しむことができる状態。(78歳・女性)
> ・社会的なつながりを作っていくゆとりがある生活。(72歳・男性)
> ・社会活動への参加が参加費も含め充分にできる体や気力、経済面と時間的にも余裕がある。(70歳・女性)

　これらの回答にあるように、「友人がきてともに楽しむ」ことや「社会的なつながり」など、社会に居場所があり、またそれを作ることも、文化的な生活を構成するひとつのピースなのではないだろうか。社会活動に参加している人は、近所づきあいが親密な傾向にあり、文化施設をよく利用することとあわせて、人との接点が多い。社会活動への参加は、友人や社会とのつながりをつくる入り口となるのではないかと考える。

　一方、社会活動に参加していない人は、参加しない理由として、体の不調や費用の負担のほかに「一緒に参加する仲間や友人がいない」〈仲間の不在〉を挙げている[9]。近所づきあいが希薄な現代社会において、あらためて人とのつながりをどのように生み出していくのか、社会活動への参加促進は、「文化的な生活の保障」という視点からも取り組まれてよいと考える。

3 高齢期の生活と社会参加

　全生連調査の回答者は、その多くが65歳以上の高齢者である。ここでは、65歳以上の高齢者に限定して、とくにひとり暮らし世帯と夫婦のみ世帯の比較を行いながら、その生活と社会参加の状況をとらえたい。

(1) 性別・年齢・家族構成

　65歳以上の回答者の性別は、男性が43.5％、女性が56.5％であった。年齢構成は、65歳以上75歳未満の前期高齢者が52.1％、後期高齢者が47.9％で、前期高齢者の方が少し多い。

　家族構成（表1-17）は、ひとり暮らし世帯（単独世帯）が45.6％、夫婦のみの世帯が28.4％である。国民生活基礎調査では、65歳以上高齢者の単独世帯は27.4％、夫婦のみの世帯が32.3％であることから、全生連調査の回答者は、ひとり暮らし世帯が多いことが分かる。

　ひとり暮らし世帯は、結婚経験のある人が死別や離別をした場合と、未婚の場合がある。65歳以上高齢者の未婚率をまとめたものが表1-18である。2020年の国勢調査によると、65歳以上高齢者の未婚率は5.3％で、男性は6.6％、女性は4.3％であった。全生連調査では、65

表1-17　65歳以上高齢者のいる家族構成の比較

(％)

	全生連調査	国民生活基礎調査(2018)
単独世帯	45.6	27.4
夫婦のみの世帯	28.4	32.3
親と未婚の子のみの世帯	17.9	20.5
三世代世帯	3.0	10.0
その他の世帯	5.2	9.8

出所：表1-1に同じ。

表1-18　65歳以上高齢者の未婚率の比較

(%)

	全生連調査			国勢調査（2020）		
	全体	男性	女性	全体	男性	女性
65歳以上（全体）の未婚率	10.0	14.3	6.7	5.3	6.6	4.3
65歳以上（単独世帯）の未婚率	19.0	34.2	10.7	16.5	27.9	10.5

出所：「健康で文化的な生活」調査の結果および「令和2年国勢調査」（総務省統計局）より筆者作成。

歳以上高齢者の未婚率は10.0％で、男性は14.3％、女性は6.7％であった。

　このうち、ひとり暮らし高齢者の未婚率（表1-18）については、国勢調査では16.5％、全生連調査では19.0％で、全生連調査のほうが高い。男女別には、国勢調査では男性が27.9％、女性が10.5％、全生連調査で男性が34.2％、女性が10.7％であった。女性については国勢調査と同程度の未婚率であったが、全生連調査のひとり暮らし高齢男性の未婚率は、国勢調査よりも高いことがわかる。

(2)　年間収入と経済状況

　次に、年間収入についてである。ひとり暮らし世帯は本人の収入のみ、夫婦のみ世帯の場合は夫婦ふたりの年金等を合わせた世帯収入であるため、表1-19にあるとおり、世帯の種類別に収入額の区分を変えて集計した。

　ひとり暮らし世帯の場合、150万円未満の人が84.1％にものぼった。夫婦のみ世帯の場合には、200万円未満が55.2％を占めた。いずれももっとも金額の少ない区分が多くを占めている。経済状況の感じ方についても同様で、「苦しい」と回答した人の割合は、夫婦のみ世帯の54.1％、ひとり暮らし世帯の70.0％を占めた。経済的に厳しい状況におかれている世帯が、とくにひとり暮らし世帯には多くいることがわかる。

表 1 - 19　65 歳以上高齢者の収入と経済状況

ひとり暮らし世帯					夫婦のみ	
年間収入			経済状況		年間収入	
150 万円未満	150 万円以上 200 万円未満	200 万円以上	苦しい	200 万円未満	200 万円以上 400 万円未満	
84.1	10.2	5.8	70.0	55.2	34.0	

出所：表 1 - 2 に同じ。

表 1 - 20　収入別にみた 65 歳以上高齢者の健康状態

	ひとり暮らし世帯					
	全体	150 万円未満	150 万円以上 200 万円未満	200 万円以上	全体	200 万円未満
健康状態は良い	11.2	9.3	18.8	27.3	15.3	9.1
普通	29.8	28.1	44.8	40.0	37.3	30.9
健康状態は良くない	59.0	62.7	36.5	32.7	47.4	60.0

出所：表 1 - 2 に同じ。

　続いて、健康状態についてである。本調査の 65 歳以上高齢者は、健康状態が良い人の割合が 13.4％、普通が 33.8％、健康状態が良くない人は 52.7％ である。ひとり暮らしの場合には、健康状態の良くない人の割合は 59.0％、夫婦のみ世帯の場合は 47.4％ で、ひとり暮らし世帯のほうが高い割合であった（表 1 - 20）。それを収入別にもみていく。ひとり暮らし世帯では、収入が 150 万円未満の場合、健康状態の良くない人の割合は 62.7％ で 6 割強である。収入が高くなるにつれて、健康状態が良い人の割合が増え、200 万円以上の場合には、健康状態が良い人と良くない人がそれぞれ 3 割程度であった。夫婦のみ世帯についても同様で、収入が 200 万円未満の場合、健康状態の良くない人が 6 割であった。収入が 400 万円以上の場合には、健康状態の良い人が 4 割を占めた。ひとり暮らし世帯、夫婦のみ世帯ともに、収入が高くなるにつれ、健康状態の良い人の割合が高くなり、収入が低い人の 6

割は健康状態が良くないことがわかる。

　65歳以上の高齢者の基本的な特徴は、②収入が低く、③健康でない人が多いという本調査の回答者全体の特徴がそのまま表れている。そして、ひとり暮らし世帯の場合には、その2つもがより厳しい状況として確認できた。

(%)

世帯

	経済状況
400万円以上	苦しい
10.8	54.1

(3)　高齢者の社会参加と文化施設の利用

　ここでは、65歳以上高齢者の社会参加についてみていく。地域でなんらかの社会活動に参加している人の割合は、ひとり暮らし世帯は59.3%、夫婦のみ世帯は69.6%であった。夫婦のみ世帯の方が10ポイント程度高い。

(%)

夫婦のみ世帯

200万円以上 400万円未満	400万円以上
18.7	39.7
50.0	32.4
31.3	27.9

　表1-21は、ひとり暮らし世帯と夫婦世帯それぞれについて、社会活動への参加の有無別に、健康状態と経済状況について集計したものである。

　ひとり暮らし世帯では、社会活動への参加がない場合、健康状態の良くない人が67.3%で7割弱にのぼっている。夫婦のみ世帯では、同

表1-21　社会参加の有無別にみた65歳以上高齢者の健康状態と経済状況

(%)

		ひとり暮らし世帯			夫婦のみ世帯		
		全体	社会参加あり	社会参加なし	全体	社会参加あり	社会参加なし
健康状態	健康状態は良い	11.2	13.8	7.8	15.3	18.1	8.9
	普通	29.8	32.6	24.9	37.3	39.5	32.0
	健康状態は良くない	59.0	53.6	67.3	47.4	42.3	59.1
経済状況	ゆとりがある	2.8	4.1	0.9	6.4	7.1	5.0
	普通	27.2	29.5	23.9	39.5	43.2	31.7
	苦しい	70.0	66.3	75.2	54.1	49.7	63.3

出所：表1-2に同じ。

表1-22 社会参加の有無別にみた65歳以上高齢者の文化施設の利用

(％)

		65歳以上（全体）	ひとり暮らし世帯			夫婦のみ世帯		
			全体	社会参加あり	社会参加なし	全体	社会参加あり	社会参加なし
文化施設の利用あり	図書館	23.1	22.8	26.7	16.1	25.0	31.3	9.9
	映画館	15.1	11.0	14.4	5.7	19.0	22.4	10.2
	劇場	21.6	17.1	21.3	10.3	23.7	29.8	6.3
	スポーツ施設	10.9	9.0	11.4	4.6	11.8	14.9	3.3
	公民館	35.5	29.2	42.2	7.8	39.8	52.5	7.4
	博物館	13.5	10.9	14.6	4.9	15.7	19.0	6.3

出所：表1-2に同じ。

じく社会活動への参加がない場合、健康状態の良くない人が59.1％で6割である。いずれも、社会活動に参加している方が、健康状態が比較的良い方に寄っているが、全体として健康状態の良くない人が多いことには変わりない。

　経済状況についても、社会活動に参加していない方が「苦しい」と回答している人の割合が高くなる（ひとり暮らし世帯：75.2％、夫婦のみ世帯：63.3％）。そして、ひとり暮らし世帯と夫婦のみ世帯を比較すると、ひとり暮らし世帯の方が、経済的に「苦しい」と感じる人の割合が高いことがわかる。

　ここでも、社会活動に参加している人の特徴(b)健康状態が比較的良い人が多い、(c)相対的に収入が安定している、がそのまま表れていることがわかる。

　次に、文化施設の利用状況についてみていきたい（表1-22）。

　65歳以上高齢者がよく利用している施設は、公民館（35.5％）、図書館（23.1％）、劇場（21.6％）である。とくに公民館は利用している人の割合が6施設のなかでもっとも高く、住民に身近で利用しやすい文化施設であることがうかがえる。

　ひとり暮らし世帯においても、公民館（29.2％）、図書館（22.8％）、

劇場（17.1%）の順で利用者が多い。社会活動に参加している場合も同様で、公民館を利用する人は42.2%にのぼり、図書館は26.7%、劇場は21.3%であった。社会活動に参加していない場合には、全体的に利用者の割合が低く1割に満たない施設が4施設ある。比較的よく利用されている施設は図書館で、次に劇場、公民館と続いた。

夫婦のみ世帯では、6施設すべてにおいて、ひとり暮らし世帯よりも利用者の割合が高かった。社会活動に参加している場合には、図書館は3割を超え、劇場の利用もほぼ3割である。なかでもとくに利用する人が多いのが公民館（52.5%）である。夫婦のみ世帯のうち7割の人が社会活動に参加しており、その拠点となる公民館の利用者割合も高くなっているのだと考えられる。一方、社会活動に参加していない場合には、各施設の利用は大幅に減る。とくに、よく利用される施設である図書館、劇場、公民館に顕著であった。

65歳以上になると、仕事を退職後、地域活動に取り組み始める人も多い。本節でみてきたひとり暮らし世帯・夫婦のみ世帯の高齢者も、経済的には苦しい状況があるなかで、6割から7割の人がなんらかの社会活動に参加している。活動に参加している人は、比較的健康状態が良い人が多い。一方で、社会活動に参加していない人は経済的により厳しい状況にあり、健康状態も良くない。ひとり暮らし世帯・夫婦のみ世帯ともに、社会活動に参加しない理由のうちもっとも多いのは「体の調子が悪い」である[10]。高齢期に社会活動に参加したり、文化施設を利用するなど「文化的な生活」を送るためには、健康であること、それを維持することがひとつの条件となる。

健康に関しては、以下のような意見があった。

・病気の時は、安心して医療機関にかかり、治療してもらえること。自からの健康を維持するために、スポーツや休養、食事（栄養）が心配

> なく確保されること。(66歳・男性)
> ・病気をもっていても安定して（病状や費用）治療し、食事、運動、社
> 　会活動をやっていけること。(76歳・男性)

　「病気の時」だれもが安心して医療サービスを受けられる体制を構築することは、「健康」を支える重要な柱である。また、「病気をもっていても」治療を続けながら社会参加することのできる社会をつくることも、健康とその維持を保障するための取り組みなのではないだろうか。とくに高齢期は、体のどこかに不調を感じる人や、障害をかかえたり認知症になる者が増える。たとえば、認知症カフェは、認知症を理解し、社会で受け入れ、その居場所を築く活動である。それは、病気や障害がある人が、その人なりの健康を維持しながら社会の一員としてつながりを持ち続ける取り組みであり、地域における社会活動のひとつとして実践されている。こうした取り組みもまた、その人なりの「健康」に即した「健康で文化的な生活」を保障する場となるのではないだろうか。

　本節の最後に、文化的な生活について自由回答に寄せられたある意見を一部抜粋して紹介したい。

> ・地域で主権者として地域住民との交流や活動参加ができること（孤立
> 　しない）（仲間がいる）。
> ・現在も将来も生活に不安がないこと。居場所があること。やりがいが
> 　感じられる仕事や役割があること。社会につながっている（自分の存
> 　在価値が感じられる）こと。
>
> 　　　　　　　　　　　　　　　　　　　　　　　　　　　　（70歳・女性）

　収入の多寡や健康状態、障害の有無にかかわらず、人々が孤立することなく活動に参加し、社会とつながることのできる生活が「文化的

な生活」であり、それを実現し保障する社会づくりが求められている。

おわりに
──文化活動の経験と文化的な生活

　本章では、社会活動への参加と文化施設の利用実態から、「健康で文化的な生活」とくに「文化的な生活」について捉えようと試みてきた。

　社会活動に参加している人と文化施設を利用している人は、健康面と収入面で比較的安定している人が多いことがわかった。加えて、社会活動には65歳以上の高齢者の場合、よく参加する傾向にあることも明らかとなった。翻ってこのことは、健康状態や経済状況が不安定な層が、社会活動への参加や文化施設の利用から遠ざけられている実態を表してもいる。こうした層は、近所づきあいも希薄な傾向にある。生活のなかで、人と接し社会とかかわる機会が少なくなっているのではないだろうか。

　たとえば読書や音楽・芸術鑑賞、園芸、創作などの趣味を楽しむ文化的活動は、ひとりでも行うことはできる。それがその人の望むかたちなのであれば、それも文化的な生活のひとつの姿であろう。一方で、そうした活動を他者と共有し楽しみ、その活動や交流を通じて人や社会とつながる広がりをもてることも、文化的な生活の姿なのではないだろうか。文化に出会い、人に出会うなかで、また新しい文化に触れていく。文化施設の利用や社会活動への参加は、文化や人との出会いの場であり機会である。健康状態や経済状況にかかわらず、だれもが気軽に利用できる文化施設と社会活動への参加の機会をどのように保障していくかが課題である。

　それは、年代を問わず保障されるべきことだと考える。たとえば、高齢者は公民館を利用する人や社会活動に参加する人が多い。しかし、

仕事をしている世代である65歳未満は、社会活動への参加が相対的に少なく、その理由は「時間がない」がもっとも多い。時間的なゆとりをもたらす労働環境や所得保障と同時に、「時間がない」現状に即した工夫やアプローチも重要である。65歳未満の人は65歳以上の人に比べて映画館の利用者が多かったが、映画館におけるナイトショーやレイトショーなど、時間にゆとりが少ないなかでもアクセスしやすい工夫により、利用を促進していたのかもしれない。

　また、本調査では実態をとらえられなかったが、子ども・若者期の経験の保障も重要である。子どもは遊びや余暇活動を通じて、多様な文化に触れ、仲間と出会う。しかしその機会は低所得層ほど狭まり、子どもがそうした経験を得られるかどうかは、その子どもが育つ家庭の経済状況に左右されてしまう[11]。家庭の経済状況に関わりなく、子ども自身がその興味を広げ、文化に触れる機会を増やすことは、子どもに文化を楽しみ享受する力をつけ、将来その子どもが大人になったときに文化的な生活を営む素地をつくることだろう。

　子ども期から高齢期まで、生涯を通じて文化・社会活動へのアクセスを保障し、だれもが孤立せずに文化的生活を営むことのできる社会の構築が求められる。

注

1　厚生労働省「2019年　国民生活基礎調査の概況」2020年7月。高齢者世帯については、100万円未満が12.6％、100万円以上200万円未満が24.3％である（「国民生活基礎調査」［厚生労働省］を基に筆者集計）。

2　内閣府「社会意識に関する世論調査（令和2年1月調査）」2020年3月。

3　東京都福祉保健局「令和2年度『高齢者の生活実態』報告書」2021年10月。

4　公立図書館には、図書館法第17条に基づく「図書館無料の原則」がある。

5　文部科学省「平成30年度社会教育調査中間報告について」（2019年7月）

によれば、社会教育施設の1施設あたりの利用者数は、公民館（類似施設含む）が1万5963人、図書館（同種施設含む）が5万4060人、博物館が11万6096人であった。

6　公立博物館にも、図書館と同様にその入館料等について原則無料の規定があるが、但し書きにより必要な対価の徴収が認められている（博物館法第23条）。

7　スポーツ施設のなかには、社会教育施設である社会体育施設（地方自治体が設置する運動場、プール、体育館など）も含まれる。

8　公民館は図書館、博物館とならぶ社会教育施設である。中央教育審議会は、今後の公民館に「地域の実態に応じた学習と活動を結びつけ、地域づくりにつなげる新しい地域の拠点施設を目指すことが望まれる」（中教審「人口減少時代の新しい地域づくりに向けた社会教育の振興方策について（答申）」2018年）としている。

9　社会活動に参加しない理由としては「体の調子が悪い」30.6%、「費用がかかる」12.9%、「一緒に参加する仲間や友人がいない」17.2% などの回答がある。

10　ひとり暮らし世帯では38.6%、夫婦のみ世帯では29.6% であった。

11　大澤は「社会的に子どもの遊びや余暇を保障する仕組みがないと、子どもの経験は家族資源のありようにそのまま左右されることになる」（大澤2019）と指摘している。

参考文献

・大澤真平「貧困と子どもの経験—子どもの視点から考える—」松本伊智朗編集代表・小西祐馬・川田学編著『シリーズ子どもの貧困②遊び・育ち・経験 子どもの世界を守る』明石書店、2019年。
・公益財団法人全国博物館協会「令和元年度日本の博物館総合調査報告書」2020年9月。
・厚生労働省「平成30年　国民生活基礎調査の概況」2019年7月。
・厚生労働省「2019年　国民生活基礎調査の概況」2020年7月。
・厚生労働省「家庭の生活実態及び生活意識に関する調査」2021年3月。
・総務省統計局「令和2年国勢調査」2021年11月。
・中央教育審議会「人口減少時代の新しい地域づくりに向けた社会教育の振興方策について（答申）」2018年12月。

・東京都福祉保健局「令和 2 年度『高齢者の生活実態』報告書」2021 年 10 月。
・内閣府「社会意識に関する世論調査（令和 2 年 1 月調査）」2020 年 3 月。
・文部科学省「平成 30 年度社会教育調査中間報告について」2019 年 7 月。
・文部科学省「平成 30 年度社会教育統計」2020 年 3 月。

第 2 章

全日本民主医療機関連合会調査から
判明した一般的諸事実

菅野道生

はじめに

　本章では、全日本民主医療機関連合会（以下、民医連とする）調査から明らかとなったことについてその概要を記述する。調査結果の詳細は『健康で文化的な生活とは何か—全国生活と健康を守る会連合会会員および全日本民主医療機関連合会共同組織の生活と意識に関する調査報告書—』（以下、『報告書』。発行所：全生連・全日本民医連）として 2020 年 12 月に公刊されている。

　以下では調査を通じて明らかになった一般的諸事実について、その要点を記述する[1]。

1　民連調査の実施概要

　調査結果の詳細調査の実施概要については「はじめに」においてみた通りである。対象は全日本民医連の共同組織（「民医連とともにまちづくりを進める医療生協組合員、健康友の会会員などの組織」の総称）である。共同組織名簿から 700 分の 1 の無作為抽出をし、5126 世帯が調査対象となった。有効回収数は 926 ケースで、有効回収率は 18.1%

となっている。

　会員組織を対象とした調査で、2割弱の回収率にとどまっている点にはやや注意を要する。共同組織への帰属意識の希薄な層や身体的条件等により応答が困難な層は回収できなかったと思われる。したがって、以下の調査結果についても母集団における実態を正確に反映していない可能性があり、その点に留意しつつデータを読み取る必要がある。

2　調査対象の属性の特徴
──回答者はどのような社会階層か

　上で述べたように、今回分析対象とするデータは母集団である民医連共同組織からの抽出調査によって得たものである。しかし回収率は2割弱となっているため、ここでの分析結果を母集団における一般的状況としてみることはできない。そのため、まずは回答者の基本属性の状況を概観し、データの特徴を確認しておきたい。すなわち、データの分析結果を読み取るうえで、本調査の回答者がどのような社会的な特性を持つのかについて十分理解することが必要と考えられるのである。このことを踏まえ、以下では単純集計結果をもとに(1)年齢構成及び家族構成、(2)職業構成と収入の状況から、回答者集団の社会階層について検討する[2]。

(1)　年齢構成と家族構成
　年齢構成は、「65歳未満」が24.4%、「65～75歳未満」が35.2%、「75歳以上」が40.4%となっており65歳以上の割合が回答者の75.6%を占めている。
　また回答者の家族構成は「単独世帯」が全体の16.6%、「夫婦のみ

世帯」が 32.6％、「夫婦と未婚子の世帯」が 22.4％、「ひとり親と未婚子の世帯」6.5％、「三世代世帯」9.0％、「その他の世帯」11.9％ となっている。

　2015 年の国勢調査結果では「単独世帯」が 34.6％、「夫婦のみ世帯」が 20.1％、「夫婦と未婚子の世帯」が 26.9％、「ひとり親と未婚子の世帯」が 8.9％、「その他の世帯」（三世代世帯、その他）が 9.4％ なので、こうした全国的な統計と比べると、本調査の回答者は「単独世帯」や「夫婦と未婚子の世帯」、「ひとり親と未婚子の世帯」などの核家族型の親子同居の比率が低く、「夫婦のみ世帯」と三世代世帯を含む「その他の世帯」の割合が高いことがわかる。

　上記の年齢階層と家族構成をクロスさせたものが表 2-1 である。「単独世帯」のうち約 6 割を「75 歳以上」が占めており、「65 歳以上 75 歳未満」を合わせると、調査に回答した単独世帯のうち 9 割近くが 65 歳以上ということになる。

　また、夫婦のみ世帯についても回答者の年齢階層では「65 歳以上 74 歳未満」が約 3 割、「75 歳以上」が 4 割弱となっており、9 割近くが高齢者世帯となっている。一方で「夫婦と未婚の子のみの世帯」は「65 歳未満」が約半数で、残り半分は「65 歳以上 75 歳未満」が 3 割、「75 歳以上」が 2 割強となっている。「ひとり親と未婚の子のみ」世帯においても、「65 歳未満」は 23.7％ にとどまっており、残り 7 割は高齢者を含む世帯となっている。単親世帯というと、一般的には子どものいる母子家庭等がイメージされやすいが、本調査においては単親世帯についても、どちらかといえば高齢の親と中高年の子どもという組み合わせが多いと思われる。

　こうした年齢構成と家族構成の状況からは、親が高齢期にある「夫婦のみの世帯」及び「夫婦と未婚の子のみの世帯」が回答者の半数以上を占めており、「夫婦と未婚の子のみの世帯」以外の世帯類型では高

表 2-1 回答者の年齢構成と家族構成

		年齢階層（3区分）							
		65 歳未満		65 歳以上 75 歳未満		75 歳以上		合計	
		度数	%	度数	%	度数	%	度数	%
家族構成	単独世帯	18	11.8	46	30.3	88	57.9	152	100.0
	夫婦のみの世帯	39	13.0	130	43.5	130	43.5	299	100.0
	夫婦と未婚の子のみの世帯	100	48.5	57	27.7	49	23.8	206	100.0
	ひとり親と未婚の子のみの世帯	14	23.7	19	32.2	26	44.1	59	100.0
	三世代世帯	27	32.5	24	28.9	32	38.6	83	100.0
	その他の世帯	24	21.8	44	40.0	42	38.2	110	100.0
合　計		222	24.4	320	35.2	367	40.4	909	100.0

出所：「健康で文化的な生活」調査の結果より筆者作成。

齢者を含む世帯の割合が高くなっていることがわかる。親が高齢期になり子どもが他出した夫婦のみ世帯、あるいは子どもが未婚のまま同居する夫婦と未婚子の世帯といった、高齢期の核家族世帯が回答者集団の中核をなしているといえる。

(2) 職業構成と収入

　職業構成をみると、65 歳以上の比率が高いこともあり、仕事に就いていない人の割合が高くなっていた。最長職（これまでに最も長く従事した仕事）についての回答結果も合わせて検討すると、働き盛りを「正社員」や自営業で過ごし、現在は引退し、年金を中心に生活している人たちが回答者のうち多くの割合を占めていると考えられる。

　「本人の年間収入」を年齢別にみると、現役稼働者が多い 65 歳未満層では「400 万円以上」の比率が 14.6% ほどみられるものの、65〜75 歳未満層と 75 歳以上層の年金世代では「200 万円未満」層がともに 7 割強となっている。また、「世帯の年間収入」を年齢別にみると、現役の勤労者の比率が高いとみられる 65 歳未満層では「400 万円以上」が

42.5％と多くなっているが、年金受給者の多い65歳以上層では200〜400万円未満が4割台で最も多くなっていた。収入種別でみても、65歳未満層では「仕事収入」の回答割合が86.4％、「年金」が11.3％であるのに対して、75歳以上では「仕事収入」は16.3％、「年金」が80.7％となっている。年齢が高くなると仕事収入が減り、年金の比率が高くなっている。

　以上を踏まえ、本調査の回答者集団の特徴をまとめると、以下のようになる。第1に、国民生活の高齢期の姿、それも75歳以降の「後期高齢」期の健康と生活の実態と意識の状態が示されているということである。第2に、家族周期においては子どもが他出した「夫婦のみ」のステージにあること、ここから「単独世帯」化するか、再度子どもの世帯に吸収されるかの分岐点にあることである。「単独世帯」比率の低さ、三世代世帯を含む「その他の世帯」比率の高さからすると、子ども世帯への吸収が一定進んでいることも考えられる。第3に職業との関係では、最長職で「正職員」や自営業などの職業人生を送ってきた人の引退後の健康と生活の状況を示していることである。とはいえ最長職で非正規の比率も決して低くはなく、全体では2割弱、65歳未満層では26.6％と4分の1を超えている。

　そして第4に、年金生活者の比率が高いが、その所得水準は概して低いものとなっている。世帯収入で100万円未満が65〜75歳未満層で12.4％、75歳以上層で13.4％となっている。また100〜200万円未満は65〜75歳で23.8％、75歳以上層32.0％となっており、200万円未満の貧困・低収入世帯の比率は「国民生活基礎調査」の結果より各年齢層で14ポイント前後も高くなっている。すなわち、こうした経済状態からは、低所得層を含む「普通」の勤労国民の高齢期の厳しい生活状態をみてとることができる。

3 民医連調査のデータからみえる 「健康で文化的な生活」の実態

　以下では民医連調査データについて、憲法が権利として保障している「健康で文化的な」生活のミニマムという視点からの分析結果の概要を記述する。

(1) 「健康な生活」の実態 ——肉体的、精神的、社会的「健康度」の視点から

　調査では WHO（世界保健機関）の「健康とは、病気でないとか、弱っていないということではなく、①肉体的にも、②精神的にも、そして③社会的にも、すべてが満たされた状態にあること」（日本 WHO 協会訳）という定義を意識して「健康な生活の実態」を探った。

　まず、本人の健康状態についての主観的評価の回答をみてみると、「健康」（良い＋まあ良い）との回答は 25.5％、「普通」が 43.5％、「健康でない」（あまり良くない＋良くない）が 30.7％ となっている。厚労省「国民生活基礎調査」（2016 年）や、55 歳以上を対象とした内閣府の「高齢者の健康に関する調査」（2017 年）と比べても、健康状態が「良くない」の比率が高くなっている。これは回答者に占める 75 歳上比率が高いことが影響していると思われる。

　本調査では、不安やストレスの有無や程度に関する質問項目をもとに、精神生活の健康度を分析した。結果としては平均値でみれば、全国調査等と比しても比較的良好な状態にあった。また「対人関係（ⅰ近所づきあい、ⅱ家族親族とのつきあい、ⅲ友人とのつきあい満足度、ⅳ近所づきあい満足度）」、「地域集団への参加」、「医療へのアクセス（ⅰ受診状態、ⅱ医療費支払いへの不安）」、「世帯年収」などの諸指標

によって「社会的な健康度」について分析した。

　近所づきあいや別居家族との関係性についての分析では、政府統計との比較でみても相対的に親密な関係性を持っている割合が高くなっており、またそうした関係性への満足度も高い状況にあった。

　民医連調査からみえた「健康な生活」に関する実態を大まかにまとめれば、肉体的な健康状態は高齢者比率が高いこともあって「健康でない」が多くなっているが、心の健康や社会生活の健康状態は平均的か、比較的良好となっている。肉体的な困難を抱えながらも積極的に社会生活を送っている様子がうかがえる。

(2)　「文化的な生活」の視点から

　調査委員会では、「文化的な生活」「人間に値する生活」とは何かについてメンバー同士で議論を重ね、収集された調査データについても幅広い視点から「文化的な生活」の実態について検討を行った。紙幅の都合上、ここでは「人格的価値を高めるような文化」の享受状態の一端を示すものとして、①正月のお祝い、②泊まりがけの旅行、③文化的施設等の利用状況について分析結果を紹介する。

　正月は日本の生活のなかでは特別のハレの日である。お正月のお祝いをすることができたかどうかは、生活文化の現状を映し出しているといえる。本調査での回答をみると「お正月飾りやおせち料理、初詣などのお祝いをした」比率は84.0％、「お祝いをしなかった」は14.9％であった。「お祝いをしなかった」と回答した人に理由を尋ねると、「お祝いをする習慣がない」30.4％、「金銭的に余裕がない」16.7％、「忙しい・時間がなかった」10.9％、その他39.9％となっている。表2−2からは、「未婚」の人、健康ではない人、所得額の低い人、社会活動に不参加な人等は「お祝いをしなかった」との回答割合が相対的に高くなっていることを示している。

表2-2　正月のお祝いをしたか

（%）

		お祝いをした	お祝いをしなかった	計
婚姻状況	既婚	86.0	14.0	100
	未婚	66.0	34.0	100
主観的 健康意識	健康・よい	88.0	12.0	100
	健康・普通	88.6	11.4	100
	健康でない	77.0	23.0	100
年間所得	200万円未満	78.8	21.2	100
	200～400万円未満	89.1	10.9	100
	400万円以上	89.1	10.9	100
社会活動 への参加	社会活動・参加	88.2	11.8	100
	社会活動・不参加	78.2	21.8	100
計		84.9	15.1	100

出所：表2-1に同じ。

　次に泊まりがけの旅行についてである。調査では帰省を含む泊まりがけの旅行の頻度をたずねた。「年4回以上」との回答が6.4%、次いで「年2～3回程度」が22.5%、「年1回程度」が24.9%、「ほとんど旅行しない」が45.4%という結果であった。旅行している者の比率は53.8%である。官公庁の「旅行・観光消費動向調査」（2017年）や総務省「社会生活基本調査」（2016年）等の政府統計で示されている一般的な旅行の状況に照らすと、本調査回答者の旅行頻度は平均より低くなっているものと思われる。

　「ほとんど旅行しない」の理由では、「金銭的余裕がない」が27.4%と最も多く、次いで「行きたくない」16.2%、「時間がない」14.5%、そして「その他」が40.0%となっている。「行きたくない」は意欲がわかない状態を示している。表2-3の「ほとんどなし」の列をみると、本人、家族を含めて「健康でない」、「200万未満」の低所得、「社会活動・不参加」の人で「ほとんど（旅行は）なし」の比率が高くなっている。「旅行をしない」理由の「その他」は健康でないことを示してい

表2-3　泊まりがけの旅行（帰省を含む）頻度

(%)

		年4回以上	年2〜3回程度	年1回程度	ほとんどなし
主観的健康意識	健康・よい	9.9	24.9	29.6	35.6
	健康・普通	5.5	26.2	24.9	43.4
	健康でない	5.0	15.3	21.7	58.0
健康意識×家族有無	健康でない家族あり	3.5	14.3	28.0	54.2
	健康でない家族なし	8.5	28.7	23.0	39.8
年間所得	200万円未満	4.2	15.5	22.6	57.7
	200〜400万円未満	6.2	25.3	28.2	40.3
	400万円以上	9.8	32.8	25.1	32.2
社会活動への参加	社会活動・参加	7.5	26.2	26.5	39.8
	社会活動・不参加	4.2	15.4	21.8	58.6
計		6.4	22.7	25.2	45.8

出所：表2-1に同じ。

ると思われる。いずれの理由にせよ、旅行を楽しむという普通の文化的生活を剥奪されている層が4割以上に達している。

　最後に、代表的な文化的施設の利用状況についてである。紙幅の都合上、詳しい集計表を示すことはできないが、あまりお金のかからない身近な図書館や公民館等を除けば、総じてどの利用をとっても本人の健康状態の善し悪し、所得の高低、そして社会活動への参加意欲の高低によって左右される傾向がみて取れた。健康でない人、所得の低い人、社会活動への参加ができていない人等が、文化的施設へのアクセスにより困難を抱えている実態がみえてくる。

4　調査全体を通じてみえたこと

　本調査では「健康な生活」、「文化的な生活」、「経済的な生活」といった幅広い視点からの分析を通じて、総体としての「健康で文化的な

生活」の現状をとらえることを試みた。「健康で文化的な生活とは何か」について一律の基準で規定することは容易ではない。しかし調査を通じて探求してきたことは煎じ詰めれば「普通の生活」とは何かということに尽きる。そしてそこからみえてきたのは今日の「普通の生活」の仕方を奪われている無視できない数の人々の存在である。いわゆる健康格差、文化格差、経済格差の問題である。調査結果を受けて、なぜ、そうした格差が生じ、広がっているかについて改めて考えてみる必要がある。

注
1　本章は、報告書における既述内容をベースに調査メンバーのひとりである菅野がポイントを要約・一部加筆して再構成したものである。調査結果の詳細については、ぜひ本報告書を参照していただきたい。
2　民医連調査の回答者の社会階層については、別途刊行されている調査報告書において浜岡政好が詳細な分析を行っている。回答者集団の特徴について以下の記述も、浜岡の分析をもとにしている点をお断りしておきたい。浜岡政好「現代における『健康で文化的な生活』のあり方を探る―全日本民医連「共同組織」の生活・意識調査から―」全国生活と健康を守る会連合会・全日本民主医療機関連合会『健康で文化的な生活とは何か―全国生活と健康を守る会連合会および全日本民主医療機関連合会共同組織の生活と意識に関する調査報告書―』2020年、第2部6に所収。

第3章

経済的な理由による「切り詰め」・
「滞り」の経験の特徴

菅野道生

1 「切り詰め」・「滞り」の経験を問う
　　意味とその背景

(1) 経済的理由による「切り詰め」・「滞り」の経験とはなにか

　本章では、今回の2つの全国調査（全生連調査、民医連調査）で得られたデータについて、経済的な理由による「切り詰め」・「滞り」の経験（以下、単に「経験」とすることがある）に焦点化してその実態について検討する。

　経済的理由による「切り詰め」の経験とは、経済的理由によって、生活上の何らかの出費を控えた経験（食費を削る、外食を控える等）のことである。また、「滞り」の経験とは、経済的理由により何らかの支払や納付が滞った（保険料の滞納や電話料金の滞納等）の経験を指す。

　「健康で文化的な生活」の実態を探るうえで、収入を中心とした金銭的指標を用いた生活水準の測定が重要であることは言うまでもない。一方で、上で述べたような「経験」という非金銭的な要素を手掛かりとして、生活が脅かされている人や家族の実態について接近することも「健康で文化的な生活」をより多面的に考えていく上で、有用であ

ると思われる。

⑵　近年の調査における「切り詰め」・「滞り」の経験の位置づけ

　従来、各種の生活実態調査では、生活の経済的な側面を主に収入や主観的な暮らし向きについての意識の面から分析することが多かった。しかし特に2000年代以降、わが国の生活実態調査や子どもの貧困調査において、収入や経済状況についての主観的意識に加え、上で述べたような経済的な理由による「経験」の有無を「生活困難度」や「家計の逼迫度」の指標とすることが増えてきている。

　たとえば、2007年に国立社会保障・人口問題研究所が実施した「社会保障と支え合いにおける調査」は、こうした「経験」を生活困難の指標として採用した全国調査の嚆矢のひとつといえる。この調査では、過去1年間の間に経済的な理由による、①食料が足りなかった経験（家族が必要とする食料が買えなかった）、②衣料が足りなかった経験（家族が必要とする衣料が買えなかった）、③支払いが滞納した経験（電気・ガス・電話料金の未払い、賃貸住宅費・住宅ローンの滞納、その他債務が返済不能）という3つカテゴリの「経験」の有無を「生活に困難を抱える世帯」の状況を把握する指標として採用している（国立人口問題研究所2007）。

　2010年代に入ると、こうした項目は、子どもの貧困対策が政策課題となるなかで開発がすすめられた「子どもの貧困指標」の一部として取り入れられている（内閣府2018）。近年、自治体には子どもの貧困をめぐる実態調査が求められており、各地域でこれらの項目を使った調査が実施されている。そうした調査の多くで、首都大学東京子ども・若者貧困研究センターで開発した「生活困難度」指標が採用されている。この「生活困難度指標」は（ア）「低所得」、（イ）「家計の逼迫」、（ウ）「子どもの体験や所有物の欠如」の3つのカテゴリから構成され

ており、そのうち（イ）の「家計の逼迫」の定義として、経済的な理由で公共料金（電話、電気、ガス、水道）や家賃を支払えなかった経験、必要な食料・衣服を買えなかった経験などの 7 項目のうち、1 つ以上が該当する場合という操作的定義が用いられている[1]。

⑶ 理論的背景としての社会的剥奪指標

　上記のような経済的な理由による「経験」を生活困難や逼迫度の指標とする考え方は、いわゆる相対的剥奪指標（relative deprivation index）がもとになっている。これはイギリスの社会学者ピーター・タウンゼンド（Townsend, Peter）が 1960〜70 年代の調査研究のなかで、貧困状態を測定する基準として開発したものとして知られている。相対的剥奪の概念についてタウンゼンドは「個人、家族、集団が、その属する社会で慣習的に、あるいは少なくとも広く奨励、承認されているような食事、活動への参加、生活条件や設備を得るための資源が不足している場合、彼らは貧困状態にあると言える。彼らの資源は、平均的な個人または家族が要求する資源を著しく下回っているため、事実上、通常のパターン、習慣、活動から排除されている」と述べている（Townsend 1979：31）。つまり社会的剥奪とは、必要な資源を欠いているために、食事や生活環境、社会参加活動等をはじめとした、その社会で標準とみなされているような「普通の生活（ordinary patterns, customs and activities）」から排除されている状態のことであるといってよい。この概念をもとに、各国において社会生活上の必需品と見なされる持ち物や機会等のリストを作成し、指標化したものが相対的剥奪指標である。近年、日本においても、所得などの貨幣的な指標による分析の限界を補完するため、より直接的に生活水準を測定する指標としてその開発と活用が活発に行われるようになっている（大津・渡邊 2019）。

わが国における相対的剥奪指標の開発をリードしてきた阿部彩は、相対的剥奪は「ある一定の生活水準以下では社会の中で期待される生活様式を享受できない、という絶対的な概念」であるとし、従来用いられてきた収入額等に代表される貨幣的な貧困指標に比べ「直接生活の質を計っている点で、人々の直感に訴える概念」と説明している（阿部 2006：253）。

⑷　本章の基本視点

　本調査の主題は「健康で文化的な生活」についてその実態を探ることを目的としている。それにあたっては収入額等による分析と合わせて、上記のような社会的剥奪の考えを部分的に取り入れることでより多面的な検討を行うことができると考え、調査票に「経験」を尋ねる項目を置いた。ただし、本章における分析は厳密な意味での社会的剥奪指標を用いた分析ではない。あくまで上で述べたような社会的剥奪指標の一部を参考にしながら、特に経済的な理由による「経験」に焦点をあてて、本調査で得られたデータについて検討することを試みるものである。

　社会生活上必要な出費を切り詰めたり控えたりする経験、あるいは何らかの支払が滞る経験は、生活の中で多かれ少なかれ誰もが経験することである。しかし、そうした経験が重層化したり慢性化した状態は、安定した「普通の暮らし」が脅かされている状態であるとみることもできる。

　上記を踏まえ、本章では調査からみえてきた、経済的理由による「切り詰め」や「滞り」の経験の実態、およびそうした「経験」を強いられやすい人々の特徴等についてみていくこととしたい。

2 分析対象とするデータの特性と質問項目

⑴ 各調査の実施概要

　以下で分析対象とするのは「健康で文化的な生活」全国調査で得られたデータである。調査実施の詳細は「はじめに」でみた通りであるが、以下簡単に概要を確認しておく。

　この調査プロジェクトでは、全生連の会員世帯と民医連の共同組織の会員という、それぞれ対象の異なる2つの調査を実施した。これら2つの調査について、以下では全生連会員世帯対象のものを「全生連調査」、民医連共同組織会員対象のものを「民医連調査」と呼んで区別する。調査の企画・実施・とりまとめは同時並行ですすめられ、調査内容も同一であるが、2つの調査はあくまで独立した別個の調査として取り組まれたものである。

　本調査が実施された2018年時点において、全生連は全会員数5万2813世帯、全日本民医連は全組織数358万8383という規模の団体である。調査ではこれらを母数として、全生連は、5万2813世帯の10分1を無作為に抽出した。抽出された数は5286世帯であり、この対象にアンケート調査を実施した。全生連調査の有効回収数は3416ケース、有効回収率は64.6％である。全日本民医連の場合は358万8383組織の700分の1を無作為抽出した。抽出された数は5126組織であり、この組織に対してアンケート調査を実施した。民医連調査の有効回収数は926ケース、有効回収率は18.1％となっている。調査票は、2つの組織の抽出対象に対し、同一内容のものを使用した。

⑵ 各調査の回答者の特性

　各調査における回答者の基本属性の詳細については、それぞれ第1

章及び第2章で触れた通りであるが、後の分析の参考にするため、さしあたり年齢階層、世帯類型、世帯年間収入の3項目について確認しておく（表3-1）。

　まず年齢階層を3区分したものについてみてみると、各年齢区分ごとの構成割合に大きな違いはなく、両調査とも回答者の7割以上を「65歳以上」が占めている。一方、世帯類型と世帯年間収入では、2つの調査で回答者の属性に明確な違いがみてとれる。世帯類型では全生連調査では「単独世帯」が43.3％で最多となっているのに対し、民医連調査では「単独世帯」は16.8％にとどまっている。「夫婦のみ」の構成割合では約8ポイント、「夫婦と未婚の子のみ」の割合では約10ポイント程度、民医連調査の方が多くなっている。世帯の年間収入では「100万円未満」との回答が全生連で31.6％なのに対し、民医連は11.7％と3倍近い開きがみられる。また「200万円以上400万円未満」及び「400万円以上」のカテゴリでは民医連調査の回答者における回答割合が全生連調査の割合の2倍近くになっている。

　これらの点を踏まえると、2つの調査の回答者の属性については、おおむね以下の点を念頭において検討する必要がある。ひとつは、両調査ともに65歳以上の回答者が7割以上となっており、データ全体としては高齢者の生活実態が中心的に反映されていると思われる。また世帯類型をみると全生連調査の回答者は「単独世帯」と「夫婦のみ世帯」中心、民医連調査は「夫婦のみ世帯」と「夫婦と未婚の子のみの世帯」の割合が比較的高い。両調査とも「結婚したことがある」との回答が8～9割を占めていることや、「現在仕事はしておらず仕事を探していない」との回答が半数以上となっていること、世帯の収入種別（複数回答）でも「年金」との回答が6割から7割半程度となっていることなどから、全体としては核家族の高齢期の姿が反映されていることが考えられる。特に全生連調査は高齢者の単独世帯の生活実態、民

表3-1　2つの調査の回答者の基本属性

		全生連調査		民医連調査	
		度数	%	度数	%
1.　年齢階層 　　（3区分）	65歳未満	901	26.7	225	24.5
	65歳以上75歳未満	1287	38.2	320	34.8
	75歳以上	1182	35.1	374	40.7
	合　　計	3370	100.0	919	100.0
2.　世帯類型	単独世帯	1441	43.3	154	16.8
	夫婦のみの世帯	828	24.9	302	33.0
	夫婦と未婚の子のみの世帯	427	12.8	207	22.6
	ひとり親と未婚の子のみの世帯	323	9.7	60	6.6
	三世代世帯	112	3.4	83	9.1
	その他の世帯	199	6.0	110	12.0
	合　　計	3330	100.0	916	100.0
3.　世帯年間収入 　　（4区分）	100万円未満	974	31.6	98	11.7
	100万円以上200万円未満	1136	36.9	215	25.6
	200万円以上400万円未満	647	21.0	342	40.8
	400万円以上	325	10.5	184	21.9
	合　　計	3082	100.0	839	100.0

出所：「健康で文化的な生活」調査の結果より筆者作成。

医連調査は高齢夫婦及び、高齢夫婦と未婚子という組み合わせの世帯の生活実態がそれぞれ反映されやすいデータとなっている。世帯の収入状況については、両調査では回答傾向にはっきりとした違いがみられ、民医連調査の回答者の方が全生連調査の回答者よりも収入水準が高い。全生連調査では世帯の収入種別（複数回答）として「生活保護」が3割となっており、経済面での生活水準としては相対的に低い回答者群となっている。

　以上、みてきた通り2つの調査は異なる母集団から抽出した標本調査であり、回収状況やサンプル数には大きな相違がある。そのため、2つの調査データを統合して分析することはできないし、集計結果を直接的に比較することにもあまり意味はない。そうした分析上の限界を

念頭に置きつつ、両調査における回答者群の階層性の違いを考慮して「切り詰め」・「滞り」の経験の傾向をみていくこととしたい。

(3) 経済的な理由による「切り詰め」・「滞り」の経験に関する質問項目

　本調査では、「経験」に関する質問項目として、「あなたの世帯では過去1年間に経済的な理由で次のような経験をされましたか？」という設問を置き、各項目について経験の有無をたずねた。設定した項目は、表3-2及び3-3に示した全20項目（調査票にはこれに「1～20の項目にはどれにもあてはまらない」を加え21項目）である。項目の選定にあたっては直接参考にしたのは大阪府が平成28（2016）年に実施した「子どもの生活に関する実態調査」における保護者向け調査票で採用された項目群である。大阪府の調査では全21項目が置かれているが、本調査の目的及び対象に照らして、「子ども部屋が欲しかったが作れなかった」の1項目を除外し、残りの項目はそのまま使用した。大阪府の調査の全体テーマは子どもの貧困ではあるものの、保護者向け調査票で用いられた項目は一般世帯を対象とした調査にも援用可能な内容であること、阿部らによる日本における相対的剥奪指標を参考に設定されていること、調査研究業務は大阪府立大学が受託しており、学術的な信頼性も担保されていることなどから、本調査においてもこれらの項目を使用することとした。

3　経済的理由による「切り詰め」・「滞り」の経験
――2つの調査の比較から

(1) 「経験」の回答割合の順位に共通する特徴

　ここからは、2つの調査で得られた「経験」をめぐるデータの分析

表 3-2　全生連調査における「切り詰め」・「滞り」の経験

	経済的困難の経験（複数回答）	度数	％
1	新しい服・靴を買うのを控えた	1706	52.6
2	食費を切りつめた	1404	43.3
3	趣味やレジャーの出費を減らした	1359	41.9
4	冷暖房の使用を控えた	1234	38.1
5	理髪店・美容院に行く回数を減らした	1195	36.9
6	友人・知人との外食を控えた	1167	36.0
7	新聞や雑誌を買うのを控えた	992	30.6
8	冠婚葬祭のつきあいを控えた	790	24.4
9	生活の見通しがたたなくて不安になったことがある	768	23.7
10	鉄道やバスの利用を控え、自転車を使ったり歩くようにした	569	17.6
11	スマートフォンへの切り替えや利用を断念した	427	13.2
12	電話（固定・携帯）などの通信料の支払いが滞ったことがある	231	7.1
13	金融機関などに借金をしたことがある（住宅ローン除く）	228	7.0
14	国民健康保険料・税の支払いが滞ったことがある	220	6.8
15	国民年金保険料の支払いが滞ったことがある	160	4.9
16	電気・ガス・水道などが止められた	115	3.5
17	敷金・保証金等を用意できないので、住み替え・転居を断念した	103	3.2
18	家賃や住宅ローンの支払いが滞ったことがある	102	3.1
19	医療機関を受診できなかった	96	3.0
20	クレジットカードの利用が停止になったことがある	68	2.1
—	1〜20の項目には、どれにもあてはまらない	543	16.7
	合　計	3242	

出所：表3-1に同じ。

を通じてその特徴についてみていくことにしたい。まずは両調査における「経験」に関する20項目の集計結果の概要について確認しよう。表3-2は全生連調査、表3-3は民医連調査の結果である。2つの表はともに、各項目を「経験あり」の割合（対回答者数）が多かった順に並べたものである。

　2つの表について、項目の順位をみてみると、回答割合は明らかに異なっているものの、順位としての傾向には類似性があることがわかる。

表3-3　民医連調査における「切り詰め」・「滞り」の経験

	経済的困難の経験（複数回答）	度数	%
1	新しい服・靴を買うのを控えた	283	32.9
2	趣味やレジャーの出費を減らした	246	28.6
3	理髪店・美容院に行く回数を減らした	159	18.5
4	友人・知人との外食を控えた	146	17.0
5	食費を切りつめた	141	16.4
6	新聞や雑誌を買うのを控えた	124	14.4
7	冷暖房の使用を控えた	120	14.0
8	冠婚葬祭のつきあいを控えた	92	10.7
9	スマートフォンへの切り替えや利用を断念した	69	8.0
10	生活の見通しがたたなくて不安になったことがある	60	7.0
11	金融機関などに借金をしたことがある（住宅ローン除く）	41	4.8
12	鉄道やバスの利用を控え、自転車を使ったり歩くようにした	35	4.1
13	国民健康保険料・税の支払いが滞ったことがある	28	3.3
14	電話（固定・携帯）などの通信料の支払いが滞ったことがある	16	1.9
15	国民年金保険料の支払いが滞ったことがある	13	1.5
16	家賃や住宅ローンの支払いが滞ったことがある	12	1.4
17	クレジットカードの利用が停止になったことがある	9	1.0
18	医療機関を受診できなかった	8	0.9
19	敷金・保証金等を用意できないので、住み替え・転居を断念した	7	0.8
20	電気・ガス・水道などが止められた	3	0.3
―	1～20の項目には、どれにもあてはまらない	372	43.3
	合　計	859	

出所：表3-1に同じ。

　たとえば、両調査ともに「経験あり」の回答割合が最も多かったのは「新しい服・靴を買うのを控えた」という同じ項目だった。この他に「冠婚葬祭を控えた」（8位）、「国民年金保険料の支払いが滞ったことがある」（15位）の2項目も同じ順位となっている。同様に順位が1つ違いだった項目は5項目、2つ違いは8項目となっており、全20項目のうち実に16項目の順位が2つ違い以内に収まっている。逆に順位が3つ以上違っている項目は「食費を切り詰めた」（全生連2位、民医連5位）、「冷暖房の使用を控えた」（全生連4位、民医連7位）、「電

気・ガス・水道などが止められた」（全生連 16 位、民医連 20 位）、「ク
レジットカードの利用が停止になったことがある」（全生連 20 位、民
医連 17 位）の 4 項目だった。

　すでにみたように全生連調査と民医連調査の回答者群は、高齢者が
多くを占めているという共通点はあるものの、特に所得状況について
は明らかに階層性の違いがある。それにも関わらず、「経験」をめぐる
回答割合の順位はかなり似通った結果となっている点は興味深い。

　この点については、後述する。

(2)　「経験」をめぐる両調査の相違点

　次に、表 3-2 と表 3-3 の「経験」に関する回答傾向の相違点につ
いても確認しておこう。まず、各項目の「経験」した人の割合が全生
連調査の方が明らかに多い。たとえば「新しい服・靴を買うのを控え
た」の項目は両調査を通じて順位は 1 位となっているが、回答割合は
全生連が 52.6％ と半数を超えているのに対して、民医連では 32.9％
と 20 ポイント近い差がある。また全生連調査では 2 位の「食費を切り
詰めた」から 7 位の「新聞や雑誌を買うのを控えた」までの回答割合
が 30％ を超えている。しかし、民医連調査では 30％ を超えているの
は 1 位の「新しい服・靴を買うのを控えた」のみで、2 位以下はいず
れも 30％ を下回っている。また「1〜20 の項目には、どれにもあては
まらない」の項目の回答割合は、全生連調査では 16.7％ なのに対して、
民医連調査では 43.3％ と大きな開きがみられている。

　こうした相違点は、すでにみた通り全生連調査の回答者の収入水準
が民医連調査よりも相対的に低位なものとなっていることによって生
じているものと思われる。経済的な面からみた生活水準が低くなるほ
どこうした「経験」も強いられやすいことがみてとれる。

4　属性別にみた「経験」の特徴
──全生連調査のデータから

　さて次に、上記の「経験」に関する集計結果を属性別にみることによって、どのような人々がこうした「経験」を強いられやすいのかを探ってみたい。ただし民医連調査のデータについて、回収率やサンプルサイズの問題もあり、より詳細な分析を行うことが難しい。そのため、以下では全生連調査で得られたデータに絞った個別の分析結果について記述することとしたい。

⑴　分析対象とする項目の限定について

　上述したとおり本調査では、先行調査を参考に「経験」を問う内容として20項目を設定した。しかし回答者全体の「経験」の特徴を属性別に分析する上で20項目すべてを集計することは適当ではない。これは設定した選択肢について「非該当」となる人を考慮する必要があるためである。たとえば「医療機関を受診できなかった」という項目では期間中に「受診の必要がなかった人」は「はい」とも「いいえ」とも答えようがなく、もともと回答者として該当しない、すなわち「非該当」となる。本調査で設定した20項目のなかには、そうした「非該当」の可能性がある項目が含まれているため、回答者全員の「経験」について一元的な基準で分析するためにはこれら「非該当」の可能性がある項目を分析対象から除外する必要がある。

　上記の理由から分析に当たって、まず「非該当」の有無をもとに「医療機関を受診できなかった」、「クレジットカードの利用が停止になったことがある」、「新聞や雑誌を買うのを控えた」、「スマートフォンへの切り替えや利用を断念した」、「冠婚葬祭のつきあいを控えた」、「鉄

表 3-4　属性別の分析用に作成した「経験」項目群の分類

(1)「切り詰め」経験項目群	(2)「滞り」経験項目群
1. 食費を切りつめた	1. 国民健康保険料・税の支払いが滞ったことがある
2. 新しい服・靴を買うのを控えた	2. 国民年金保険料の支払いが滞ったことがある
3. 趣味やレジャーの出費を減らした	3. 金融機関などに借金をしたことがある(住宅ローン除く)
4. 冷暖房の使用を控えた	4. 電話(固定・携帯)などの通信料の支払いが滞ったことがある
5. 友人・知人との外食を控えた	5. 家賃や住宅ローンの支払いが滞ったことがある
6. 理髪店・美容院に行く回数を減らした	

出所：表 3-1 に同じ。

道やバスの利用を控え、自転車を使ったり歩くようにした」、「敷金・保証金等を用意できないので、住み替え・転居を断念した」の 7 項目を除外した。

　上記の 7 項目を除外した残りの 13 項目について、項目間の関連性及び回答傾向の一致度について、カッパ係数を用いて確認し、その結果をもとに共通性の高い項目グループを作成した。その結果、6 項目からなる「切り詰め」経験項目群と、5 項目からなる「滞り」経験項目群の 2 つの項目グループに集約された（表 3-4）。

　「切り詰め」経験項目群は食費や被服費の切り詰め、レジャーや外食を控える等の節約に関わる 6 項目から構成されている。また「滞り」経験項目群は各種保険料の支払いや電話料金、ローンの支払い等の 5 項目から構成されている。

　なお、「生活の見通しがたたなくて不安になったことがある」と「電気・ガス・水道などが止められた」の 2 項目は、上記 2 つの項目グループいずれからも統計的に独立（関連度・一致度が低い）とみなされたため、集計対象から除外することとした。

　上記の作業を経て、「1〜20 項目にはどれにも当てはまらない」と回答した人、および選定した 11 項目（「切り詰め」経験 6 項目と「滞り」経験 5 項目）に該当しない人を「経験なし」グループとして分類

した。

⑵ 「切り詰め」経験6項目、「滞り」経験5項目の集計をもとにした分析

　まず、各項目の選択数について確認してみよう。表3-5は、「切り詰め」経験項目と「滞り」経験項目それぞれの該当項目数をクロス集計したものである。

　まず表中Aで示した枠内は「切り詰め」経験項目のみ「経験あり」と回答した人たちである。ここをみると、「切り詰め」経験項目のみに該当している人のうち、経験項目数が「1つ」の人は22.5%、次いで「2つ」の人がほぼ同数で22.6%、「3つ」の人が18.8%となっており、

表3-5　「切り詰め」経験項目と「滞り」経験項目の選択数のクロス集計
（非該当除く n＝2609）

| | | | 「滞り」経験項目選択数（5項目） | | | | | | |
			0	1	2	3	4	5	合計
「切り詰め」経験項目選択数（6項目）	0	実数	0	41 [C]	13	9	3	0	66
		%	0.0%	12.5%	10.6%	12.9%	10.7%	0.0%	2.5%
	1	実数	461	33	13	5	2	0	514
		%	22.5%	10.1%	10.6%	7.1%	7.1%	0.0%	19.7%
	2	実数	464	48	24	7	3	1	547
		%	22.6%	14.6%	19.5%	10.0%	10.7%	11.1%	21.0%
	3	実数	385	55	10	8	3	1	462
		%	18.8% [A]	16.8% [B]	8.1%	11.4%	10.7%	11.1%	17.7%
	4	実数	304	33	18	9	1	0	365
		%	14.8%	10.1%	14.6%	12.9%	3.6%	0.0%	14.0%
	5	実数	225	56	18	11	5	4	319
		%	11.0%	17.1%	14.6%	15.7%	17.9%	44.4%	12.2%
	6	実数	212	62	27	21	11	3	336
		%	10.3%	18.9%	22.0%	30.0%	39.3%	33.3%	12.9%
	合計	実数	2051	328	123	70	28	9	2609
		%	100.0%	100.0%	100.0%	100.0%	100.0%	100.0%	100.0%

出所：表3-1に同じ。

以下項目数が増えるにつれて「経験あり」の回答割合は低くなっていく。

　一方で表中Bの「切り詰め」と「滞り」をどちらも経験しているグループをみると、「切り詰め」経験の項目数の多いグループの割合が増加する傾向が読み取れる。しかもその傾向は「滞り」経験の項目数が増えるにつれてより顕著になっていく。もともと「滞り」経験があると回答した人の数が少ないため、はっきりとしたことは言えないものの、「滞り」経験の項目数が多い人は「切り詰め」を経験する機会も多くなる可能性がわずかながらみてとれる。つまり「切り詰め経験のみ」の人は経験の項目数がそこまで多くなりにくいが、「滞り」と重なると、「切り詰め」もより多く経験しやすくなる可能性があるということである。

⑶　年代別の「経験」選択数

　次に同じ項目を用いて、年齢階層別にみた「経験」の特徴について検討する。図3−1は「切り詰め」経験と「滞り」経験の計11項目について選択した項目数についての回答を「経験なし」、「1-2項目」、「3-4項目」「5項目以上」にカテゴリ化し、10歳刻みの年齢階級別にみたものである。

　これによると「経験なし」の回答割合は「20歳代以下」から「50歳以上60歳未満」にかけて減少し、その後年齢が上がるにつれて再び増加する傾向がみて取れる。また「5項目以上」の割合をみると、「30歳以上40歳未満」、「40歳以上50歳未満」、「50歳以上60歳未満」ではそれぞれ3割ずつだが、60歳以上の年齢カテゴリではこれが2割台に減少している。

　ここからは、特に「50歳以上60歳未満」を中心としたその前後の世代、すなわちいわゆる「現役世代」の方が切り詰めや滞りを「経験」

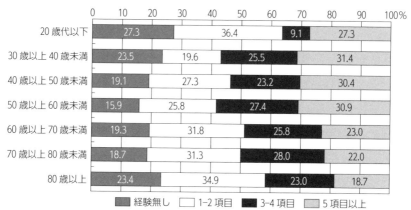

図3-1 年齢階層別の「経験」項目（11項目）選択数

	経験無し	1-2項目	3-4項目	5項目以上
20歳代以下	27.3	36.4	9.1	27.3
30歳以上40歳未満	23.5	19.6	25.5	31.4
40歳以上50歳未満	19.1	27.3	23.2	30.4
50歳以上60歳未満	15.9	25.8	27.4	30.9
60歳以上70歳未満	19.3	31.8	25.8	23.0
70歳以上80歳未満	18.7	31.3	28.0	22.0
80歳以上	23.4	34.9	23.0	18.7

出所：表3-1に同じ。

する人の割合が高い傾向が読み取れる。一般に、こうした「経験」は稼働収入がなくなる高齢期で多くなると考えられがちであるが、実際には現役世代の方がより多くこうした「経験」をしているということが確認できる。

⑷ 世帯類型別の「経験」選択数

次に、「経験」の項目数について世帯類型別の状況についても確認してみる。表3-6は「経験」項目数と世帯類型のクロスをさらに年代別に分けて集計したものである。上の段が65歳未満、下の段は65歳以上である。経験項目数が「5項目以上」の割合が最も高いのは「65歳未満のひとり親と未婚の子」世帯で、回答割合は実に46.5％に上っている。65歳以上においても、「ひとり親と未婚の子」は「5項目以上」の割合は26.6％で最も高いが、65歳未満との比較では約20ポイントもの開きがみて取れる。

また、次に「5項目以上」の回答割合が高いのは「65歳未満の単独」

表3-6 年齢階層と世帯類型別の「経験」項目選択数

		経験項目数（11項目）									
		経験無し		1-2項目		3-4項目		5項目以上		合計	
		実数	%	実数	%	実数	%	実数	%	実数	%
65歳未満	単独	41	12.7	76	23.6	90	28.0	115	35.7	322	100.0
	夫婦のみ	41	30.1	42	30.9	25	18.4	28	20.6	136	100.0
	夫婦と未婚の子のみ	44	25.6	64	37.2	40	23.3	24	14.0	172	100.0
	ひとり親と未婚の子のみ	19	15.0	24	18.9	25	19.7	59	46.5	127	100.0
	三世代世帯	8	22.2	11	30.6	10	27.8	7	19.4	36	100.0
	その他	10	15.9	17	27.0	19	30.2	17	27.0	63	100.0
	合　計	163	19.0	234	27.3	209	24.4	250	29.2	856	100.0
65歳以上	単独	158	15.1	328	31.3	291	27.8	270	25.8	1047	100.0
	夫婦のみ	158	24.6	222	34.5	153	23.8	110	17.1	643	100.0
	夫婦と未婚の子のみ	58	25.1	87	37.7	58	25.1	28	12.1	231	100.0
	ひとり親と未婚の子のみ	28	15.2	39	21.2	68	37.0	49	26.6	184	100.0
	三世代世帯	21	30.9	28	41.2	11	16.2	8	11.8	68	100.0
	その他	27	24.3	39	35.1	29	26.1	16	14.4	111	100.0
	合　計	450	19.7	743	32.5	610	26.7	481	21.1	2284	100.0

出所：表3-1に同じ。

世帯で割合は 35.7% である。65 歳以上の単独世帯も 25.8% となっているが、同じ世帯類型でもやはり 10 ポイントの差がある。

　世帯類型別の分析結果からは、「切り詰め」や「滞り」を経験した割合は「ひとり親と未婚の子」世帯と「単独」世帯が他の世帯類型に比べて突出して高いことがわかる。さらにこれを年齢別にみると、「65 歳未満」の「ひとり親と未婚の子」、「単独」は明らかに最も「経験」を強いられやすい世帯であることが明らかになる。「65 歳未満」の「ひとり親と未婚の子」世帯の多くを占めるのは「未成年の子どものいる母子世帯」であると考えられる。また 65 歳未満の「単独」世帯で「経験」しやすい世帯は具体的には「40 歳から 50 歳の稼働年齢の単独世帯」であると考えられる。

まとめ
──「切り詰め」・「滞り」経験の分析からみえたこと

　本章では調査で設定した過去1年間における「切り詰め」や「滞り」の「経験」についての設問への回答結果の分析を通じて、「普通の暮らし」を脅かされる経験がどのような特徴をもっているか、またそうした「経験」を強いられているのがどのような人たちなのかについて検討してきた。ここまでの分析で明らかになったのは以下の点である。

(1)　「経験」割合が「切り詰め項目」＞「滞り」項目となることの意味
　まず全生連と民医連2つの調査データの比較からは、世帯類型や所得水準が異なるグループにおいても「経験」の割合の順位には一定の類似性がみられた。
　いずれの調査においても「切り詰め」に関する項目は比較的多くの人に経験されやすく、「滞り」に関する項目は経験する人の割合は相対的に少なくなる傾向がみてとれた。また、「新しい服・靴を買うのを控えた」や「食費を切り詰めた」、「冷暖房の使用を控えた」といった、「切り詰め」経験に該当する項目がいずれの調査でも上位にきている。逆に「電話の支払いが滞ったことがある」や「国民健康保険料・税の支払いが滞ったことがある」等の「滞り」経験に該当する項目が下位に来ている点も両調査に共通してみられる特徴である。
　ここからは「なんらかの出費を控えたり切り詰めたりする」ことと、「なんらかの支払いや納付が滞る」経験には質的な違いがあることがみて取れる。
　「切り詰め」経験の項目は「新しい服・靴を買うのを控えた」、「趣味やレジャーの出費を減らした」、「理髪店・美容院に行く回数を減らし

た」、「新聞や雑誌を買うのを控えた」など、どちらかといえば生活における文化的な要素に関わる項目である。また同じ「切り詰め」経験項目である「友人・知人との外食を控えた」や「冠婚葬祭のつき合いを控えた」という2つの項目は、その人の社会的なつながりに関わる要素である。これらの項目は、それがなければ生命が維持できないといった絶対的な項目ではなく、精神的、あるいは社会的な生活の豊かさをもたらす項目である。逆に言えば公共料金の滞納や住居費等の滞納等の「滞り」の経験は、社会的に強制される項目でもあり、また生命の維持や安全確保といった生存のための最低限の条件に関わるものでもある。「切り詰め」項目の方が経験されやすく、「滞り」項目を経験する人が少数派であるということは、「滞り」項目が持つ社会的な強制性、生存や肉体維持にとっての絶対性によって優先的に生活資源を配分せざるを得ない状況を表しているとみることもできる。

　そして、そうした生命維持や社会的生活に対する強制的、絶対的な項目に比べ、相対的な「切り詰め」項目が先行して「経験」されることになる。それはつまり、人生や生活の豊かさを支える要素、暮らしの文化的側面や社会関係的な側面が削り取られているということでもある。こうした結果からは、生きていくための最低限の要素を優先することで、生活の文化的な側面が後回しにされてしまうという、わが国における「健康で文化的な生活」の現実が浮かび上がる。

　一方で、2つの調査データの比較からは、収入額の水準が相対的に低いグループでは「経験」の割合も相対的に多くなっており、収入額の水準が低いほど「切り詰め」・「滞り」の経験にさらされやすい可能性も読み取れた。収入という貨幣的な基準が、「経験」という非貨幣的な生活の測定基準に結びついているという特徴は、先行研究における議論とも整合的である。収入による生活水準の分析と合わせて、「経験」という相対的な基準によって暮らしの状況をみていくことの重要

性を改めて感じる。

⑵　年代別・世帯別にみた「経験」の特徴

　本章の後半では、全生連調査のデータに絞って「切り詰め」や「滞り」の「経験」がされやすい世帯の特徴について検討した。結果からは「50歳以上60歳未満」を中心としたいわゆる「現役世代」の方が切り詰めや滞りを「経験」する人の割合が高いことや、「ひとり親と未婚の子」世帯と「単独」世帯は「経験」の割合が他の世帯類型に比べて明らかに高いことなどがみて取れた。

　これを年齢別にみると、「65歳未満」の「ひとり親と未婚の子」、「単独」は明らかに最も「経験」を強いられやすい。「未成年の子どものいる母子世帯」が最も「経験」を強いられている世帯の典型であると考えられる。また「40歳から50歳の稼働年齢の単独世帯」も「経験」を強いられやすい世帯であることが示唆された。

　上記のような分析からは、経済的な理由による「切り詰め」や「滞り」経験は世代を超えて多くの人々に経験されているものの、そのほとんどは「食費」や「被服費」、「交際費」「冷暖房」を中心とした多くても3項目程度までの「切り詰め」であると思われる。こうした項目があまりに多くなると「普通の暮らし」が脅かされることとなる。

　また、数が少なくても項目の内容によっては大きなリスクとなる項目もある。たとえば、過度に食費を切り詰めたり、高齢者が冷暖房を控えたりすることは場合によっては健康上のリスクを増大させる。また必要な時に医療を受診できないといった経験は世代に関わらず大きなリスクといえる。「切り詰め」経験の項目は、このように1つか2つの項目であれば、だれもが普通に経験する「我慢」の範囲だが、それが多重化していくと深刻な生活上の不安やリスクとなる特徴がある。ただし多数項目が重複して経験される割合は、項目が増えるにつれて

少なくなっていくという特徴も明らかとなった。

　一方で、調査結果からは、何らかの支出が「滞る」という経験は「切り詰める」経験とは質的に異なるものであることもみえてきた。1〜3項目の「切り詰め」は多くの人が経験することだが、「滞り」経験項目を経験する人は全生連調査データでは、全体の2割程度に限定されていた。しかも「切り詰め」経験だけを経験することは割と一般的だが、「滞り」経験だけを経験する人はまれであることから、「滞り」の経験は「切り詰め」の経験よりもより深刻な段階を示す「経験」であることが考えられる。

　上でみたように「切り詰め」のみを経験する場合、複数項目を重複して経験する割合は低くなるが「滞り」項目と重複して経験した場合は「切り詰め」の経験項目数が明らかに増加していた。「滞り」はより深刻な状態に置かれた人が強いられる「経験」であることが考えられる。

　年齢と世帯類型との関連で「経験」をみると、高齢期よりも現役世代の方が「経験」の割合が高くなっていた。高齢期は稼働収入がなくなり収入は減少するが、就労や交際といった社会的出費も減少する。逆に現役世代は賃金が上がらないなか子どもの養育費を中心とした出費に家計が圧迫されることで、切り詰めや滞りを経験することが多くなることがこうした結果に表れているのではないだろうか。高齢期の貧困も重要な課題だが、分析結果からは高齢期よりもさらに苦しい現役世代の実態がみえてきたといえる。

　全生連の調査データの分析では、母子家庭を中心とする「現役世代のひとり親と未婚の子」世帯の「経験」割合の高さも顕著であった。現役世代の母子家庭をはじめとしたひとり親家庭は、最も「健康で文化的な生活」から排除されやすいことが浮き彫りになった。また、現役世代の単独世帯の人々も切り詰めや滞りの「経験」を強いられやすい

ことが明らかとなった。未婚化や晩婚化によって現役世代の単独世帯は増加していくことが見込まれている。分析結果は、今後「健康で文化的な暮らし」から排除されやすい人々が増加していく可能性をも示唆しているといえよう。

注

1　なお、ウ）「子どもの体験や所有物の欠如」については、「海水浴に行く」「博物館・科学館・美術館などに行く」「スポーツ観戦や劇場に行く」「キャンプやバーベキューに行く」「遊園地やテーマパークに行く」ことが経済的にできない、「毎月おこづかいを渡す」「毎年新しい洋服・靴を買う」「習い事（音楽、スポーツ、習字等）に通わせる」「学習塾に通わせる（または家庭教師に来てもらう）」「お誕生日のお祝いをする」「１年に１回くらい家族旅行に行く」「クリスマスのプレゼントや正月のお年玉をあげる」が経済的にできない、「子どもの年齢に合った本」「子ども用のスポーツ用品・おもちゃ」「子どもが自宅で宿題をすることができる場所」が経済的理由のために世帯にない、の15項目のうち３つ以上が該当している場合に該当すると定義されている。

引用文献

・阿部彩（2006）「相対的剥奪の実態と分析：日本のマイクロデータを用いた実証研究」社会政策学会『社会政策学会誌』16（0）、251-275頁。
・阿部彩（2018）「日本版子どもの剥奪指標の開発」首都大学東京子ども・若者貧困研究センター Discussion paper Series No.1。
・公立大学法人大阪府立大学（2017）「大阪府子どもの生活に関する調査」。
・内閣府（2018）「子供の貧困対策に関する大綱～日本の将来を担う子供たちを誰一人取り残すことがない社会に向けて～」28頁。
・大津唯・渡辺久里子（2019）「剥奪指標による貧困の測定―『生活と支え合いに関する調査』（2017）を用いて―」。
・Townsend, Peter（1979）*Poverty in the United Kingdom*, Allen Lane and Penguin Books.
・Townsend, Peter（1993）*The International Analysis of Poverty*, Harvester Wheatsheaf.

第 4 章

調査の自由回答にみる生活の現実

I 「健康で文化的な生活」を構成する要素と その阻害要因
――自由回答の分析から

中野航綺

1 「健康で文化的な生活」を捉える視座

　本章では、全国生活と健康を守る会連合会（以下、全生連）と全日本民医連（以下、民医連）を対象に実施した調査について、自由回答を対象に「健康で文化的な生活」とは何かを考えたい。法学を中心に議論されてきた生存権を核とした理解を超えて、実際の生活の中で「健康で文化的な生活」がいかに営まれているのかに迫り、時代ごとに変化する「健康で文化的」のありようを捉えていくことが本章の目的である。

　憲法 25 条で保障される「健康で文化的な生活」な最低限度の生活については、法学を中心に学説や判例が蓄積されてきた。しかしながらそれらは、所得保障や経済的保障、そしてそうした権利を保障する行政裁量のあり方を論じたものに留まり、具体的に「健康で文化的な生活」の暮らしぶりとはいかなるものかについての議論は盛んではなかった（中村 2021）。

　「健康で文化的な生活」を考える際、もちろんその権利や権利を保障

する行政のしくみや制度に注目することは重要である。しかしそれらと並んで、その権利がどのように行使されるのか、その結果人々の生活の内実がどのようなものとなっているのかという側面に目を向けることも重要である（森川 2014）。憲法第 25 条が保障する、人々が健康で文化的な生活を営む権利の下で、人々がどのような生活を願い、また実際に営んでいるのかを知ることが、時代ごとに変化する「健康で文化的」のありようを明らかにする糸口となるからである。

　「健康で文化的な生活」の内実への関心を共有した研究として、木下武徳（2017）や山田壮志郎の研究（2016）などがある。これらの研究は生活保護受給世帯を対象とした調査を通じて、実際に営まれている生活のありようと、「健康で文化的な生活」との乖離を示している。両者の研究において、衣食住やその購買の実態、耐久財・家電製品の所持状況、冠婚葬祭を含む交際関係やその頻度、スポーツや旅行、芸術鑑賞などを含むレジャー、ボランティアや地域参加など社会参加といった項目について調査がなされ、一般的な世帯に比べて生活保護受給世帯が不利な立場に立たされていることが示されている。

　「健康で文化的な生活」を巡る木下や山田の研究は、生活保護世帯を中心とした「健康で文化的な生活」からの阻害を定量的に明らかにした点で貢献をもたらす。ただしそれらの研究は、調査者が事前に用意した回答の中で生活実態を捉えるに留まっている。したがって刻々と変化する日々の暮らしにおいて、実際にどのような生活を営み、どこに困難を抱えているかを明らかにする点についてさらに解明する余地が残されている。そこで本章では回答者の生きた声に耳を傾けるために、調査票調査の自由回答の記載内容に注目し「健康で文化的な生活」のありようを探索したい。

2 データの概要

　本節で対象とする回答について、その概要を述べる。対象となるのは、調査票の問 31「あなたが考える『健康で文化的な生活』とはどのようなものですか。ご自由にお書きください。」と、問 32「生活で困っていることやその他の意見」の 2 つの設問である。

　全生連調査では、問 31 では 1633 名から回答を得た。回答者は、男性743 名、女性 879 名、無回答 11 名である。また 65 歳未満が 466 名、65歳以上が 1155 名、無回答が 12 名である。また問 32 では 1461 名から回答を得た。回答者は、男性 629 名、女性 819 名、無回答 13 名である。また 65 歳未満が 437 名、65 歳以上が 1010 名、無回答が 14 名である。

　民医連調査では、問 31 では 489 名から回答を得た。回答者は、男性184 名、女性 301 名、無回答 4 名である。また 65 歳未満が 120 名、65歳以上が 362 名、無回答が 17 名である。また問 32 では、調査回答者926 名の内、378 名から回答を得た。回答者は、男性 140 名、女性 234名、無回答 4 名である。また 65 歳未満が 93 名、65 歳以上が 275 名、無回答が 10 名である。いずれの設問でも男性よりも女性が、65 歳未満より 65 歳以上の者が、多く回答していることを念頭に置いていただきたい。

3 「健康で文化的な生活」とは
——回答の内容と特徴

　本調査の報告書（全国生活と健康を守る会連合会・全日本民主医療機関連合会 2021）では、問 31、問 32 ともに自由回答の分類、整理が行われている。回答から特徴的な語を抽出し、内容が近い単語を集めてラ

ベルを生成したうえで、特にその数の多いものについて内容を整理するという手法を採っている。

　こうした方法で整理された両調査のデータを比較すると、共通する点・大きく異なる点がそれぞれ見受けられる。

　まず両者で生成されたラベルを見比べてみよう。

【全生連】
　「趣味・娯楽」「仕事・労働」「食事」「旅行・レジャー」「時間的余裕」「公的社会保障」「賃金・給料」「友人との交際」「介護」「医療」「家賃・住まい」「教育・子育て」「安全・平和」「親戚づきあい」「地域活動・社会参加」「税金・保険料」「衣服」

【民医連】
　「食事」「文化的な活動」「金銭・経済面」「社会参加」「医療」「仕事・労働」「住まい」「友人との交際」「家族や親族」「衣服・身なり」「心の健康」「子供・子育て」「政治」「憲法」

　若干の語彙の違いはあるが、これらの回答には生活扶助、住宅扶助、教育扶助、医療扶助、出産扶助、生業扶助、葬儀扶助、介護扶助といった生活保護を構成する８つの扶助（岩田 2021）に対応した項目が含まれている点が共通している。さらに生活扶助の扶養項目を超えて、趣味や娯楽、旅行やレジャー、衣服や身なり、そして交友関係などの文化的要素、租税や憲法といった政治問題の観点などが加えられている。多様な項目が「健康で文化的な生活」を構成していることが、本調査からも改めて指摘できるだろう。

　他方で両者の間に違いをみることもできる。

　まず全生連の回答の特徴としてあげられるのが「分からない」、も

しくは「考えたことがない」という回答群である。こうした回答は全生連の回答に相対的に多くみられるものである。全生連では「分らない・考えた事がない」という回答は5747文中36件みられたのに対し、民医連では1149文中6件となっている。また、「分らない」と回答した人は単文で回答していることから、回答者を分母としてみてもよいだろう。その場合、全生連では約2%の回答者が「分らない・考えた事がない」と回答しているのに対し、民医連ではその割合は約1%と半分になっていることがわかる。絶対数はいずれも少ないが、全生連の回答者において「健康で文化的な生活」とはなにかを考える力が剥奪された傾向が高いと考えることができるだろう。

　他方、民医連の回答では、「出来る・できる」という単語を用いた回答の数が全生連に比べて非常に多いという特徴がみられる。

　全生連の回答では1633名から5747文の回答を得ているが、そのうち「出来る・できる」を肯定的な表現として用いた回答[1]は953文であり、全体に占める割合は約16%となっている。他方で民医連の回答では、489名から得られた1149文の回答のうち、335文で「出来る・できる」という表現が肯定的な意味合いで用いられており、その割合は約29%と全生連の倍近くとなっている。「健康で文化的な生活」を考えることが困難な状況に置かれた全生連の回答者に対して、自らの希望・願望を「出来る」という表現を用いて示した民医連の回答者像が浮かび上がり、両者の対比的な姿が浮かび上がる。

　では民医連回答者は、具体的にどのようなことができれば健康で文化的な生活であると考えているのだろうか。さらに深掘りして検討してみたい。

　できると結びついた単語を上位10語（否定の「ない」を除く）は「生活」（128）「自分」（35）「参加」（14）「安心」（27）「思う」（32）「社会」（14）「楽しい」（17）「環境」（8）「行動」（8）「維持」（8）であ

った。これらの語が多く用いられていることを念頭に、実際の回答を
みてみよう。たとえば次に挙げる回答は、本調査からみえてきた民医
連の回答者の望む生活のありようを示している例といえるだろう。

　1つ目に示すのは67歳男性の回答である。

> 　体の健康は大事であるが、心の健康は生活していくうえに大いに大事
> なことがらです。色々な電化製品があるから文化的な生活とは言えない。
> 毎日が楽しくすごせること、心にゆとりある生活ができること、それは
> 自分自身でも努力することが大事である。

　物質的な豊かさや健康面だけではなく、幸福を享受し楽しむ自らの
心の持ちようの大事さを、この男性は「健康で文化的な生活」の要件
と見なしていることがうかがえる。

　また78歳の女性は次のように回答している。

> 　子供を育てながら正社員として働いてきて、年金をもらうようになっ
> たが、夫が死亡して、1人だと少し不安がある。今までの貯えでやって
> いけると思うが、助成は少ないのが不満。生協活動など社会参加できる
> のは、しあわせだと思うし、もっともっと、自分の文化的な活動ができ
> ればと思う。健康面は気にしても仕方ない。悪くなったら医者の力をか
> りて、治療し、できるだけ、お金も病気も自分で管理して、どうしょう
> もなくなったら。囲りのみなさんの力をかりたいと思う。

　この女性は、可能な範囲で身体的・経済的に自立した生活を営みなが
ら、社会参加を継続することが、幸せな「健康で文化的な生活」を送
れると考えている。経済的・身体的な不安がないわけではないが、そ
うした不安を抱えながらも、日々を充実して送ろうとする意思が読み
取れる。

　ただし、「健康で文化的な生活」は、本人の心構えだけで成立するも

のではない。それを可能にする社会環境の重要性を指摘する回答もみられる。58歳の女性は次のように回答している。

> ・健康を害さない程度の栄養を摂れる食事。
> ・社会的な情報が、最低限とれ、それを教育できる環境・文学、美術、伝統にふれられる環境であること
> ・家族、同僚、近隣との会話ができる環境

　自らが置かれた社会を生き抜くために必要な情報や、そうした情報を入手することを可能とするような教育が整備されていること、文学・美術・伝統といった文化的なものに触れる環境が用意されていること、そして周囲の人々との交流が持てる環境が存在すること。こうした環境の整備がなされて初めて、人々が健康で文化的な生活を営むことができることをこの回答は改めて示している。
　また61歳男性の回答からは、社会の多様性や寛容さが「健康で文化的な生活」をより豊かなものにするという考えもうかがえる。

> 　健康な生活。からだと心の両方にあてはまると思います。例えば病気になったとしても、みてもらえる病院があること。自分の健康を害するタバコや飲酒は控えめにして、薬物などには手を出さぬ生活を送ること。自分の感情、ストレスとうまくつきあい、社会の中で人との関係を良好に築けること。文化的な生活。都市に住むかどうかで違いはあると思いますが。
> ・受けたいと思う教育がちゃんと受けられること。
> ・人とちがう考えや嗜好をもっていても、その人なりに安心して生活できる環境。
> ・平和であること。

　それぞれが自身の目指す「健康で文化的な生活」を送るために、互いに排除し合う社会ではなく、異なる価値感や考えを受け入れる社会

を構築していかなければならないことを、この回答は思い出させてくれるだろう。

　このように、民医連において特徴的にみられた「できる」という語に着目することで、生存権や物質的な保障をより生かすことができる社会のありようや人々の心のあり方についてみることができたといえるだろう。

4　いま、何に困っているのか

　ここまで「できる」という語に注目して、「健康で文化的な生活」のありようを考察してきた。しかしながら、「○○ができる」という状態が希求されるのは、まさに今そうした生活が成り立っていないからであろう。ではどのような困難が、そうした「健康で文化的な生活」を阻害しているのだろうか。本節ではその阻害要因を、問32の回答から明らかしてみたいと思う。

　本設問の回答を整理する際にも、問31と同様にラベルの作成を行っている。回答からは以下のラベルが生成された。

【全生連】
　「保険料・年金の困りごと」「病気・健康・体調不良などの困りごと」「子供・家族の困りごと」「生活保護費の困りごと」「住宅の困りごと」「医療費の困りごと」「移動、特に車の困りごと」「政治・政権への批判」「食事の困りごと」「子育ての困りごと」「冠婚葬祭の困りごと」「孤独・孤立などの困りごと」

【民医連】
　「金銭の困りごと」「病気・健康・介護などの困りごと」「社会保障の

困りごと」「家族・子供の困りごと」「食事の困りごと」「交通・移動の困りごと」「住まいの困りごと」

　生成されたラベルからは、「健康で文化的な生活」を困難にする差し迫った困りごとが浮き彫りになっており、現行の生活保護制度や生活困窮者支援制度をはじめとして生活の基盤を支える諸制度が不十分である現状が明らかになっている。

　さてこうしたさまざまな困りごとの中でも、本節では「子供・家族の困りごと」に注目して議論をしたい。このラベルの下には、全生連・民医連どちらにおいても深刻かつ介入の難しい複合的な困りごとが述べられており、今後の社会福祉政策においても対策が必要な課題だと考えられるからである。

　先に具体的な回答例をみていく。なお同種の回答は全生連・民医連のどちらにもみられるため、両者の回答を織り交ぜながら議論を深めていくこととする。

　まず示すのは全生連の回答である。72歳の女性は、家庭内の悩みを次のように記している。

> 　家庭内のことですが同居している42歳の息子が2011年ごろに仕事を失い、その後ずっと家にこもりきりで、誰も友だちもなく、相談する人もなく悩んでいるところです。私の月9万円弱の年金でやりくりして生活しています。

　また71歳男性の回答も、同じく子どもの引きこもりについて困難を感じていることを吐露している

> 　ひきこもりの長男がおり、50歳近くになり今後のことが不安である。同じ年代でひきこもりの子供がいる人が多く社会的問題になっている。

原因とともに対策を考える必要があると思う。

　このように、家族、とくに子どもに関わる困難を述べた回答は他にもみられる。民医連調査に回答した75歳女性も複雑な家庭事情に困難を覚えている。

　私は75歳。主人は82歳。家にいる独身の娘は50歳。知的障害で施設にいる長男は54歳。将来どうなるのでしょう。

　また自らの子どもだけでなく、孫世代も含めた問題が生じている事例もみられる。80歳女性は次のように回答している。

　ひとり親の息子、定職ではあるが社保等がないため、私の方から年金、健康保険料を優先してます。孫の専門学校生と高校1年生の通学を優先、他1人、孫娘の支送りも息子がやっている。病気勝ちで思考力があやういと家計の方は息子にゆだねている。しょうがないの一言。

　以上の事例は、いずれも回答者本人の個別な問題を超えた範囲で困難が生じ、それにより自身の暮らしぶりにも影響が生じているケースとみることができる。

　こうした家族の問題は、たとえば「8050問題」などと呼ばれ、支援の現場ではその存在が認知されてきた（川北2019）。しかし、たとえば40歳以上の引きこもり者の実態について政府による公的な統計調査結果が公表されたのは2019年が初めてであり（内閣府2019）、同じ家族内の問題でも、より早期から議論がなされ、研究の蓄積も厚い子どもの貧困（阿部2008）などと比べれば十分に認知された社会問題とは言えないだろう。引きこもりという問題の特性上、社会的にその存在が認知されにくく、両親の介護相談などをきっかけに引きこもり当事者

は支援機関とつながる事例も多くみられるという（特定非営利活動法人 KHJ 全国ひきこもり家族会連合会 2019）。したがって、本調査に寄せられた家族・子どもに関わる問題が他の家族成員の生活にも影響を与え「健康で文化的な生活」を阻害している可能性について検討し、またこうした問題への対策を拡充していく必要がある。

　2013 年に成立し、2015 年以降実施されている生活困窮者支援制度は、こうした複合的な問題を抱えた個人や家族を対象とした制度として誕生したものである。生活保護制度が対象としてこなかった引きこもり者や社会的孤立にある者、生活保護を受給できていない人々など「新たな困窮問題」に直面する人々やその家族を対象として自立の助長と予防のための包括的な支援体制の構築を目指してきた（駒村 2019）。

　しかしながら、困難を乗り越えるために変化しなければならないのは、その当事者だけだろうか。そもそも彼らが困難を抱え社会と距離を取らざるを得なくなったのは、社会そのものに生きづらさを生み出す要因があったからに他ならない。引きこもりに至る過程では、統合失調症やうつ病をはじめとした精神疾患や、軽度の知的障害・学習障害、発達障害などを理由とした生物学的側面に起因する要因だけでなく、進学や就職などライフコース上の躓きをきっかけとする社会的側面による要因も大きく影響を与えている（川北 2019）。そうした社会的側面を無視して当事者を社会に引き出したとしても、本質的な困難は解消されないだろう。

　また生活困窮者自立支援制度や生活保護制度が過度に自立を強調する点についても批判がなされている。堅田香緒里（2019）は、近年の貧困対策が自立支援の強調がもたらす危険性を指摘している。自立支援は困難を抱えた人々を異質な存在として「他者化」し、当事者の生全体に介入することで社会の秩序維持に加担していることや、国家にとって望ましい自立に適応できない人を自己責任として排除していく

ことを批判する。多様な生のあり方を特定の価値観にはめようとする自立支援の権力性は、多様な「健康で文化的な生活」のありようと衝突するだろう。

　また支援を通じた労働市場への再参入に注目しても課題は大きい。岡部茜（2019）が指摘するように、困難を抱えた人々が支援を経て就労可能な職場は、労働市場の中でも下方の恵まれない環境であることが多い。そうした職場で再び心身を追い込まれてしまえば、再び彼らの生活を破壊され、元の生活に回帰してしまうだろう。

　したがって、「新しい困難」を抱えた人々の支援においても、困難を抱えた当人やその家族に対する直接的な支援だけでは不十分である。それらの支援に加え、労働市場の健全化や、仕事についていない状況であっても支援から排除されることなく自らと向き合い将来を考える機会を保障するような社会整備が求められる。困難を抱える家族が安心して自らの「健康で文化的な生活」を送るためには、社会のあり方全体の見直しが欠かせないのである。

まとめにかえて

　「健康で文化的な生活」を営むためにはまず経済的保障が欠かせない。「貧すれば鈍する」の通り、困難のまっただ中にいる本人は、「健康で文化的な生活」そのものを見失いやすく、権利を追求していくことは難しいかもしれない。したがって、まず生活基盤を整え、自らの置かれた状況の過酷さに抵抗するための活力を回復させなければならないだろう。「健康で文化的な生活」とはなにかについて、分らない・考えたことがないと応えた人々の声は、人々が困難へ抵抗する力を剥奪された状況を物語っているのである。

　また抵抗力を取り戻す過程においては、多様な困難が絡み合った状

況を無視し本人の自立を過度に奨励する現行の支援政策とも距離をとる必要があるだろう。困難が連鎖することによって困窮した状況が生じていることを無視して、その渦中にある人々や不安を覚える人々に対して自己責任を求めるのは筋違いである。困難を生じさせる社会そのものを問い直し、物質的な豊かさを超えた、人間的豊かさを伴う「健康で文化的な生活」を享受できる社会を目指さなければならない。

最後に、日々の支え合いから行政と当事者を繋ぐ支援、そしてアドボカシーや政策立案を含む政治的な実践まで、参加者が増え活動が多様化されることが、「健康で文化的な生活」を送ることができる社会の実現に欠かせないことを忘れてはならない。本調査における全生連と民医連の協働のように、関心を共有する人々がともに声を上げ連帯・共闘し、問題解決の道を切り開いていく活動は、個人が分断される現代においてより重要となっていくだろう。本調査や本論文もまた、そうした実践の一部として「健康で文化的な生活」を当たり前のものとする一助になれば幸いである。

注

1　この整理においては、できるの表現の直後に「ない」が続く表現は除外している。

引用・参考文献

・阿部彩（2008）『子どもの貧困―日本の不公平を考える―』岩波書店、256 頁。
・岩田正美（2021）『生活保護解体論―セーフティーネットを編みなおす―』岩波書店、320 頁。
・堅田香緒里（2019）「対貧困政策の「自立支援」型再編の意味を考える―「再配分」か「承認」か？―」埋橋孝文・同志社大学社会福祉教育・研究支援センター編『貧困と就労自立支援再考―経済給付とサービス給付―』法律文化社、240 頁。
・川北稔（2019）『8050 問題の深層―「限界家族」をどう救うか―』NHK 出版、

207 頁。

- KHJ 全国ひきこもり家族会連合会（2019）『地域包括支援センターにおける「8050」事例への対応に関する調査報告書』72 頁。
- 駒村康平（2019）「生活保護制度と生活困窮者自立支援制度の改革動向」駒村康平・田中聡一郎編『検証・新しいセーフティネット—生活困窮者自立支援制度と埼玉県アスポート事業の挑戦—』新泉社、264 頁。
- 木下武徳（2017）「生活保護利用世帯の暮らしから見た生活課題—地域 A における実態調査から—」『立教大学コミュニティ福祉学部紀要』19、立教大学コミュニティ学部、97-112 頁。
- 森川清（2014）『「改正」生活保護法—新版・権利としての生活保護—』あけび書房、232 頁。
- 内閣府（2019）『生活状況に関する調査平成 30 年版』207 頁。
- 中村美帆（2021）『健康で文化的に生きる権利—文化政策研究からみた憲法第二十五条の可能性—』春風社、392 頁。
- 岡部茜（2019）『若者支援とソーシャルワーク—若者の依存と権利—』法律文化社、264 頁。
- 山田壮志朗（2021）「生活保護基準引下げ違憲訴訟原告アンケート分析報告」（2016.6.11 引き下げアカン！関西交流集会報告資料 http://665257b062be733.lolipop.jp/161005resume.pdf）（2021 年 12 月 29 日閲覧）。
- 全国生活と健康を守る会連合会・全日本民主医療機関連合会（2020）『健康で文化的な生活とはなにか—全国生活と健康を守る会連合会会員および全日本民主医療機関連合会共同組織の生活と意識に関する調査報告書—』315 頁。

Ⅱ 全国生活と健康を守る会連合会調査 からみえてきたもの
―― 1次調査自由回答と 2次調査から

小川栄二

　第1次調査では、問31で「あなたが考える健康で文化的な生活とはどのようなものか」、問32で「あなたの生活で困っていることやご意見など」を自由回答形式で尋ねた。本章ではこの自由回答を考察した上で、2次調査からみえたものを述べる。

1　生活の困り事に関する自由回答から

⑴　「困り事」の内容と頻出語

　調査では、「生活で困っていること」について調査回答者3416名の内、1461名から自由回答を得た。『健康で文化的な生活とは何か――全国生活と健康を守る会連合会会員および全日本民主医療機関連合会共同組織の生活と意識に関する調査報告書――』（以下、『報告書』）では、困り事を12に分類し8件ずつ代表的回答を掲げてある。表4-1はその見だし項目である。紙幅の関係で詳細は紹介できないので、ぜひ『報告書』本文を参照していただきたい。

　筆者が、困り事に関する頻出語をカウントしたところ[1]、生活（1297）、健康（560）、お金（196）、医療（185）、年金（182）、病気（174）、経済（134）、食事（130）などであった（『報告書』140頁参照）。最も多い「生活」ということばについては、「生活が苦しい」、「生活ができない」、「生活が不安」、「生活を切りつめている」という主旨が半数以上であった。年金については「年金が少ない・低い年金だけでは生活

表4-1　生活の困り事の内容と制度問題

困り事の内容	件数
① 保険料・年金	252
② 病気・健康・体調不良など	231
③ 子供・家族	231
④ 生活保護費	76
⑤ 住宅	74
⑥ 医療費	53
⑦ 移動、特に車	45
⑧ 政治・政権への批判	39
⑨ 食事	33
⑩ 子育て	28
⑪ 冠婚葬祭	18
⑫ 孤独・孤立など	14
合　計	1,094

出所：中野航綺（2020）「現在の困りごと等に関する自由回答」『報告書』91頁より。

できない」が大半で、その他「年金保険料」、「年金格差」、「年金制度」などについて述べるものがあった。「保護」については、「生活保護費」に関するものが約70件、「保護を利用していること」についてが約40件、「保護基準」、「保護制度運用」に関する記述、その他があった。「介護」については、保険料が高いことが約50件、「介護が必要になった時の不安・心配」が15件、「サービスのあり方や費用負担」などがあった。「病気」は「自分と家族の病気」についてであって、「現在の療養と症状」、「医療費の心配」、「将来の不安や心配」などであった。

(2)　回答者の気持、受け止め方について
――「不安」「心配」と「安心」

　生活の困り事に対する受け止め方のについて頻繁に現れたのは、「不安」「心配」であった。

　「不安」と「心配」とは、類似した心理を表すことばである。「不安」は、「不安をなくしたい」というもの1件を除き、すべて「不安だ」というものであった。具体的には、「不安です」（50）、「不安。」（42）、「不安を感じる」（15）、「不安があります」（12）、「不安がある」（10）、「不安である」（8）、その他「不安でいっぱい」、「不安になる」などであった。「心配」についても同様の表現であった。

　一方、「不安」とは対極的な「安心」ということばが32件あった。し

かし、「現在安心して暮らしている」というのはごく少数で、大半は「不安なく安心して暮らしたい」、「安心して暮らせる社会・世の中・政治・町」という主旨で、内容は「賃金、年金、生活費、老後」などについてであった。まさに、「不安」であるからこそ「安心」を願っていることが読み取れた。

　筆者が「不安」に着目するのは、浜岡政好が述べているように[2]、「健康」とは、肉体的、精神的、社会的なものであり、筆者は「不安」とは精神的に健康でない状態だと考えるからである。

2　「健康で文化的な生活」（問31）の自由記載から

　問31は「あなたが考える健康で文化的な生活とはどのようなものか」という設問であった。自由回答は1637件あった。

　『報告書』では、自由回答について具体的内容を整理し、「仕事・労働」、「食事」、「旅行・レジャー」、「時間的余裕」、「公的社会保障」、「賃金・給料」、「友人との交際」、「介護」、「医療」、「家賃・住まい」、「教育・子育」、「安全・平和」、「親戚づきあい」、「地域・社会活動」、「税金・保険料」、「衣服」などについて、それぞれについて6事例が紹介されている[3]。

　以下頻出語を紹介する。

⑴　「健康で文化的な生活」についての頻出語の検討

　表4−2は頻出語のリストである。第1位〜3位の「生活、健康、文化」は質問テーマそのもののことばである。

　第4位の「社会」については、社会の状態についての考えが多くあった。それは、「格差のない社会」、「衣食住が整っている・ひとりぼっちじゃない社会」、「生きづらい社会」、「私利私欲にまみれず優しさ

表4-2 「健康で文化的な生活」自由記載の頻出語
（「健康」または「文化的」を含む回答における）

順位	抽出語	出現回数	順位	抽出語	出現回数	順位	抽出語	出現回数
1	生活	1,297	13	年金	182	25	友人	95
2	健康	560	14	病気	174	26	収入	94
3	文化	384	15	旅行	153	27	余裕	94
4	社会	303	16	経済	134	28	病院	87
5	自分	275	17	食事	130	29	活動	86
6	心配	221	18	仕事	114	30	充実	86
7	保障	204	19	保護	114	31	映画	73
8	不安	201	20	自由	112	32	参加	70
9	安心	199	21	必要	106	33	衣食住	68
10	趣味	197	22	家族	105	34	国民	68
11	お金	196	23	介護	102	35	憲法	66
12	医療	185	24	普通	97	36	金銭	64

出所：「健康で文化的な生活」調査のデータから筆者作成。自由回答から、名詞だけを抽出した。

にあふれた社会」、「医療費などで支払いが大変にならないような社会」、「安心して暮らせる社会」といった、現在と将来の社会像について、回答者が考えていることが現れていた。その他「社会保障」、「社会福祉」「社会活動」、「社会制度」などの用語があった。

　第5位の「自分」については、「健康で文化的な生活」に関連して、現在の自分について考えている点が注目される。「自分の趣味を楽しむ」など「健康で文化的な生活」のあるべき姿を述べたもの、「自分なりに文化的な生活を楽しんでいる」など現在の自分生活の仕方を述べているものなど多様であった。しかし「今の自分は早く死にたい気持」、「自分が動けなくなったらどうなるのだろう」というように辛いことばもあった。回答者が考える自分自身の状態とあり方についてのことばが、ひしひしと伝わってきた。

　第6位に「心配」、第8位に「不安」があり、第9位に「安心」と、ことばとしては相反する意味のものが併存している回答があった。こ

れについては次項で述べる。

　「安心」ということばは、現在十分に安心しているというものではなく、「不安がなく安心を」という主旨である。「不安」と「心配」のどちらか、または両方が記された自由記載数は 346 件であった。

⑵　「心配」と「不安」

　前述したように「不安」「心配」は精神的に健康ではない状態である。ここで「困り事」の場合と同様「不安」な状態を述べる一方で、多くが「がない」「がなく」という表現へと続いていた。それは「不安」「心配」が「ない」という、回答者が考える「あるべき生活や社会の姿」であった。それらの具体例を少しとりあげたい。

　それは「不安（が）なく暮らせる」、「不安（の）ない社会」などである。「不安ない」内容・対象は、「生活」（105 件）、健康（28 件）、「社会」（27 件）、「自分」（22 件）、「医療」（18 件）、「経済」（15 件）、「趣味」（15 件）などであった。これは回答者の会員が「こうありたい」という望みを表したものである。しかしそれは、心配のない生活の中で出てくる一般的なことばではなく、毎日の生活に心配・不安があるからこそ出てくることばではないかと考える。実際「毎年年金がカットされており生活の不安が強いので、そのような不安がなく生活できること」、「入院生活や医療費が増すと生活が出来なくなる不安はあります。そのような不安がなく暮らせること」という記述か少なくなく記されてあった。

　「心配」についても、同様であった。

　9 位の「安心」ということばは 199 件の自由記載にあった。

　大半が「安心して暮らせること」を述べており、その内容は、就労、教育、現在と将来の生活・衣食住、健康と医療、老後生活（年金・介護）などが多くあった。また、旅行・レジャーなどができる余裕、喜

び・楽しみのある生活を望む記述も多くあった。

　その中で、「安心」と「不安」・「心配」とが併存して書かれている
ものが47件あった。記載内容は、上述のように「安心」できない状態
があるからである。それは「衣食住・生活費」、「健康・医療費」、「将
来・老後の年金、介護」、「家族のこと」、「学費・教育費」などである。
また、国の、社会保障、費用負担・税負担などの政策動向から、将来
への不安を述べるものもあった。たとえば、以下のとおりである。

・<u>安心</u>して日常生活が送れること。高齢なので自分が動けなくなったら、
　どうなるのだろうと思うこと。息子が労災事故で障害者なので子ども
　たちには頼れないと思っている。貯えがある訳ではないし、一体、ど
　うなるのか、考え出したら、とても<u>不安</u>です
・現在は仕事をしているので何とか生活できているが、数年先を考えた
　時、年金のみでは生活できずとても<u>不安</u>になる。そんな事を考えなく
　てもよい、安心して暮らせる生活を希望する。

3　「健康で文化的な生活」自由記載の具体的内容

(1)　「不安」の記述があり、経済的に困難を抱えている
自由記載回答から

　ここでは、「健康で文化的な生活」自由記載回答に「不安」のこと
ばがあるものでかつ、前節で紹介された選択肢回答の中で、次の「不
安」要因を強く持つと考えられる回答を抽出して紹介する。自由記載
は多数あるため、「不安」要因を強く持つと考えられる回答を選ぶため、
次の4点で絞り込んだ[4]。その結果7件が抽出された。

　①問3の (6) で「住む場所がなくなることを心配した経験がある」
を選んだ回答。

　②問5で「経済状況大変苦しい」を選んだ回答。

③問7「経済的な理由による経験」（複数回答）を5つ以上選択した回答。

　1次調査の質問7の選択肢は、「電気・ガス・水道などが止められた」、「医療機関を受診できなかった」などの深刻な事態、「冷暖房切り詰め」などの節約、「新しい服・靴の買い控え」、「冠婚葬祭や友人・知人との外食の控え」などの社会的な体裁を維持するための支出の節約など、20項目である。

　④問30で「⑩将来の生活は安心できるか」について「まったくそう思わない」を選んだ回答。

　この抽出による自由記載の年齢は、42歳代前半から60歳代前半までで、65歳以上の高齢者は含まれなかったのが意外であった。抽出の仕方がこのような偏差を生んだと思われるが、逆に「稼働年齢層」の一端が明らかになった。ここでは『報告書』で紹介した3件のうち1件の自由記載と選択肢回答の抜粋を紹介する。

3 食たべられる生活

［健康で文化的な生活についての考え］

> 　最低限のバランスある食事が1日に3食たべられる生活。将来に<u>不安</u>なく暮らせ生活費を切りつめなくて普通に生活が出来る事

［プロフィールと選択肢回答の概要］
・60歳前半、女性、ひとり親と未婚の子のみの世帯、同居している家族に健康状態のよくない人がいる。
・経済的経験＝食費切りつめ、電気、ガス・水道止められた、金融機関などに借金、新しい服・靴の買い控え、新聞や雑誌の買い控え、スマートフォンへの切り替えや利用を断念、冠婚葬祭のつきあいを控えた、生活の見通しがたたなくて<u>不安</u>、交通機関の利用控え、通信

料の滞り、趣味やレジャーの出費の節減、冷暖房の使用控え、住み替え・転居を断念
・仕事＝現在の仕事：非正規正、最長職：非正規
・自分の健康状態＝あまり良くない、医療費の不安ある
・食事＝朝食：ほとんど食べない、肉魚：1週間に1回くらい食べる、野菜：毎日食べる、インスタント：2日に1回くらい食べる、栄養バランス：ほとんどできていない、食事満足度：まったく満足していない
・旅行・外食＝旅行：ほとんど旅行しない、理由：金銭的に余裕がないから。外食：まったくない、理由：金銭的に余裕がないから
・休日・正月の過ごし方＝⑭とくに何もしない、正月お祝いをしなかった
・近隣・親族関係＝近所：ときどき行き来する。親族：つきあいがない。家族や親族間の食事会：しない。
・普段の外出・文化的活動＝参加地域団体：参加していない、①図書館全く利用しない、②映画館全く利用しない、③劇場全く利用しない、④スポーツ施設利用全く利用しない、⑤ショッピングセンターときどき利用する、⑥公民館全く利用しない、⑦博物館あるが全く利用しない
・個人年間所得50万円以上100万円未満／世帯年間所得100万円以上150万円未満
・世帯収入種類：就労収入、遺族年金・障害年金、生活保護、主な世帯収入・仕事による収入／負担に感じている支出：食費光熱費交際費
・生活への意識＝①今の暮らしの張り合い：全くそう思わない、②今の暮らしのストレスの多さ：とてもそう思う、③生活の充実：全くそう思わない、④生活していての不安や心配：とてもそう思う、⑤

趣味をしている時間の楽しさ：あまりそう思わない、⑥友人関係の満足：全くそう思わない、⑦近所づきあいの満足：全くそう思わない、⑧自分は頼りにされていると思うか：全くそう思わない、⑨周囲から取り残されたように感じるか：とてもそう思う、⑩将来の生活は安心できるか：全くそう思わない

筆者が推測する回答者の姿

ひとり親と未婚の子のみの世帯、同居している家族に健康状態のよくない人がいる、世帯収入種類に「遺族年金・障害年金」があることから、母子世帯で子どもさんに障がいがあることが推測される。自身の健康も良くなく、食生活は「肉魚は1週間に1回くらい食べ、インスタント2日に1回くらい食べる」という心配な状態で、休日は休むだけである。そして近隣と時々行き来はあるが、地域団体とへの参加はなく、親族関係は交流がなく、文化的活動もほとんどない。経済的理由による経験の中で、交通機関の利用控え、スマートフォンの利用の断念、通信料の滞り等の情報の少なさ、冠婚葬祭のつきあいを控えたこと等をみると社会的孤立が心配である。自由記載の「最低限のバランスある食事が1日に3食たべられる生活」は切実な願いである。

⑵ 「健康で文化的な生活」とは何かについて、正面から
向き合って回答しているものの中から

以上は、選択肢回答の中で「経済的理由による経験」、自由記載の中の「不安」、「心配」に着目して考察したこともあって、現在の生活を切り詰めた結果、生活の幅が縮小している内容が現れている。

一方、問31の「あなたが考える『健康で文化的な生活』とはどのようなものですか」について、正面から向き合って回答しているものも多くある。そのような回答には、「不安がないことか望ましい」と述べ

表 4-3 「健康で文化的な生活」のことばをそのまま使用した自由記述の頻出語

順位	抽出語	出現回数	順位	抽出語	出現回数	順位	抽出語	出現回数
1	生活	239	8	医療	22	15	経済	17
2	健康	168	9	安心	21	16	趣味	17
3	文化	147	10	不安	20	17	憲法	16
4	保障	39	11	国民	18	18	保護	16
5	社会	38	12	年金	18	19	心配	15
6	自分	32	13	旅行	18	20	病気	15
7	お金	25	14	老齢	18	21	必要	14

出所：表 4-2 に同じ。自由回答から、名詞だけを抽出した。

るものが多くあった。

　「健康で文化的な生活」ということばをそのまま使っている自由回答は 107 件あった。107 件の自由記載の中で書かれた頻出語を数えたところ、表 4-3 のようになった。

　それぞれのことばの使い方は多様ではあるが、概観すれば以下のようになる。

① 「文化」は「文化的」ということばが大半で、その内容は「冷蔵庫や、暖めるだけで食べられるように電子レンジなど」といった生活手段、「コンサート、芝居、美術鑑賞など」などといった教養や文化活動や「スポーツ」、「食事」、「生活時間」などの暮らしぶり・生活スタイル、など多岐にわたった。

② 「保障」については「社会保障」、「医療・健康」、「衣食住・経済」、「教育・文化・時間」と関連するものが多かった。

③ 「社会」については「社会保障」と社会の状態についての記載と関連するものが多かった。また「社会のありかた」に言及するものが多かった。

④ 「自分」は「自分の状態」「自分の希望や考え」「自分自身のありかた」などであって「自分の健康」「自分のしたいこと」「自分らしく

生きる」などであった。

⑤「お金」は「お金があること」「お金がない」「お金の心配」など、推測できるものである。「医療」は、「医療費」、「医療保険」、「医療機関」、「医療や介護」など推測できるものである。

⑥「安心」については、安心して「生活できる」、「医療が受けられる」、「安心して学べる」、「安心して子どもを産み育てられる」収入と制度の保障という主旨のものである。また安心の主体は、「自分」だけでなく、「子どもたち」、「障害者」、「町中」、「国民みな」など他者を挙げている点は、回答者の会員の思想を表すものとして注目したい。

⑦「不安」は前述したほどの高頻度ではなく10位、20件。現在「不安」であることを述べているものは4件、「不安がないことか望ましい」との主旨が9件あった。これは「健康で文化的な生活」を正面から取りあげている記述の特徴であるように思う。

⑧「旅行」、「趣味」は希望する生活内容や「文化的な生活」との関連で述べられていた。

⑨「憲法」ということばは14件の自由記載で16回使われていた。「憲法25条」と明確に書いたものは7件である。なお問31自由記載回答1637件の中では「憲法」ということばは56件の自由記載の中で使われていた。

(3) 「健康で文化的」と「憲法」に言及した記載

問31で「健康で文化的」と「憲法」の2つのことばを用いた自由記載回答は17件あった。その一部を要約して紹介したい。大変な生活の中でも、「健康で文化的」という憲法25条の理念を実現したい、という積極的な回答である。全部を紹介できないのが残念であるが、以下に一部を記載する（表4−4）。

表の（　）の中に世帯構成と世帯所得の概略を示した。生活保護基

表 4 - 4 「健康で文化的」と「憲法」に言及した自由記載記載（抜粋・要約）

○職種に差別なく安心した給料、安心した生活がおくれる老齢年金額で、老後もいつでも自由に働けること。憲法 9 条を国に守らせることを前提として……労働者派遣法を廃止させ……財界、官僚の言いなりにならない政治……「健康で文化的な生活」が成り立つ。……内部留保を国民に還元させ、子供達が安心安全に学問が学べ……奨学金が無償であり国自体が大学院を卒業するまで保障することが……。（62 歳男性。健康状態のよくない人がいる夫婦のみの世帯、世帯年間所得 50 万円以上 100 万円未満、世帯収入種類：就労収入、老齢年金）

○私は今「人間らしく生きる」裁判で原告として闘っています。18 回の裁判には、休まず参加してます。被告側の弁護士は、まともな反論はしていません。そんな中、又々生活保護費引下げを決定しました。ゆるす事は出来ません。憲法 25 条で保証されてる健康で文化的とはなんだろうと思います（62 歳、男性、夫婦のみの世帯で 2 人とも健康は良くない。世帯年間所得 100 万円以上 150 万円未満、世帯収入種類：生活保護・その他）

○所得の保障、老齢年金の引き下げでなく充実こそ求められる。国保、介護保険料があまりにも高い。国の補助を大幅に増やし引き下げるべき。地域まるごと健康づくり安心して住み続けられるまちづくりの運動を通して、学び行動することが「健康で文化的な生活」に結びつくと思う。医療福祉生協の理念である憲法を生かしていきたい。（70 歳男性、夫婦のみの世帯、世帯年間所得：無回答、世帯収入種類：老齢年金）

○所得の保障、老齢年金の引き下げでなく充実こそ求められる。国保、介護保険料があまりにも高い。国の補助を大幅に増やし引き下げるべき。地域まるごと健康づくり安心して住み続けられるまちづくりの運動を通して、学び行動することが「健康で文化的な生活」に結びつくと思う。医療福祉生協の理念である憲法を生かしていきたい。（70 歳男性、夫婦のみの世帯、世帯年間所得：無回答、世帯収入種類：老齢年金）

○遺族老齢年金は少なく、派遣社員の娘と不安な生活を送っている。本当に安心して生活したいものと思っている。憲法 25 条に謳われている「健康で文化的な生活」が出来ることを願っている。（81 歳女性、ひとり親と未婚の子のみの世帯、世帯年間所得 100 万円以上 150 万円未満、世帯収入種類：老齢遺族年金）

出所：表 4 - 2 に同じ。

準を下回るが生活保護を受けていない世帯もあった。今日の厳しい資産要件などのために利用に至らなかったものであろうか。

4　2 次面接調査

　2 次面接調査は、1 次調査で訪問面接を受諾していただいた方の中から、①65 歳未満と 65 歳以上の 2 類型、②世帯類型限定なし・単身

世帯・夫婦のみ世帯の3類型、③経済的困窮経験の有無の2類型により、12に分けて訪問を実施したものである。筆者が訪問した方の中から4人の方を紹介したい。

(1) Aさん50歳前半男性（訪問類型1）

　かつて工場労働者の街だった地域の市営住宅に住む男性。もと塗装職人であったが、数年前、病気で働けなくなり、「生活と健康を守る会」（以下「生健会」と略す）の紹介を受けて生活保護と障害年金で生活している。1次調査の選択肢回答では、経済的困窮体験は、「食費の切りつめ」「趣味やレジャーの出費節約」「住み替え・転居を断念」である。

　Aさんの室内は整頓されていて、趣味の本が並んでおり、几帳面な暮らしぶりと、趣味・関心の高さを持たれている。食事制限がある中で、朝食は毎日食べ、肉魚は3〜4日に1回、野菜は毎日食べるなど工夫されている。娘さんも訪れることあり親子関係は良い。

　生健会の活動に参加し、生活保護裁判の取り組みにも参加している。図書館・文化施設などの利用はあまりしていないが、頻回の通院が必要なことも一因であると思われ、町内会の活動（集金）にも参加し、社会交流は維持されている。

　訪問した印象では身体状態は良くないが、趣味を持ち、社会参加もされており、決して無為な暮らしぶりではないと感じた。しかし、不安定就業のため貯えができない中で、働けなくなったときの生活の大変さを改めて感じた。

　しかし伝統的な労働者の町で、地域の人々や「生健会」との繋がりがあることで、病気による危機を乗り越えて生活する張りを持たれているとの印象であった。自宅まで案内してくれた生健会の方がAさんのことを良く理解されていることが印象的であった。

(2) Bさん60歳前半男性（訪問類型3）

　単身の男性。両親はなくなり、他県などに住む親族との交流はある。

　Bさんは裕福な育ちで、有名な大学を卒業した。大学卒業後、実業家としていろいろな会社を起こして成功もした。50歳ころに、持病（歩行困難となる病気）が悪化し、事業も傾いて生活に困窮した。事業中から知っていた「生健会」に入会し、60歳ころから生活保護を受けることとなった。

　Bさんは、独身生活を続けてきて自炊をしてきたこともあり、調理は得意でレシピに通じている。そのため現在も自炊で食事の栄養バランスはとれており、外食はほとんどせず、食生活は健康的である。親族関係については、兄弟との交流は維持している。生健会の相談活動に従事していて夜中も電話相談を受けるなど結構多忙で、社会的に孤立してはいない。

　現役期から行っていた、料理、読書、音楽など趣味は多彩で、生き生きとした様子がうかがわれた。現役期から育んだ食生活や文化活動などの生活スタイルと、生健会の活動が高い生活の意欲の要因になっていると感じた。

(3) Cさん70歳前半男性（訪問類型5）

　Cさんは、古い木造アパートに住む男性。市内出身で市内に暮らし続けた職人、離婚して単身生活を続けてきた。離婚前後から、家族関係、アルコールなどが原因だという事件が数回あった。その後も市内で職人をつづけた、仕事には恵まれていた。しかし、バブル崩壊後仕事が少なくなり、交通事故に会って生活に困窮した。アパートは契約家賃と実家賃に差があり、老朽化したテレビ・冷蔵庫が高額で「貸与」されていたので生健会の力で最近是正されたとのこと。

　生健会の役員が定期的に訪問している。デイ・サービス利用などで

社会関係は維持しているが、近所つきあいはない。

　食生活はデイの日以外は昼抜き、自炊だが、デイの夕食弁当を食べているとのこと。朝食は「毎日食べる」、肉魚は「1週間に1回くらい食べる」、野菜は「3〜4日に1回くらい食べる」とのこと。

　親族関係では娘さんとは交流がある。しかし、孫の結婚式には出なかったとのことである。礼服を持っていなかったので、交通事故の慰謝料で礼服と腕時計を「災害等によって損害を受けたことにより臨時的に受ける補償金」を充てようとしたが、価格が高額だったので生活保護の収入認定除外が認められなかったようである。親族の前での「体裁」の維持は切実だと感じた[5]。

　生健会の役員が、敷きっ放しの布団に「朝なんだから布団ぐらいたたみなよ」と言える距離の近さ、生健会の地域に密着した活動が印象的であった。

⑷　Dさん70歳後半女性（訪問類型6）

　住宅地にある市営住宅に住む78歳単身女性。

　Dさんは在日韓国人で、Dさんの父は戦前日本の植民地の時期に徴用されたが逃れて日本に渡り、家族も後を追って日本に渡った。渡ったあと家族は山中で炭焼きに従事し、Dさん自身も木炭を背負って町に売りに行った。戦後、小中学校での成績が良く高校に進学したが、お金がなくて高校を中退せざるを得なかった。中退後いくつもの職に就いた後に結婚し、子は4人生まれた。夫は建設業を継ぎ、一時は順調だったが、バブル崩壊の時期に倒産し、Dさんはその後離婚した。

　Dさんの生活時間は規則的である。糖尿病があるため、食生活は意識的に管理してバランスのとれた健康的な食事である。社会関係は1次調査の選択肢回答では、「6（世帯単身・経済的困窮経験あり・社会参加なし）」とした。しかし訪問時のお話しからは、地域の文化施設は

あまり利用していないが、毎日「イオン」のたまり場に行って、高齢者同士半日おしゃべりをしているとのことで、孤立感は感じられなかった。生健会の役員の人とは定期的に会っており、会の班会には以前は参加していた。

出自、貧困、低学歴を乗り越えて生活を確立し、子を育ててきた知性と誇りの高さを強く感じる方であった。日常生活をキチンと送り、親族関係は良く、近隣から陰口を叩かれることもあるのに、面倒見の良い地域生活を送っていた。1次調査「健康で文化的な生活」の自由記載では、「毎日を自分なりの幸せを感じて生きたいです。年に応じた、歩く事、食事、付き合いをして生きたいのです」と書かれていた。

お話しを聞いて、出自と生育歴は過酷なものであり、「歴史認識」問題をリアルに理解した。しかしDさんは気丈で明るい性格と高い知性のもとで、差別を乗り越えておられた。筆者は人の生き方を学んだ。生健会の役員の方はDさんを良く知っていて、会話の中に「あうん」の呼吸をみたのが印象的であった。コロナ禍で「イオン」の高齢者のたまり場はどうなっているだろうか、と心配である。

5　調査からみえてきたもの

2次調査でうかがった生活歴の多様さは「ドラマ」のようであった。一人一人の方々の、生まれ育った時代と環境、現役時の労働生活の状態、生活維持が困難になったキッカケなどが、個別事情を持ちながら、それぞれの時代の社会経済状況と繋がっていた。

1次調査の選択肢回答と自由記載からは、生活実態の厳しさと切実な思いが伝わってきた。しかし2次調査でお話しをうかがうと、みな明るく、懸命に生活されていた。苦労しながらも困難を乗り越える姿勢に学ぶところが多かった。お会いできて良かった、と率直に思う。

みえたことの第1は、1次調査の自由回答で明らかになった「困り事」への回答者の受け止め方は「不安」「心配」という「健康」でない心理だった。

　第2は、1次調査の選択肢回答との突合および2次調査により、年金や生活保護費による所得保障の低さにより、やむを得ず親族関係地域関係など交際費を「節約」[6)]せざるを得ないことが、実態としてみえたことである。そして「文化的生活」には、たとえば食生活のように、日常生活の「質」も大切であることがみえたことである。

　第3は、2次調査面接でお会いした方からは、「不安」ということばはほとんど聞かれなかったことであった。それぞれの方々が皆、1次調査の回答からは予想できなかった生き生きとした生き方をされていたのは、「生健会」との出会いと活動があったからだと思う。「不安」は感じざるを得ない現在の社会である。しかし、「不安」のことばが出ないのは、仲間がいるからだろう、と考えた。生健会の活動が、地域に強く密着していること、上からではなく共同の運動によって「意欲的で文化的な」生活スタイルが支えられていることがみえたことである。

　第4は第1次と第2次調査全体を通じて、「文化的な生活」の質は「人間たるに値する生活」であって[7)]、その程度は「最低」であっていいのではなく、だれもが「普通」で「当り前」の生活を送れる標準的なものでなければならないということである。それは、人前に出て恥をかくことのない[8)]「程度」の生活を誰でもが実現できること、そのためには個別の生活保障と、誰でもが利用できる現物の公共的資源とサービスが必要であるということである。

注
1　テキストマイニングソフト「KHコーダー」を補助的に使用した。

2　浜岡政好「現代における『健康で文化的な生活』のあり方を探る」『報告書』262 頁。

3　中野航綺「自由回答の内容」『報告書』82 頁。

4　1 次調査の選択肢回答と自由記載を集計したデータベースとををを突合させプロフィールを抽出した。

5　金澤誠一は、交際費などを「社会的体裁維持費目」とし、その節約は社会的孤立を生み出すことをしばしば強調している。たとえば「現代の貧困と『最低生活の岩盤』」『経済』2007 年 8 月 60 頁。また、タウンゼントによれば、社会的孤立は社会的デプリベーション（剥奪）の一つとされる（唐鎌直義「貧困論の現地点と貧困・低所得層の動向―社会福祉運動の基盤として―」真田是監修・浅井春夫他編『講座 21 世紀の社会福祉運動とはなにか』かもがわ出版、15 頁）。

6　2019 年の厚生労働省調査によれば、晴れ着または礼服を持っていない世帯は「一般世帯」の 6.8％ に対し「生活保護世帯」は 38.7％ である（社会保障審議会・第 40 回生活保護基準部会［参考資料 4］第 39 回資料「家庭の生活実態及び生活意識に関する調査について」11 頁）。

7　中村美帆『文化的に生きる権利―文化政策研究からみた憲法第二十五条の可能性―』春風社、2021 年、26 頁。

8　金澤誠一「生活不安と経済学研究の課題」『経済』2005 年、114 頁。

第5章

人生の軌跡と今
―生活の現実と意識―

河合克義

はじめに

　「健康で文化的な最低限度の生活」とは何かを考える私たちの全国調査は、第1次のアンケート調査と第2次の訪問面接調査の2段階となっている。第1次調査は、対象者の生活状態を、時間軸でみて、調査時点である2018年4月現在で、いわば横に切り取ったものである。それに対し第2次調査は、対象者のお住まいを実際に訪問し、生活歴を重視してお話をうかがった。それは、その方の生きてきた軌跡を把握するものであり、時間軸で縦に切り取ることを試みたものである。

　生活歴を丁寧に聞くことを通して、現在の生活の背景を知ることができたことは、本調査の特徴であり、強みともいってよい。さらには、訪問した対象者に一週間の日記を書いていただいたが、このことから対象者の生きる姿勢や気持ちを知ることができた。この日記も本調査の独自性を示すものであり、貴重な資料といえる。

　本章では、この2次調査から事例と日記を選んで紹介したい。紙幅の関係で、限られた事例しか紹介できない。事例と日記の全体は、本調査の報告書をご覧いただきたい。

1　類型化と典型例の抽出

　本調査は、第 2 次調査のケースを類型化するために、第 1 次調査の調査票の末尾で、〈第 2 次調査として訪問面接を予定しており、その訪問を承諾して下さる方に対し、氏名、住所、電話番号の記入〉をお願いした。

　全国生活と健康を守る会連合会（全生連）の第 1 次調査回答数は 3416 ケースであったが、その中で第 2 次調査受諾数は 608 ケース、他方、全日本民主医療機関連合会（全日本民医連）の第 1 次調査回答数は 926 ケース、その中で第 2 次調査受諾数は 110 ケースであった。両調査を合わせて、718 ケースの個人を追える条件ができた。

　そこで、第 2 次調査の協力ケース 718 について、次の 3 つの基準で類型化をした。

　①年齢階層（65 歳未満と 65 歳以上の 2 区分）、②世帯類型（65 歳未満は世帯類型を問わず、65 歳以上は単身世帯と夫婦のみ世帯を対象とした）、③第 1 次調査の設問である問 7「あなたの世帯では過去 1 年間に経済的な理由で次のような経験をされましたか」（複数回答）について、選択肢のうち、非該当を含む 7 項目を除外した上で、統計的な関連性、一致度の観点からさらに 12 と 2 を除外して 11 項目に集約した（表 5－1）。この表 5－1 に示す経験が 1 つでもある場合は「問 7 経験あり」、経験が 1 つもない場合は「問 7 経験なし」とした。詳細は、『健康で文化的な生活とは何か―全国生活と健康を守る会連合会会員および全日本民主医療機関連合会共同組織の生活と意識に関する調査報告書―』（以下、『報告書』。発行所：全生連・全日本民医連、2020 年 12 月）133〜134 頁を参照されたい。

　以上の基準をもとに類型化し、それぞれの該当ケース数を示したも

表 5-1　問 7 の経済的理由からの「切り詰め」あるいは「滞り」の項目

　1．食費を切りつめたことがある
　4．国民健康保険料・税の支払いが滞った
　5．国民年金保険料の支払いが滞ったことがある
　6．金融機関などに借金をしたことがある（住宅ローン除く）
　8．新しい服・靴を買うのを控えた
　14．電話（固定・携帯）などの通信料の支払いが滞ったことがある
　15．家賃や住宅ローンの支払いが滞ったことがある
　16．趣味やレジャーの出費を減らした
　17．冷暖房の使用を控えた
　18．友人・知人との外食を控えた
　20．理髪店・美容院に行く回数を減らした

注：問 7 の 20 の選択肢の中で非該当の 7 項目を除外した上で、統計的な関連
　　性、一致度の観点からさらに 12 と 2 を除外して 11 項目に集約すること
　　とした。
出所：筆者作成。

表 5-2　全生連調査の第 2 次調査の類型

年齢階層	世帯類型	問 7 経験あり		問 7 経験なし	
		社会参加あり	社会参加なし	社会参加あり	社会参加なし
64 歳未満	限定なし	類型 1	類型 2	類型 3	類型 4
		77	52	21	3
65 歳以上	単身世帯	類型 5	類型 6	類型 7	類型 8
		108	50	16	7
65 歳以上	夫婦のみ世帯	類型 9	類型 10	類型 11	類型 12
		67	24	20	4

出所：「健康で文化的な生活」調査報告書、98 頁。

のが、表 5-2 全生連調査の第 2 次調査の類型、表 5-4 全日本民医連
の第 2 次調査の類型である。

　まず、全生連については、この表 5-2 をもとに各類型から 2 ケース
程度を選んで面接調査を実施した。調査結果は、表 5-3 のとおりであ
る。訪問ケースについては、類型 12 が訪問できなかったことは残念で
あったが、訪問完了ケースの総数は 17 となった。

つぎに全日本民医連については、表5-4をもとに各類型から原則1ケースを選んで面接調査を実施した。調査結果は、表5-5のとおりである。ただし、類型8は対象者の健康上の理由で訪問できず、また類型11は2ケースとも対象者の都合で調査ができなかった。したがって、全日本民医連の訪問完了ケースの総数は12となった。

さらに、第2次調査の対象者に、訪問調査の最後において「1週間の日記」の記入をお願いした。表中の「○」は日記を書いてくださったケースである。

全生連の調査では、類型5から類型10までの方が日記を書いて、送ってくださった。その合計は6ケースとなった。

表5-3　全生連第2次調査の結果

	類型	地域	グループ	日記
1	1	静岡県A市	A	
2	1	兵庫県B市	A	
3	2	秋田県C市	A	
4	2	徳島県D町	A	
5	3	福岡県E市	A	
6	4	愛知県F市	B	
7	5	新潟県G市	A	
8	5	滋賀県H市	B	○
9	6	岡山県I市	A	
10	6	広島県J市	A	○
11	7	北海道K市	A	○
12	8	青森県L市	A	○
13	8	兵庫県M市	A	
14	9	北海道N市	B	○
15	10	北海道O市	A	○
16	10	新潟県P市	A	
17	11	東京都Q区	B	

注：グループは次の3つに分類した。A：不安定層、B：中間層、C：安定層
出所：表5-2の報告書、99頁。

表5-4　全日本民医連の第2次調査の類型

年齢階層	世帯類型	問7経験あり		問7経験なし	
		社会参加あり	社会参加なし	社会参加あり	社会参加なし
64歳未満	限定なし	類型1	類型2	類型3	類型4
		9	1	2	1
65歳以上	単身世帯	類型5	類型6	類型7	類型8
		13	3	8	2
65歳以上	夫婦のみ世帯	類型9	類型10	類型11	類型12
		16	1	14	2

出所：表5-2の報告書、245頁。

また全日本民医連の調査では、類型 6 と 7 のケース以外のすべての方が日記を書いてくださり、合計は 10 ケースとなった。

さて、2 次調査の事例を紹介する際に全体ケースを 3 つのグループに分類した。A は「不安定層」で、年間収入が低く、生活上にいろいろな問題を抱えている世帯、B は「中間層」で、経済的には一定の水準であるが、生活上の困難を抱えている世帯、C は「安定層」で、経済的に余裕があり、いろいろな活動に積極的に参加している世帯である。

表 5-5　全日本民医連第 2 次調査の結果

	類型	地域	グループ	日記
1	1	新潟県 A 市	B	○
2	2	山梨県 B 市	C	○
3	3	高知県 C 市	B	○
4	4	広島県 D 市	C	○
5	5	長野県 E 市	A	○
6	6	京都府 F 市	A	
7	7	長野県 G 市	C	
8	9	石川県 H 市	C	○
9	10	広島県 I 市	A	○
10	11	愛知県 J 市	C	○
11	11	福岡県 K 市	C	○
12	12	三重県 L 市	B	○

注：グループは次の 3 つに分類した。A：不安定層、B：中間層、C：安定層。
出所：表 5-2 の報告書、246 頁。

全生連調査の 2 次調査では、表 5-3 のとおり、グループ C のケースはなく、グループ A とグループ B のみであった。また全日本民医連のケースは、表 5-5 のとおり、グループ A から C までの各グループに分布していた。

2 次調査で得られた事例を紹介したい。ここでは、プライバシー保護の観点から、すべてのケースの紹介はしない。グループごとに数ケースを紹介するにとどめたい。記述にあたり、個人を特定できないように氏名、地名等を削除、変更した。また、日記の紹介は、書いてくださった日記のすべて、あるいは何日かを選んで転載した。

2　事例と日記

第 1 次調査では、調査対象者の現在の生活状況を把握した。第 2 次

調査では、第1次調査の生活の状態を前提に、直接、ご自宅に訪問し、生活歴を重視しつつ現実の実態を把握しようとした。私たちは、第1次調査の調査票の設計に1年以上をかけて検討してきた。調査項目の設定にこれだけ時間をかけた調査は多くはない。その意味からも、自信を持って調査を実施した。しかし、第2次調査で、訪問した方の生活歴を聞く中で、私たちは、思いもしなかった気づきがあった。現状分析だけでは、対象が抱える生活問題の構造を把握するにはいかに不十分かということを思い知らされた。

まずは、第2次調査として最初に訪問した次の事例をご覧いただきたい。

【事例1】 グループA（不安定層）70歳代、男性、類型10

① 住宅状況

市営住宅（1983年に建設）の3階に住んでいる。エレベーターはない。市営住宅には、1957年から入居している。当時は、両親と、本人夫婦と子ども3人の7人家族であった。居室は3LDKで、6畳間2つ、4畳半1つ、お風呂とトイレありの住宅である。水道、電気、ガスの節約に気をつけている。暖房は石油ストーブで、現在のストーブは、中古で安く買った。

今は3階に住んでいるが、階段があり大変かと思い、1階に住み替え希望はあるかどうか尋ねたら、1階に行くと部屋が寒くなるので、住み替えは考えていないとのことであった。

② 家族構成・家族／親族の状況（別居の家族との行き来の状況など）

対象者本人のきょうだいは5人いる。男3人、女3人。下の弟2人は、60歳代で死亡している。2人の妹は、同じ市内と近くの市に住んでいる。本人は結婚し、子どもが4人いる。男3人、女1人。息子3人は外に働き出ている。長男は、中国地方に仕事に行っている。2番

目の息子は、土木2級の資格を取り、道路の法面工事の仕事をしている。ロープ一本で身体を吊り下げ、作業をしている。今、本人の家に荷物を置いて外で働いている。

　現在は、夫婦のみで生活している。娘は、現在は同じ市内に住んでいる。私たちが訪問した時、お孫さん（女性）が遊びにきていた。

　別居の子どもとはときどき行き来する。家族や親族との食事会などはしない。

③　生活の状況（健康状態、食生活、1日の過ごし方、正月の過ごし方等）

　本人の健康状態はあまりよくない。妻は、股関節が悪く、歩くのに困難を伴う。朝食は毎日食べている。肉、魚、野菜は毎日食べている。レトルト食品はほとんど食べない。栄養のバランスが取れた食事は大体できているとのこと。普段の食事にはあまり満足していない。

　家の家電製品については、洗濯機は中古品を購入、電子レンジはもらいもの、携帯電話ももらいもの。エアコンはない。本人が着ている服は、亡くなった友だちから形見分けでもらったものである。

　若い時は、磯釣りによく出かけていた。時々、友だちに誘われて、前に住んでいた近くの町に山菜（フキ、ワラビ、ウド）を採りに行く。それを塩漬けにして保存している。

　今の楽しみは、晩酌に焼酎を飲むことである。焼酎は甲類の4リットル入りを月に2本飲んでいる。

　今年のお正月には、夫婦2人だけでお祝いをした。

④　生活歴（出身地、生育家族、学歴等）

　1942年4月2日樺太生まれ。父は、樺太で流し鳶（製紙会社関係）をしていた。1948年まで樺太に留まっていた。1948年9月に、引き上げ船で、函館に上陸しようとしたが、できず、結局、現在のA市に上陸し、近くのB町に住む。そこで、父は、水銀鉱山で働くが、水銀

の危険に気づき、1949年6月にC市の近くの町に入植した。7町歩の広さがあった。開墾した土地は自分のものとなった。当時は道もなく、開墾し、雑穀（大豆、小豆、金時豆）中心の畑作をした。食べる物が充分でなく、近所からイモの皮をもらってきて、それをすりつぶして団子にして食べた。電気もなく10年近くランプ生活をした。

　朝3時に起きて仕事を手伝った。小学校には3年生までしか行っていない。中学校も卒業証書をもらっただけで学校には行っていない。小さい頃は、冬に仕掛けを作り、イタチを捕って、その皮を売った。皮が高く売れた。冬場の合計で2〜3万円の収入になったこともある。当時、父の除雪作業の賃金が1日300円から400円程度であった。イタチの皮で稼いだお金のほとんどは家計に入れた。

⑤　職歴（これまでの職業歴）と就労状況（現在の職業）

　本人は、15歳の時から営林署の下請けの会社に就職する。出来高で賃金をもらっていた。チェーンソー作業を3年ほどやったが、白蠟病となる。この会社に10年ほど働き、その後知人の伝手を頼って1967年、C市に出てくる。C市では土木工事の現場で働いた。1年間に会社を3つくらい変わった。冬期は失業保険をもらった。健康保険はなかった。

　1970年、父が馬に蹴られて、仕事ができなくなり、自分の家に引き取った。妻は清掃の仕事をしてきた。2003年、本人61歳の時、腰痛とリューマチで働けなくなり、生活保護を受給した。現在は、妻も仕事をしていない。

⑥　経済状況

　本人の年金額は年額18万円、妻の年金は年額24万円、総額42万円で、月額にすると3万5000円程度となる。生活保護の実質支給額は、7万7891円。市営住宅の家賃は月2万6400円。

　1次調査で生活に困っていることに関する自由回答では、「金銭的に

余裕がない、保護費が減らされるので困っている」と述べている。

⑦　近所付き合い

　近所付き合いはあまりしてない、ときどき行き来する程度。町内会もあまり参加していない。

⑧　社会参加の状況

　むかしは、友人とカラオケにも行ったが、いまは行かない。地域の団体や集まりには参加していない。参加しない理由は、体の調子が悪いこと、そして参加したくないと思っているからである。

⑨　生活関連施設の利用状況（医療機関、買い物、文化施設等）

　食料品を買いに、友だちの車に乗せてもらい、市内の農協の店に行く。この店は、新鮮野菜があるとのこと。すぐ近くのスーパーにも買い物に行く。重たい物は高齢者向けの配達サービスを利用し、家まで配達してもらっている。

⑩　地域環境（環境の観察）

　市営住宅が9棟並ぶ地域で、歩いてすぐの所にスーパーがある。地下鉄の駅も近い。市郊外の住宅地域である。すぐ近くに公園もあり、便利な地域である。

⑪　普段の外出状況（外出頻度や移動手段等）

　1年前から孫の犬を預かっていて、1日4回、犬との散歩をしている。外出は、ほとんど毎日しているが、自動車の運転ができず、徒歩での外出である。

⑫　暮らしについて（思うような生活ができているか等）

　1年に1回ぐらい旅行にでも行きたい。旅行は40年以上行ったことがない。子どもが生まれた年に、D温泉に行っただけ。

　休日や時間があるときは、友人、隣人との交際、テレビ、ラジオ、新聞、雑誌の見聞きをして過ごす。休日は、思うようにまあまあ過ごせている。

心配なことは、体が悪くなったときとか倒れた時のことで、子どもたち、特に息子たちが遠くにいるのですぐに来られない。誰も来てくれないのではないか不安である。

⑬　健康で文化的な生活とは

　本を読むことはない。旅行に行くことも考えなくなっている。レストランにも行ったことがない。

　１次調査で、日常的な移動手段を使って１時間程度で行ける範囲につぎのような公共施設があるかどうか、また利用の程度を尋ねた。結果はつぎのとおりである。図書館はあるが、全く利用しない。映画館、劇場・コンサートホール、公民館・文化会館、博物館・美術館、民俗資料館、郷土資料館はないと答えている。

　１次調査で「健康で文化的な生活」とはどのようなものかと尋ねた自由回答では、「健康を保つための食事ができていること。たまに、旅行などのレジャーが楽しめること」と答えている。

【日記より】

2019年6月9日

　6時30分おき　7時犬のさんぽ、40分くらい

　朝、ナット1ヶ2名で分ける。ほか、つけもの、むぎ茶でおわり

　おひる　ひやしそうメン1ぱいでおわり

　この日はごごよりチラシくばりをする（1時〜2時30分ぐらい）

　ごご5時30分くらいにシャワーをあび、夜はさんま、やさい、フキのいためものでごはん

　8時30分ごろ犬のしっこに行きます。

6月10日

　7時におきた　犬のさんぽ、40分くらい

朝　玉子1ヶ、つけもの、おちゃ、ごはん1ぱいのみ

　おひるはきのうののこりごはんをおじやにてたべておわり

　2時頃せいきょうでホッケのひらき2まい、これをやき1/2づつたべ少々しょうちゅうをのみ、フキのいためものとわらびのたたきとつけものでごはん

　テレビのやきゅうをみながら10時ごろにはねました。

　8時半ころ犬のしっこに行きます。

6月11日

　6時30分おき　あいかわらず犬のさんぽは40分ぐらい

　朝めしはうめづけ、つけもの、おちゃと友達よりいただいたのりでたべました

　おひるはほしそば2わゆでて、ひやしそばでおわり

　よるはきのうのホッケ1/2、フキワラビのいためもの、つけもの、玉子1ヶやき、1ぱいのごはんのおかずです。

　あとはねるまでおなじくりかえしです

6月12日

　朝早く山いきのつれにさそわれ、山ブキ取りに行ってきました　にぎりめし1ことお茶で朝めし

　きたくがごご3時40分ごろでした　フキをかたずけ　ひさしぶりに友達と1ぱいやりました　それもさんさいゼメでね　9時頃にはねたかもしれません

6月15日

　6時30分おき　あいかわらず犬のさんぽ　朝はゆうべののこりもので朝ごはん

　ひるはきのうのうどんののこり　少々たれをつくりかけうどんしました

　夜はきのうのホッケ、のこりキンピラ　フキとワラビのいためもの、

つけものでごはんと1ぱい

6月16日

　6時40分おき　犬のさんぽ40分

　朝食はナット、つけもの、さんさいのいためものでおしまい

　ひるは、かんめんそばでおわり

　ゆうはんはホッケをやいたので1ぱいのみながらやさいのおしたしとつけもの　それもさんさいのつけものでね

　テレビのやきゅうかんせん　10時ごろにはねました

　[以降、生活と健康を守る会の役員の代筆]

6月17日

　8時半からH病院へ行く。12時近くに家にもどる（遅い時は昼過ぎまで）

　血液検査の結果、血小板、カリウム、コレステロールなどが低く、医者から果物、肉、牛乳などを食べるように言われたが、金がなくて食べられない。

6月18日

　知り合いに車に乗せてもらい買い出し。年金、保護費が出たあとで安いものをまとめて買い、冷凍して保存、少しずつ使っている。卵などは近くの生協で買っている。

【その他】

・お金もないので毎日、家にいてテレビをみていることが多い。

・妻と40年位、どこにも旅行していない。1度くらい温泉にでも行きたい。

・樺太から子供の頃引きあげてきた時以外は、北海道から出たことがない、飛行機にのったこともない。東京に行ったこともない。息子が中国地方に住んでいるが行ったこともないし息子の嫁さんの顔も

みていない（20年以上）。

・連休10日間も外食にも行けなかった。家で乾めんを食べていた。

・衣服はもらいものばかり。新しいものを買いたい。靴だけは足があわないので1000〜2000円位のものを買うことがある。

・子供、孫、ひ孫がいるが、正月とか入学などの時もなにもしてやれない。

・身体を治したいのが一番。治れば運動もできるし、花畑、野菜畑もできるが、今はあまりできない。

【事例2】　グループB（中間層）70歳代、男性、類型12

①　住宅状況

　40年前に造成された住宅地にある一戸建てで、230m²（70坪）の敷地に、165m²の総2階建て。敷地内に10数坪の庭（菜園）があり、家屋は南に面した広い間口の鉄骨作りの和風建物である。建材製造の会社に勤務していたので、住宅に詳しく、工夫されている。

　本人が視覚障害となったこともあり、2001年に全面改築してある。室内は整頓が行き届き、歩行しやすい配慮がなされている。時刻を知るため、ラジオ・ラジカセが風呂場、トイレなど随所に置かれている。

　菜園の脇に鉄骨作りのスペース、その下には作業器具置きのスペースがあり、きれいに整理されている。水はけのための側溝を敷設している最中。鉄鋼加工の技能もあり、作業はすべて自分で行っている。

　家財は整っている。

②　家族構成・家族／親族の状況（別居の家族との行き来の状況など）

　妻との夫婦世帯。本人は全盲。妻は特別な疾患はなく元気である。子どもは2人。長男は50歳、東海地方在住、自動車部品会社勤務、長女は47歳、市内（近所）に在住していて、病院の看護師である。それぞれ結婚している。長男の世帯は正月に訪れる。近くに住む娘は頻繁に

訪れる。

　本人は男 3 人女 1 人の 4 人きょうだいの長男。二男は死亡、三男が生家に住む。生家は市内にあるがあまり交流はない。

　妻は女 3 人男 1 人の 4 人きょうだいの長女。二女が市内の中心部に近い団地に住む。二女は医療生協の看護師で頻繁に交流がある。

③　生活の状況（健康状態、食生活、1 日の過ごし方、正月の過ごし方等）

〈健康状態〉

　本人は糖尿病。他の合併症（腎障害、神経炎）はないとのこと。インスリン毎朝 4 単位。通院は妻が自動車で送迎している。

　本人は健康づくりに徹底しており、自宅でウォーキングマシン、腕立て伏せ、腹筋、鉄アレイのトレーニングをしている。

〈食生活〉

　朝、昼は本人が作る（妻とは起床時間が異なり、本人自炊である）。朝食はタマゴ、自家栽培の野菜ジュース、自家製ヨーグルトなど、昼食は野菜と魚・肉の炊き合わせなど栄養バランスと糖質制限を徹底している。夕食は妻が薄味を心がけて作る。

〈1 日の過ごし方〉

　午前中は菜園で野菜作り。菜園は 10 坪以上あり、見せていただくと、白菜、キャベツ、その他の野菜が数株栽培されていた。健康づくりのため、上記のトレーニングを欠かさない。昼間、音楽を聞く。マーラー、モーツァルトから演歌まで幅広い。

〈正月の過ごし方等〉

　お祝いをする。長男が子どもを連れて訪れる。

④　生活歴（出身地、生育家族、学歴等）

　1940 年、東海地方で出生。父は「半農・半林業」、自分の家の食料を自給する程度の農業と、他人の山で林業に従事していた。家は江戸

時代からの旧家だった。父は 96 歳で亡くなったとのこと。

1956 年、16 歳で地元の中学校を卒業。1968 年（28 歳）同郷の 23 歳の妻と見合い結婚。

1996 年（56 歳）の時、糖尿病が原因で失明した。運転免許更新時に視力を指摘され、眼科を受診したところ糖尿病を疑われ、内科を受診し糖尿病と診断された。レーザー手術を受けたが失明し全盲（光も感じない）となった。

建て売りの旧い家屋は、本人が失明した後に建て直した。

⑤　職歴（これまでの職業歴）と就労状況（現在の職業）

1956 年に中学校を卒業し、隣町に出て製材所に勤務した。20 歳の時に現在住む市の建材製造の会社に勤務し、天井板などを製造した。この会社は、4〜5 人の従業員から始まったが、30 人ほどになり、本人は工場の責任者になった。しかし、会社は 1976 年（36 歳）に倒産。倒産する直前に開発中のニュータウンの現住所に建て売りを購入した。ローンは失業給付で払ったという。その後警備会社などに勤務した。

1996 年（56 歳）に失明のために退職、傷病手当金を受給し、その後障害厚生年金を受給した。

⑥　経済状況

本人は障害厚生年金。手当もあると思われるが未聴取。妻は就労経験があり、一定の厚生老齢年金を受給していると推測される。1 次調査票では、年間収入は 200 万円以上 400 万円未満と答えていて、「特に困っている事はない」とのこと。

⑦　近所付き合い

町内会があり、子育て期は地域に子どもたちが多く、子ども会も 3 つできて活動に参加した。

⑧　社会参加の状況

通所施設は利用していない。ガイドヘルパーは利用していない様子。

⑨　生活関連施設の利用状況（医療機関、買い物、文化施設等）

　医療機関は市内。買い物は、少し離れたところに商店街はあるが、妻の趣味の毎日の卓球の帰路に、近くのスーパー（Aコープ）を利用している。個人商店は寂れている。

　図書館、映画館などの施設は市内にあるが、全く利用していない。妻は市内の民間卓球場に毎日通っている。

⑩　地域環境（環境の観察）

　40年前に丘の斜面に開発されたニュータウンで、本人宅と同様にかなり広い敷地の住宅に囲まれている。今も坂下には田畑が広がっており、田園風景も見られる。自然環境はよいが買い物等はあまり便利そうではない。自動車が必要である。

⑪　普段の外出状況（外出頻度や移動手段等）

　通院、買い物など、妻が運転する自動車で移動。

⑫　暮らしについて（思うような生活ができているか等）

　不自由な目については「諦めている」と言う。1次調査では、「今の暮らしにはストレスが多い」「周囲から取り残されたように感じる」という設問に対して、「まあそう思う」と答えていた。「今の暮らしには張り合いがある」「生活は充実している」「趣味をしている時間は楽しい」については「あまりそう思わない」と答えていた。

⑬　健康で文化的な生活とは

　「スマホ、パソコン（電子図書・音声ソフト）の活用……そのくらいかな」とのこと。

　1次調査には「普通に生活出来ていたら、食事に気をつけ、ムリのない運動をし、頭を使ってIT（スマホ）にも関心を寄せていける生活だと思っています」と記されていた。

【日記より】（本人は中途失明・全盲であり、妻が代筆）

2019 年 11 月 17 日

　起床は 4 時 30 分、軽い運動を 15 分、手足を伸ばす。5 時 25 分、自分でインスリン 4 単位打つ。6 時　朝食、パン 6 枚切り 1 枚、ヨーグルト、野菜ジュース、ゆで玉子 1 個。7 時〜7 時 30 分　ルームランナーでウォーキング。

　本人が昼食を自分で用意する。後、10 時頃までラジオを聞く（NHK の日曜討論）。その後、外に出て野菜の水やり。

　11 時 30 分　昼食。1 時 30 分から 2 時 30 分　畑の片付け。

　3 時から CD、ラジオを聞く。支援センターの録音図書「花しょうぶ」を聞く。

　5 時　夕食。夕食後、鉄アレイ（2Kg）左右各 250 回ずつ合計 500 回、腹筋 100 回、腕立て伏せ 100 回の運動。8 時　風呂に入る。

　8 時 30 分就寝、睡眠時間は 3〜6 時間です。眠れない時は、ラジオ深夜便を聞いたりしています。

　出来ることが限られているので、毎日がこのような生活ですが、畑の片付けの時は、いろんな事を工夫したり、動きやすいように、暮らしやすいように、畑の水やりの工夫、手すりの取り付け、畑のうねの整列など考えてやっています。

11 月 20 日

　今日は久しぶりにホームセンターに出かけて、焼酎 2 本、清酒 1 本買い、のち U 字溝 4 つ、グレーチング 1 枚購入。据え付けに 3 日間かかりました。おかげで歩きやすくなりました。

　グレーチングで車の後ろのバンパーを傷つけてしまい、残念で、残念でしかたありませんでしたが、事故でなくて良かったと思いなおすことにして修理に出しました。これはホームセンターの帰りの出来事でした。

12月4日

　朝飲んでいるヨーグルトがなくなってきたので、本人が今日午前中に作る準備をしている。ヨーグルトを作り出して20年位になります。

12月11日

　昨日は、暖かかったのでアプローチの回りとかブロック塀、駐車場を高圧洗浄機で洗いました。一仕事が片づいてホッとしています。

　今日は実家へ墓参りに行ってきました。2人で苦労して覚えた般若心経もあげてきました。主人は両親の命日には、仏壇の前で般若心経をあげてから起きてくるのでスラスラでした。

12月30日

　息子達が今年は1日早く帰ってきました。孫がいないので待つ態勢がよそ様と比べて少し違います。娘は近くに住んでいるので、いつでも来れると思うのか、看護師なので正月も仕事を入れてしまいます。また、娘達夫婦も子供がいないので、淋しい限りです。帰ってきたら息子達は田舎へ墓参りに行ったりしていましたが、親もいなくなり、だんだん足が遠のいてしまいます。

12月31日

　正月料理もだんだん手抜きで、今年は干し柿、野菜の煮物、伊達巻き等を作ってみましたが、人気なさそうです。

　3日恒例のわたしの妹2家族の集まりにも出ます。総勢17人位で賑やかです。両親がいた頃は、実家で1泊していましたが、この頃は私の家に集まってくれます。駐車場の確保と6畳2間続きの和室に長テーブルを並べると、皆座れますし、これが和室の良い所でしょうか。皆、持ち寄りで来てくれるので助かっています。

　主人は、出かけていく事は出来ないので、寄ってきてくれることが一番嬉しいです。もう集まり出して10年にはなります。

2020 年 1 月 8 日

　20 年の歩み　今年は 2020 年、失明してから 24 年になります。80 歳になりますが気は若いつもりです。24 年もの間、一度も鏡を見ていないので、自分がどんなじいさんになっているか理解出来ないのです。だから気持ちは 24 年前の 56 歳です。

　今年も来年も精神年齢 56 歳で暮らす予定です。健康に気を付けて。

【事例 3】　グループ C（安定層）30 歳代、女性、類型 4

① 　住宅状況

　今年の 3 月末に 13 階建て分譲マンションに引越したばかり。自宅の広さは 72m²。部屋数 4 つ（3LDK）。ドアはオートロックで電子錠となっている。マンション内の住民同士はほとんど交流がない。

② 　家族構成・家族／親族の状況（別居の家族との行き来の状況など）

　父親は現在 78 歳、4 歳で被爆した。母親は現在 74 歳。母親も被爆者である。きょうだいは姉が 1 人いて、前の A ビルに夫とともに住んでいる。

　父親の仕事は転々としていて、制服の糸屋、大理石の加工の会社等に勤めていた。母親もアルバイトで生命保険会社、郵便局で働いていた。その後、母親は、小売り業で正社員として働いた。

　父親は、中国地方の某市に畑と田んぼがある。田は耕すだけで米は作っていない。畑は趣味のようなもの。父の父親は、B 町で農業をやっていた。

　本人の子どもは 2 人とも娘で、小学校 1 年生と 4 歳である。夫は 39 歳で中学校教師、社会科担当である。近くの市に勤務している。そのため、4 時に起きて 5 時半には車で出勤する。夜は 8 時頃に帰ってきて 9 時半には就寝している。夫は中国地方の出身である。母方の親戚が同じ町内に住んでいる。

本人の姉には子どもはいない。仕事は事務員でフルタイム。義兄はエアコンの整備の仕事をしている。

　本人の夫には妹が１人いて、結婚して子どもが３人いる。

③　生活の状況（健康状態、食生活、１日の過ごし方、正月の過ごし方等）

　本人は、朝６時に起床し、自宅で背中の筋肉を鍛える運動をしている。本人の健康状態は良好。夫は、母子感染のＢ型肝炎だが問題はない。一時、うつ病の期間があったが、いまは良好。朝、夫の食事の世話はしない。昨日の残りをそっと置いておく。

　上の子は、７時50分に家を出る。小学校は徒歩５分程度のところにある。放課後は、下の子どもの保育園に併設されている学童保育に行く。子どもには家のカギは持たせていない。

　５時まで働いて自転車で子どもを迎えにいく。職場からは20分くらい。

　食生活で気になっていること、気をつけていることについては、夫も子どもも給食があるからいいかと思っている。野菜を多めにと思うが野菜は高いなあと思う。果物は、子どもは食べない。夫の実家からぶどうが届く。

　就寝時間は９時半。本は読めていない。次女が朗読会をやりたがる。「聞いて」と。長女の方は「お母さんに読んで」と言ってくる。

　本人と娘２人で市内の子ども食堂に行っている。毎週金曜日にある。その時に子ども達用の本を読んで、いい発見がある。他の子どもたちとも触れ合える。元気でいいなあと思う。参加者は70人の時もあれば30人集まる時もある。子ども食堂ではフルーツも出る。

　お正月には自分の実家もしくは夫の実家に帰るか、どちらかにしている。お正月らしいことは特にはしていない。お節料理は作らない。母親がお雑煮を作ってくれたが、娘はお餅が好きではないようで食べな

かった。お年玉をもらっている。

④　生活歴（出身地、生育家族、学歴等）

　本人は、父の実家で生まれた。母親が仕事の関係で現在住んでいる市内に移ってきたので、小学校・中学校はこの地域。高校は市内の高校。大学は関西地方の大学。大学にはおもしろい先生がたくさんいた。

　もし、自分が高校に戻ることができたら、自分のやりたいことを見極めたいと思う。大学時代はサークルなどには入らなかったが、ドイツ語に興味があった。去年、ドイツ語検定2級をとった。子育てしながら頑張ったというところを子どもたちに見せたいと思った。良い先生に巡り合ったので応えたいと思った。公文で勉強していた。お金があったからできたと思う。

⑤　職歴（これまでの職業歴）と就労状況（現在の職業）

　本人はリラクゼーションサロンに勤務している。身体のツボ押し。会社の養成機関で1カ月研修を受けた。15年程度勤務している。勤務時間は10時半から5時まで、土日、祝日は休み。業務委託形式となっている。

　収入は月に11万〜14万円くらいである。社会保険本人加入になることができず、夫の扶養家族になっている。

　本人は、一浪して関西地方の大学で経済学部に入学。就職活動は連戦連敗であった。その後、インターネットで今のリラクゼーションサロンの仕事を知った。23歳の4月から今の仕事をしている。

⑥　経済状況

　今はマンションのローンの支払いが大変。現在のマンションは、180万円の頭金を払い、ローン支払いが月5万4000円、管理費が月2万3000円。マンションの修理費用として個人として月に2万円貯めている。

　夫から家計費として光熱費・保育料・小学校経費含めて月16万円も

らっている。夫は、貯金はしているみたい。堅実な性格で、車を最近購入したが130万円以内に収めた。

　子どものための貯金を長女には150万円、次女には100万円している。

　夫の月収は29万円か32万円くらい。家計は黒字で苦しいわけではない。しかし、食費のやりくりが大変である。光熱費は結構高いと思う。ガスは、夏と冬に通常の2倍に上がる。リビングダイニングはガスによる床暖房である。電気代は月5000円程度で、一生懸命節電している。

　なお、父が子どもの教育資金として2000万円を用意してくれている。

⑦　近所付き合い

　地域の自治会、町内会には入っていない。

⑧　社会参加の状況

　マンションの管理組合の理事会の理事をやっている。

⑨　生活関連施設の利用状況（医療機関、買い物、文化施設等）

　病院は生協病院で、組合員である。病院は徒歩圏内にある。

　買い物は、自転車で5分のところにスーパーマーケットがある。自転車の前と後ろに子どもを乗せて行く。米と野菜は、親からもらうので買わなくていい。恵まれていると思う。

⑩　地域環境（環境の観察）

　周辺は住宅街である。郵便局、市役所も近い。JRと私鉄の駅にも近い。

⑪　普段の外出状況（外出頻度や移動手段等）

　仕事、保育園への送迎等で毎日外出している。本人の職場へは自転車で行っている。20分ほどかかる。

⑫　暮らしについて（思うような生活ができているか等）

　何をもって「思うような生活」というか難しいが、不幸ではないと

思う。強いて言えば、今は、自分自身のために時間をなかなか使えないことが悲しい。

　心配なことは、今の生活水準を維持できるかどうかである。両親が年を重ねてきたとき、介護が必要である。本人は、運転免許を持っているが、車の運転には不安があり、できない。義理の父が運転できなくなった後のことを考えると不安である。義理の父母が病気で倒れたりした場合のことを何も話し合っていない。体が動けなくなった時どうするかがお互い話し合えていない。

　本人の今の楽しみは、子どもと寝ること。

⑬　健康で文化的な生活とは

　映画は、年に2回くらい行く。好きな映画は、ハリウッド映画ではない。よい映画をみたい。夫は一緒に行かない。「ゲゲゲの鬼太郎」の映画に、子どもとのタイミングが合えば連れていきたいが、なかなか行けない。

　図書館はよく利用する。劇場・コンサートホールは全く利用しない。スポーツ施設・体育館、公民館、文化会館も全く利用しない。博物館・美術館はときどき利用する。先日、博物館でミャンマー展を見てきた。

　子育て世代は、なかなか自分自身の時間をとることができない。友人が、パソコンでドイツ語のドラマを見ているとのことで、自分も見たいと思うが時間がない。

　学生時代、ドイツに1か月滞在したが、美術館等の入場料が安い。日本人は、文化活動が受け身だと思う。

　保育園のバザーで多言語のポスターを作ったら、苦情が来た。日本人はまだまだ視野が狭い。

【日記より】

2019 年 11 月 20 日

　朝 5 時半に起床。ストレッチをしっかり出来たのは久しぶり。

　7 時に子供たちをたたき起こす。なかなか起きない、行動しない長女に爆発、靴とランドセルと彼女を家から放り出し、泣かす（ご近所迷惑）。

　9 時に次女を保育園へ。この日は仕事が休みだったのと寒かったのでひきこもった。家計簿をつけたり、今月のこづかいで何をしようか妄想していた。

　12 時半に昼食、食事が済んで家計簿の続き。

　17 時に子供たちのお迎え。その後、公園で遊ぶ。

　18 時～20 時、食事、長女の宿題、風呂、寝る前の本読み。

　こうやって書き出すとお母さんの仕事多いな。

11 月 21 日

　7 時起床、寝坊。9 時に保育園へ。

　この日記やアイロンかけていたら出勤がいつもより遅くなり、店舗へは 10 時過ぎに到着。10 時半より勤務。朝から指名のお客様のやりとりやら他のお客様への対応で、わたわたしていた。午後のお客様が強もみの方なので、早めの休憩を取ろうとしたが別件が入りゆっくり休憩できなかった。休憩（13：00～13：50）お昼が少なくて丁度よかった。14 時から 17 時半まで怒とうの時間だった。それから、子供たちのお迎えとお習字。買い物をして、下の子と夕食（18：00～19：20）。21 時過ぎに主人帰宅。学校でトラブル有り。子供たちとたわむれてとても癒やされていた感じ。子供と 22 時過ぎに床に就く。夜中に "お母しゃ～んどこお ‼" と正気か狂気かの絶叫で起こされる。ゆっくり寝て、頼むから。

11月23日〜24日

実家に帰る。早朝5時半に起床。洗濯物を干しながら主人と言い争い。送迎してもらうことを当然と思っているのが、腹が立つと言っていた。実家から野菜を持って帰ってくるので、食べなくていいよね？と聞くと、そういうかけ引きは、今は関係ないとか云々。

7時半に実家に到着。朝ごはんを食し、10時くらいから畑でキャベツ、大根、カブを取る。大根、カブは子供たちがたくさん抜いて、しかも洗ってくれたので、とても助かった。姉も遊びに来てくれて子供たちは大喜び。私も嬉しい。"晩ごはん作れる"、シチューを作ろうと母にルーを確認。ない……だと……。おもちを使って偽シチューを作る。夕食時、父がなんだか薄いなと言いながら食べていた。

私は21時過ぎに寝ました。子供たちはテレビを見ながら騒いで私に怒鳴られ、就寝、多分21時30分くらい？

（次の日、）自宅に13時には帰り、家でゴロゴロ。16時くらいに公園で遊んだ。おにごっこして、子供と自分の体力の差を感じた。

"晩ご飯は？　モスバーガーがいいなー!!"と子供のリクエストを受けるはずもなく、冷凍のうどんがごはんになり、楽しい食事ができた。21時に就寝。長い休日だった。

11月26日

文化的な生活—他の人の違いを受けとめられることではないだろうか。違いがあることを認め、否定でも強制でもなく、あるがままを受け止める。きっと一朝一夕でできるものではないので、そういう教育が必要なのではないだろうか。

11月27日

5時くらいに起床。百人一首を覚えようと本を読み始める。ドイツ語検定準一級を受けたいと思っているので、熟語とネットニュース的な短文を読む。ネットニュースといっても製本されたものなので、内

容は大分古い。でも今と比較できるので興味深い。

　7時、朝食を作る。子供たちが起きない。10時半、仕事開始。

　13時〜14時　休憩、昼食

　14時〜17時　指名のお客様といっぱい話す。へろへろになりながらお迎え。晩ご飯は？　とせっつかれ、焼きそばを電子レンジで作る。"すごく便利"

　洗濯物も少なく、コンロの前に立っておかなくていいので助かる。その間、風呂洗ったり、洗濯物をとりこんだり、子供たちに手伝ってもらえたらどれだけ楽か!!

　とうとう体調に不調を覚え、ふとんを敷き、スーッと入り込むと、それを発見した下の子が一緒に潜り込んできた。少し元気でた。

[その他の事例]

　ごく簡単に、3つの事例を追加しておきたい。

事例4　グループA（不安定層）70歳代　男性　類型7

　この方は、中学校卒で働き始め、最長職の会社が年金を6か月しか掛けていなかったことから、年金保険料納付期間が20年しかない。年金額は、年額50万円から100万円の間である。未婚の方で、とくに生活圏が非常に狭い。健康づくりに関しては活発に動いているが、文化的な活動については、一人で行う趣味の活動のみであった。遠くへ行くことがなく、旅行を保障する手立てがほしいと痛感する。低所得層への旅行、文化活動への公的支援の必要性を感じた事例であった。

事例5　グループB（中間層）50歳代　男性　類型4

　この方は、出生は九州地方の炭鉱の町。父親は左官屋だったが、本人が8歳の時に脳出血で亡くなる。母親は3人の子どもを「よいとまけ」の仕事をして養った。中学校を卒業後に就職のために、東海地方にて大工見習い、その後、溶接の仕事をしてきた。日中は働いて夜は飲

酒をするという生活で、お酒は 500ml の発泡酒を 6 缶空ける。楽しみはタブレットを見たり、テレビで映画を見る程度。生活に「文化的」な要素が少ない。40 歳くらいの頃には友人に誘われて、スキューバダイビングの免許を取り、10 年間くらい毎週のように潜りに行っていた。その友人が亡くなり、いまは何もしていない。娯楽や楽しみというのは、同好の友人など、社会的なつながりの必要であることを知らされた事例である。

事例 6　グループ A（不安定層）70 歳代　女性　類型 6

　在日韓国人女性で、戦時中、父が徴用を避けて日本に移住し、その後、本人が 3 歳の時に、母に連れられて日本に来た方である。中国地方の山中で、親切な日本人が作ってくれた小屋に住み、父は炭焼きに従事し、本人も小学生の時は学校から帰ると、町に売りに行くなど手伝ったとのこと。日本で妹（病死）、弟 2 人が生まれた。第 1 子の兄と第 2 子の姉は北朝鮮に渡り、音信不通。

　歩いて約 1 時間かかる小学校に 2 歳遅れで入学。小学校では韓国人だとバカにされたが、一生懸命勉強したので優等生になり、いじめられなくなった。卒業する時は褒められて万年筆をもらった。どうしても進学したくて中学校卒後、県内の女子専門学校（旧制の呼称と思われる）に入ったが、お金がなくて半年で辞め、紹介で絨毯工場に就職した。その後医療機関、花火工場、雑貨店、農協などに勤務した。

　22 歳で結婚。夫は建設会社（鉄筋工事）を経営し、本人は従業員の賄いに従事した。4 人子どもが生まれ、また父母を失った子を 1 人養子に入れ、分け隔てなく育てた。子は現在、皆独立している。子どもには迷惑はかけまい、と考えている。

　会社は、一時は 40 人を雇うほどだったが、夫が 50 歳のころ約 30 年前に倒産した。夫は会社の経営に不向きな人で、倒産時の折衝なども自分が行ったとのこと。夫とは 11 年前に別れて、8 年前に生活保護を

受けるようになった。

　7時起床、12時就床、あまり良く眠れないが、生活リズムは規則正しい。昼間は10時から4時まで、徒歩15分にある「イオン」の「高齢者たまり場」で過ごす。ボーとしていたり、たくさんの顔見知りの人がいておしゃべりをしたりする。

【事例6　日記より】

2019年9月6日

　新しい日を7時20分にむかえた。私も家族達も無事な日をおくることが出来ます様に、同じく東に向かって手を合わせた。

　今日はゴミをだす日。ヨタヨタと階段をおりてゴミをだす。私のすんでいる所は、市営アパートの3階だ。ヨタヨタしながらもまだ出来る事を喜ばなくてはと思う。

　朝パン1、卵1個、野菜サラダ200g、青汁1、りんご1/4、ごちそう様でした。

　今日も予定の行動にでた。365歩のマーチをうたいながら、手押し車をおしてイオンに行った。私と同じような年代の人が多くいる。いつもの様に3時に365歩を口ずさみながら帰った。夕食は、コロッケ1、ライス100、焼きサバ1切れ、トーフみそ汁、野菜の酢の物、トーフ1/4、おいしく食べる事がとてもうれしい。テレビを見ながら笑いながら、時にはおこりながらみている。

　今日も無事でくらせました。ありがとう。

9月14日

　7時50分頃ベッドをはなれた。明け方4時頃には目をさましているのに何もする事がないのでいつも8時前におきる。

　今日も何事もなく同じような事をして1日をすごす事だろうと変化のない事を淋しいと思う。でもこれでいいのだろう。今、年をとる事ができ、笑い、考え、歩く事ができるのだから……。私流の考えよし

とする。

　いつものとおりの朝食をとり、今日は明るい色半そでのブラウスでイオンに行った。花屋の前でいつもとまる。私は花が大好きでそれも小さな花がほこっているのが大好きだ。ほしいほしいと前から思っていた花がある。でも1980円ちょっと高い。わたしの1日分の食事のお金だ。買うためには、1日ふりかけの食事と思った事もあるけど、病気、いわゆる糖尿病なのでバランス＋カロリーしかないのだ。花は毎年咲くけど、私は1日1日が気をゆるせないのだ。ああ……。でも、さあ今日はこれくらいにして夕食をつくり、テレビをみて15日をむかえよう‼

3　人生の軌跡と今

　私たちは、第1次調査のアンケート調査によって調査対象者の現在の生活状況を把握しようとした。さらに、第2次調査においては、ご自宅に訪問し、生活歴を重視しつつ現実の実態をより詳しく把握したいと考えた。しかし、直接ご自宅に訪問し、その方の人生の歩みを聞く中で、私たちのそれまでの認識が不十分であることを思い知らされた。

　以下、ここで紹介した事例についての若干のコメントを付す。

事例1（樺太からの引き揚げ者）について
　この事例は、第2次調査として最初に訪問したケースで、衝撃的ともいえるものであった。特に文化的なものを楽しむ力・享受する力の大切を痛感した。

　幼少期、生活が貧しく、小学校3年生以降、学校に行けず、家の手伝いをしてきた。電気もなく、自宅でラジオも聴けなかった。映画も

見たことがない。本を読む機会もなかった。

　人格形成期に文化を楽しむ力を、学校教育の中で、あるいは地域文化活動の中で、どのように保障するのかという課題がある。それが現在の文化的な欲求水準を規定しているのではないか。

　また、現在の生活に文化的な要素が乏しいことから、今の時点で、文化活動をいかに作り出すのかという課題もあるのではないか。

　敗戦後、健康で文化的な最低限度の生活ができず、文化的な要素も含めた貧しい生活を強いられており、その改善は社会的な責任である。

事例2（病気による中途失明者）について

　不自由な目については「諦めている」「なるしかない」と言い、嘆いている様子はみせず、不自由さを乗り越えて、さまざまに工夫したくらし方をしていることを話していただいた。実際、家庭菜園、食事の工夫、趣味は音楽鑑賞、電子図書による読書などと目の不自由を「乗り越えて」意欲的な生活をしようとする姿勢がみえた。栄養管理、体力作り、園芸なども、「健常者」以上の工夫と努力をしていると、強く感じた。

　妻も、毎日の卓球をしていて健康そうであった。「もし帰宅した時に夫が倒れていたら、それまでと思っている」と〝割り切った〟言い方であった。

　このケースの日記の最後の「24年もの間、一度も鏡を見ていないので、自分がどんなじいさんになっているか理解出来ないのです。だから気持ちは24年前の56歳です。」という言葉に人生の重みを感じ、圧倒された。

事例3（文化的活動をしたいが、子育て真最中で時間をとれないケース）について

　子育て中で、自分の時間がなかなか取れないと言っていたが、大学生時代に学んだドイツ語をさらに学び、ドイツ語検定で2級をとっている。将来のために、毎月貯金をし、また父親から子どもの教育資金をもらっており、経済的にはある程度安定している世帯である。文化の多様性、多文化共生社会を理解できる人であるが、子育てで時間を取られ、やりたいことがなかなかできない現実がみえるケースである。

　その他の事例として、3ケースを紹介した。事例4の方は、生活圏が非常に狭く、健康づくりに関しては積極的であったが、文化的な活動については一人での活動のみであった。遠くへ行くことがなく、旅行を保障する方策が必要だと思った。低所得層への旅行、文化活動への公的支援が求められる。

　事例5は、本人が8歳の時に父親が亡くなり、母親が3人の子どもを土方の仕事をして育てられた方で、中学校を卒業後に東海地方に来て大工見習い、その後、溶接の仕事をしてきた。未婚である。親の保護を受けることができず、すべて自分で稼ぎ、一人で頑張ってきた方である。日中は働いて夜は500mlの発泡酒を6缶空ける。楽しみはタブレットを見たり、テレビで映画を見る程度。友人にスキューバダイビングに誘われ、10年間くらい毎週のように潜りに行っていたが、その友人が亡くなり、いまは何もしていない。友人、地域のネットワークの重要性を考えさせられた。

　事例6は、在日韓国人女性で、戦時中、父が徴用を避けて日本に移住し、その後、本人が3歳の時に、母に連れられて日本に来た方である。本人は、非常に優秀な方で、これまでの多くの困難を努力で乗り越えてきた。しかし、その苦労は、日記の次のような表現ににじみ出

てい。「新しい日を 7 時 20 分にむかえた。私も家族達も無事な日をおくることが出来ます様に、同じく東に向かって手を合わせた。……今日も無事でくらせました。ありがとう。」

　この方は、毎日、10 時から 4 時まで「イオン」の「高齢者たまり場」で過ごしている。9 月 14 日の日記には次のように書いている。

　「私は花が大好きで……ほしいほしいと前から思っていた花がある。でも 1980 円ちょっと高い。わたしの 1 日分の食事のお金だ。……花は毎年咲くけど、私は 1 日 1 日が気をゆるせないのだ。ああ……。でも、さあ今日はこれくらいにして夕食をつくり、テレビをみて 15 日をむかえよう‼」

　憲法 25 条の「健康で文化的な生活」の保障は、どこにあるのか。

第 2 部

「健康で文化的な生活」実現の条件

第6章

「文化」と「生活」
―憲法 25 条の「文化」とは―

中村美帆

1 「文化的な最低限度の生活」の権利

⑴ 「文化」に着目した 25 条の再考

　憲法 25 条 1 項は「すべて国民は、健康で文化的な最低限度の生活を営む権利を有する」と規定し、生存権の保障をうたった条文として知られている。生存権（25 条）、教育を受ける権利（26 条）、勤労の権利（27 条）、労働基本権（28 条）という一連の社会権の保障のなかでも、原則的な規定が憲法 25 条 1 項の生存権の保障である。

　従来の法学における憲法 25 条の研究は、25 条を「生存権」と位置づけて検討する議論が一般的だった。それに対し、個人の自律と連帯という観点から社会的排除とも関連付けて従来とは異なる憲法 25 条論を展開した遠藤美奈は、「生存権」という言葉が、憲法第 25 条の想定する生活像として「健康」「文化的」「最低限度」という三重の要請があることの意味を希薄化してしまう恐れがあることを指摘している[1]。少なくとも三重の要請のうち「文化的」に関しては、敢えてそこだけに着目した考察はこれまで見当たらなかった。

　では憲法 25 条の「健康で文化的な最低限度の生活」の「文化」とは一体何なのか。どのような意味内容をもつ文言なのか。日本国憲法全

103 条のうち、「文化」という言葉が含まれる条文は、この 25 条のみである。条文ではないが、日本国憲法制定の際、帝国憲法改正案（すなわち今日の日本国憲法）に対する附帯決議[2]において、4 項で「文化国家[3]」という言葉も用いられていた。

　　附帯決議（筆者注：憲法改正案＝日本国憲法）
　　（中略）
　　四、憲法改正案は、基本的人権を尊重して、民主的國家機構を確立し、文化國家として國民の道義的水準を昂揚し、進んで地球表面より一切の戰争を驅逐せんとする高遠な理想を表明したものである。然し新しき世界の進運に適應する如く民衆の思想、感情を涵養し、前記の理想を達成するためには、國を擧げて絶大の努力をなさなければならぬ。吾等は政府が國民の總意を體し熱情と精力とを傾倒して、祖國再建と獨立完成のために邁進せんことを希望するものである[4]。

　25 条の「文化的」な生活と附帯決議の「文化国家」、どちらの「文化」についても、従来の憲法研究において検証は不十分だった。25 条「文化」は「生存権」研究において敢えて注目される機会を持たなかったし、附帯決議に含まれた「文化国家」についての研究[5]も、断片的にしか行われていなかった。

⑵　筆者の立場―文化政策研究からみた憲法 25 条の可能性

　本章の筆者は、文化政策研究を専門とする研究者である。第 1 部の調査には関わっておらず、調査後の研究会に参加したことから、本書の執筆に加わった。研究会参加のきっかけとなったのは、博士論文およびそれをもとにした拙著『文化的に生きる権利―文化政策研究からみた憲法第二十五条の可能性―』（春風社、2021 年）である。筆者が 25

条の「文化」という言葉に注目したのも、憲法や社会保障の研究者ではなく、「文化」政策の研究者だったからである。本章の内容も、あくまで「文化政策研究」という立場からの考察である。

⑶ 文化政策における「文化権」の理念

　文化政策研究においては、憲法 25 条は、「文化権」という、文化政策の基本理念を考えるにあたって言及されてきた[6]。

　文化権（cultural right）とは、第二次世界大戦以降、国際社会で発展してきた新しい権利の 1 つである。例えば、1948 年に採択された世界人権宣言の 27 条 1 項では「すべて人は、自由に社会の文化生活（cultural life）に参加し、芸術を鑑賞し、及び科学の進歩とその恩恵とにあずかる権利を有する」と規定される。その後 1966 年に採択され 1976 年に発効した国際人権規約においても、経済的、社会的及び文化的権利に関する国際規約（A 規約）の 15 条で、以下のように規定される[7]。

　1　この規約の締約国は、すべての者の次の権利を認める。
　⒜　文化的な生活に参加する権利
　⒝　科学の進歩及びその利用による利益を享受する権利
　⒞　自己の科学的、文学的又は芸術的作品により生ずる精神的及び物質的利益が保護されることを享受する権利
　2　この規約の締約国が 1 の権利の完全な実現を達成するためにとる措置には、科学及び文化の保存、発展及び普及に必要な措置を含む。
　3　この規約の締約国は、科学研究及び創作活動に不可欠な自由を尊重することを約束する。
　4　この規約の締約国は、科学及び文化の分野における国際的な連

絡及び協力を奨励し及び発展させることによって得られる利益を
認める。

　この２つの条文を前提に、国際社会における文化権の議論は、内容
の深化と法的枠組みのあり方という２つの次元で進められてきた。
　第１の次元、すなわち実現に向けて文化権の内容を深める議論にお
いては、ユネスコが大きく貢献してきた。周知のとおり、ユネスコ
（United Nations Educational, Scientific and Cultural Organization, 国
際連合教育科学文化機関）は、諸国民の教育、科学、文化の協力と交
流を通じて、国際平和と人類の福祉の促進を目的として 1946 年に創
設された国際連合の専門機関である。1968 年には、ユネスコによって
「人権としての文化的権利」に関する専門家会議が開かれ、「人権とし
ての文化的権利に関する声明」が表され、労働権、余暇権、社会保障
権に続いて文化的諸権利（cultural rights）概念の構築について言及さ
れた。1976 年には、ユネスコ第 19 回総会（ナイロビ）において、「大
衆の文化的生活への参加及び寄与を促進する勧告」が採択された。こ
の勧告は、「すべての個人が社会進歩の要求に応じて文化的創造及びそ
の恩恵に自由かつ十分に参加できるよう、加盟国又は当局が文化活動
の方法及び手段を民主化する」ことを目的として掲げていた。このよ
うに、1960 年代から 1980 年代にかけての議論は、ユネスコのように
文化政策の実践に関わるアクターによって、文化権の内容を深めてい
く展開だったいえる。
　一方、第２の次元、すなわち国際法における文化権の法的枠組みに関
する議論は、最近まであまり進んでいなかったといわれている。文化
的諸権利は、経済的ないし社会的権利に対してあまり注目されず、一
連の人権の中でも最も発展途上の権利だった。その状況が大きく変わ
ったのは、ここ 10 年ほどの話である。とくに重要な変化として、2007

年に国連総会で採択された先住民族権利宣言、2009年の国連人権理事会による文化権の特別報告者の設置、2009年12月付の社会権規約委員会による一般的意見「文化的生活に参加する万人の権利」の採択がある。とりわけ社会権規約委員会による一般的意見「文化的生活に参加する万人の権利」は、国際人権規約15条1項「文化的生活に参加する権利」に関するもので、条文の詳細な説明に加えて、国家の責務、権利侵害のあり様、国家レベルでの実現や国家以外のアクターの責務についても言及された。

　このように国際社会で議論されてきた文化権だが、国際社会の動向と同様に、日本における文化権の議論も、主に内容の検討から始まり、その後保障のための法的枠組みの議論が展開した。

　文化権の思想にいち早く注目したのは教育関係の研究者だった。教育法研究の兼子仁は、早くも1960年代に「文化の担い手としての国民の教育の自由」、「文化的自由としての国民の教育の自由」、「教育をうける権利の文化的生存権性・学習権性」として、教育の自由あるいは教育を受ける権利を文化に関連づけて論じた[8]。いち早く国際社会の文化権に関する議論を国内に紹介した教育学者の佐藤一子は、特に1976年のユネスコの勧告及び1982年の世界会議に注目し、勧告と会議の報告書は、「基本的人権としての『文化的生活に参加する』権利の現代的意義を深く認識し、それを保障するための文化政策の展開、とりわけ民主主義と参加の原則の確認について国際的な合意を形成するうえで、大きな意義をもっている」と評価している[9]。

　1970年代から1980年代にかけて、静岡県浜松市の伊場遺跡の県史跡指定解除処分の取消を求める訴訟に関わった経験から「文化法」や「文化権」について考察した椎名慎太郎の文化財の保存に関する研究は、国際社会の動向の紹介とは異なる文脈で日本における文化権の議論の先駆となった[10]。1980年には、憲法学者の小林直樹が、世界人権宣言

24 条・27 条などは、「憲法上の明文はなくても、民主憲法の精神から
いっても、また世界人権宣言や国際人権規約を積極的に受け入れてい
る日本の立場からしても、当然に日本国民が享受しうべき〈文化的権
利〉だといえよう」、「文化的基本権とも呼ぶべきカテゴリーが、格別
に扱われるべき意味をもって現れつつあると考えられる」（傍点ママ）
と述べた[11]。

　1990 年代になって、さまざまな専門家が学際的に論じてきた内容
を整理した上で、文化政策研究として、文化政策における文化権のあ
り方を正面から論じたのが、小林真理の研究である。小林は、文化権
を「人間の内面的な精神活動の総体を文化と看做して自律性を保障し」、
「精神活動を行う上で不可欠な条件を整備する」、自由権的基本権と社
会権的基本権の両面から構成される権利として確立させる必要性を説
き、「我が国では戦後長らく、〈文化〉に関する権利の自由権的側面の
みが強調され、社会権的側面への認識が遅れていた」、「『文化振興法』
や『文化基本法』の制定が望まれる中、文化行政に関するしっかりと
した目的、理念としての〈文化権〉の保障こそがこれらの法律の制定
の中心に据えられるべき」と論じた[12]。

　日本における文化権の議論の転換点となったのが、2001 年 12 月の
文化芸術振興基本法の成立である。同法 2 条 3 項は、「文化芸術の振興
に当たっては、文化芸術を創造し、享受することが人々の生まれなが
らの権利であることにかんがみ、国民がその居住する地域にかかわら
ず等しく、文化芸術を鑑賞し、これに参加し、又はこれを創造するこ
とができるような環境の整備が図られなければならない」と定めてい
た。「かんがみ」という文言は、先例や規範に照らし合わせる、他を参
考にして考えるといった意味をもち、文化芸術振興基本法によって独
自に文化権を規定したというには消極的な表現であることは否めない。
とはいえ、「文化芸術を創造し、享受することが人々の生まれながらの

権利であること」を明文で認めた文化芸術振興基本法の成立によって、文化権はひとまず実定法に根拠規定をもつに至った。

　2017年6月には「文化芸術振興基本法の一部を改正する法律」が公布、施行され、名称も「文化芸術基本法」へと変更された。法改正にあたって、文化権に関する2条3項も、「文化芸術に関する施策の推進に当たっては、文化芸術を創造し、享受することが人々の生まれながらの権利であることに鑑み、国民がその年齢、障害の有無、経済的な状況又は居住する地域にかかわらず等しく、文化芸術を鑑賞し、これに参加し、又はこれを創造することができるような環境の整備が図られなければならない」として、地域性以外に年齢、障害の有無、経済的な状況が追加されて、いかなる状況であっても「権利であることに鑑み」る、という意味で、権利性がより強調される文言となった。しかし改正された基本法の逐条解説においては、2条3項は「文化芸術を享受し創造することが人々の生まれながらの権利であることを確認するための規定であり、本項により文化芸術に関する新たな権利を創設したものではないと解されるが、この規定の意義は今日ますます高まっている」[13] と書かれ、新たな権利の創設が否定されているという問題も残っている。

⑷　文化権と憲法25条

　このような文化政策における文化権の理念は、憲法25条と、どのように関係するだろうか。

　すでにみたように現状では、2017年に成立した文化芸術基本法において独自に文化権が規定されたとはいえない状況である。では文化芸術基本法が「鑑み」ている先はどこなのか。

　一般に、憲法制定時に想定されなかった新しい人権の根拠となる憲法上の規定は、憲法13条の幸福追求権だとされている。一方で、日本

国憲法において「文化」という言葉が明示されているのは25条のみである。国の最高法規である日本国憲法の条文で唯一「文化」という文言を用いた25条の存在を無視して、13条に依拠して文化権を語るだけでよいものか。仮にも「文化」政策に携わる者として、それはあまりにも「文化」を軽視した態度ではないか。本章の筆者は以上のような問題意識から、憲法25条「文化」概念を検証した。その結果はすでに紹介した拙著『文化的に生きる権利—文化政策研究からみた憲法第二十五条の可能性—』にまとめている。

　本章では、上記拙著の研究成果の一部、とりわけ生存権の思想と「文化」概念に関する考察、そして憲法25条の「文化的な……生活」という文言に至る思想的背景を紹介するとともに、あくまで文化政策研究という立場から、筆者が本書に関わることで得られた知見をまとめたい。本書の他の部分とは異なり、いわば異業種交流の文章となることについては、ご了承いただければ幸いである。

2　生存権の思想史と「文化」

(1)　日本における生存権の歴史[14)]

　国家の恩寵や慈恵ではなく個人の権利として生存をとらえる視点を重視するのが、生存「権」である。日本における生存権の議論の重要な出来事として、以下の4点があげられる。すなわち、①20世紀初頭のオーストリアの法学者アントン・メンガーの著作の紹介、②1919（大正8）年8月に制定されたドイツのワイマール憲法の影響、③1923（大正12）年9月の関東大震災、そして④1946（昭和21）年11月3日に交付され、翌年5月3日に施行された日本国憲法である。

　国家の不干渉を求める自由権ではなく国家の積極的な関与を求める社会権として、生存権の理論が確立されていくきっかけとしては、20

世紀初頭のオーストリアの法学者アントン・メンガー（Anton Menger, 1841-1906）の著作の影響が大きい。生存の保障という考え方自体はメンガー以前にもあったが、権利として、法理論として、体系的に議論を展開した最初の人物として名前が挙げられるのがメンガーである。彼によって、1886（明治19）年に出版された『労働全収権史論』（*Das Recht auf den vollen Arbeitsertrag in geschichtlicher Darstellung*）は、日本でも紹介された。メンガーの生存権思想を参照し、戦前の日本における生存権思想の形成に大きな役割を果たした人物に、経済学者の福田徳三があげられる。福田徳三は、当時の資本主義では例外的に捉えられていた国家介入を根拠づける理論として生存権に注目し、マルクス主義に対抗しつつ、黎明会の一員として真正のデモクラシー実現に向けた社会政策論の構築を目指していた[15]。

　1919（大正8）年8月に制定されたドイツのワイマール憲法は、第2編「ドイツ国民の基本権と基本義務」の第5章「経済生活」の冒頭である151条1項で、「経済生活の秩序は、すべての人に、人たるに値する生存を保障することを目指す正義の諸原則に適合するものでなければならない」という条文によって、世界で初めて生存権を憲法上明文で保障したことで知られている。それまでの近代市民憲法の保障する自由権的な人権のカタログにはみられない、新たな基本的人権の条文だった。

　1923（大正12）年9月の関東大震災で多くの人々が住まいを失い、跡地に仮小屋すなわちバラックを一時的に建設した。その多くが借家人だったため、土地の所有者から不正な侵入者として告訴されるという問題が発生した。災害時という非常事態にあって、借家喪失を以て借家人の権利も失われたと理解するのではなく、仮小屋あるいはバラックを建設して生活するという必要に迫られた行為を擁護する理論が求められ、生存権をめぐる論考が数多く発表された。早くから生存権

に注目していた経済学者の福田徳三も、震災被害状況の調査に奔走し
ながら論考を発表した一人である。

　このように、日本における生存権の議論は戦前から行われていたが、
当時の政府は基本的に国民の権利承認には消極的で、個人の自由権す
ら法律の範囲内でしか認められなかった。1929（昭和4）年の救護法
制定後も、救護請求権ないし生存権は法的な権利として認められてい
ないという見解が通説だった。

　それに対し、戦後制定された日本国憲法25条で生存権が明文化され
たことは画期的な変化だった。そのことは、先に紹介した帝国憲法改
正案（今日の日本国憲法）に対する附帯決議の2項でも「生活權、勞
働權等の經濟的基本權を確立したことは時代の要求に即應する適切な
措置である」[16]と強調されている。

(2)　生存権の思想史における「文化」[17]

　では、このような日本における生存権の思想史に、「文化」という言
葉はどのように関わってくるだろうか。

　一般に、「文化」という言葉が普及したのは大正時代で、明治の「文
明」に対し、大正は「文化」の時代といわれる。中国古典の「文治教
化」、明治期の「文明開化」を経て、ヨーロッパ、とりわけドイツ由来
の「kultur」にあたるものとして「文化」という訳語が用いられてい
った。とくに大正時代は、「『文化』とか、『生活』という問題の中に
一つの社会的な価値を見いだそうとした時代であり、これらの言葉が
熱っぽく主張された時代」で、富国強兵で先進国のキャッチアップを
目指した明治と慢性的不況の脱却を目指して侵略戦争に突入した昭和
とのはざまで、「『国家』に対しては『社会』、『生産』に対しては『生
活』に、人々の関心が向けられた」時代だったともいわれている[18]。

　とくに1919-1920（大正8-9）年にかけて、「文化」をめぐって展開

された議論においては、①大山郁夫が主に論じた「民衆文化主義」、②新カント派の哲学者たちによって提唱された文化主義（文化哲学）、③森本厚吉が中心になって推進した文化生活論・運動、大きく3つの流れがあった。従来の研究では、①民衆文化主義は政治史、②文化主義（文化哲学）は哲学史、③文化生活論・運動は生活史、それぞれ違った分野としてとらえられてきた[19]が、敢えて①②③に共通する「文化」の特徴に注目するなら、この時期に「文化」という言葉に託されていたのは、人間のよりよい生の実現を目指そうとする姿勢だといえる。大正期の「文化」は、概念というより理念、すなわち肯定されるべき価値や理想を含んだ言葉だった。大正期においては、「文化」という言葉が生活と結びついてその理想を語るものとして用いられていた。

　生存権の思想史と「文化」の関わりを考える手がかりになるのは、②文化主義の論客である経済学者の左右田喜一郎と、③文化生活論・運動の森本厚吉である。

　左右田喜一郎（1881-1927）は、福田徳三の弟子にあたる経済学者で、とくに経済哲学の研究で知られる。しかし左右田は、福田の弟子でありながら、メンガーの生存権には極めて冷ややかな態度を取っていた。左右田は、メンガーの主張する「生存権は、萬人に其の生存の確保を與ふべしとする美名の下に萬人を謳つて悪平等ならしめんとするものである。人格の独立を滅却せんとするものである」、「一切の藝術、一切の学問も民衆口腹の欲望の為に犠牲に供し終つて顧みざらんとするごとき悪平等主義は、吾等の生活をして無意義ならしめんとするものであり、正に文化の敵」であり、「生存権は此くして如何なる意義に於ても文化価値其自身ではあり得ない。生存権は文化価値の実現に対して社会的に且事実的に最低根基を興ふると云ふ範囲及び意義に於て初めて言葉の意味すらがある」、つまり生存権は社会政策の出発点だが、その目標であるべき文化価値の実現とは異なるという認識を示した[20]。

森本厚吉（1877-1950）は経済学者だが、日本最初の集合住宅「文化アパートメント」建設といった文化生活運動で知られる。2度にわたってアメリカのボルティモアのジョーンズ・ホプキンス大学院へ留学し、当時アメリカで興隆しつつあった消費経済学の研究に携わった。その中心テーマは生活標準についての研究だった。1920（大正9）年に森本は、親友の有島武郎と民本主義の提唱者として知られる吉野作造を顧問にして、東京で「文化生活研究会」を立ち上げた。それは、当時アメリカで流行していた「通信教育事業」をモデルに、家庭婦人に対して生活の諸側面についての合理的組織の啓蒙をはかろうとする一種の社会教育機関であった。森本が文化生活運動で目指したのは「国民生活を因襲の囚われから解放して合理的能率的生活を営ましむる」ことだった[21]。その通信教育事業のための講義録『文化生活研究』を刊行し、翌1921（大正10）年には、月刊雑誌『文化生活』を創刊した。

　1922（大正11）年には、その活動を発展させるかたちで、私産を提供して財団法人文化普及会を設立させた。そして、知識啓蒙活動にとどまらず、文化アパートメントの建設・経営などのより実践的な生活改善事業に取り組んだ。

　森本によれば、「生存（Existing）と生活（Living）とは決して同一のものではない。経済生活が生存より生活へ進んだ時、初めて人の持つて生れた生活能力が充分に発揮されて、茲に文化は開発され、人は意義ある生を楽しみ得るものであると確信する」が、「如何に我国が世界五大強国の一つとして誇つて居ても、文化の恩恵は未だ民衆に及ばず、単に少数の特殊階級者や富豪に専用されて居るのみで、同胞の大多数は、持つて生まれた生活権さへ、自由に行使し得ない」という現状があり[22]、それを打開するためにはさまざまな活動に取り組んだ。

(3)　2つの問題提起[23)]

　文化主義（文化哲学）の左右田喜一郎と文化生活論・運動の森本厚吉が、「文化」に言及しつつ生存権を論じた内容から、生存権と「文化」に関して、2つの問題提起がなされていたことが分かる。第1に、①生存権は、かろうじて生存を維持できる生活を保障される権利（A）なのか、あるいはそれに加えて文化的生活を保障される権利（A＋B）なのか、という今日にも通じる問題提起である。そして第2に①の前提として、②単に生存維持を保障される権利（A）と生存維持以上の文化的生活を保障される権利（B）を1つの権利として一緒に論じるべきか、それとも別々に論じるべきか、という問題提起もあったといえる。左右田は「生存権に文化を含むか含まないか」という問いに対し、生存権は単なる生存維持（A）で、一律に保障される権利の内容に文化を含むべきではない（≠A＋B）、という立場だといえる。一方森本は、「文化は権利として保障されるべきか否か」という問いに対し、保障されるべき、ただし単なる生存維持の保障（生存権・A）とは別の権利（生活権・B）と認識する、という立場だったと理解できる。どちらも「文化」を重視していたが、それゆえに単なる生存維持の権利と区別する立場だった。

　「文化」という文言の重要性を深く認識しつつ生存権を論じた左右田喜一郎と森本厚吉の議論をみる限り、戦前の生存権の議論において保障内容に「文化」は含まれないという理解が、一定の地位を占めていたといっていい。左右田や森本は、文化を生存権の問題としては認識しなかった。左右田にとって「文化」は万人に平等に保障される権利の問題ではなかった。森本にとって「文化」は生存権とは別の権利である生活権の問題だった。

　戦前の日本における生存権の思想史においては、「文化」は、生存権とは別物としてとらえられていた。

⑷　問題提起に対する憲法 25 条の回答[24)]

　生存権と「文化」をめぐる 2 つの問題提起に対して、戦後制定された憲法 25 条の生存権は、どのような立ち位置で応えたか。

　憲法 25 条 1 項の「すべて国民は、健康で文化的な最低限度の生活を営む権利を有する」という文言は素直に読むと、「最低限度の生活」に「健康」と「文化的」を含めている。つまり単に生存を維持できるレベルではなく健康で文化的な生活を、国民が「最低限度の生活」として営む権利を認めている、と読める。戦後文部大臣を務めた田中耕太郎は、まさに『新憲法と文化』という題名の 1948（昭和 23）年の著作において、「国家は国民の最低限度の文化生活の保障を以て甘んじてはならないのであり、文化生活の質的及び量的向上を計り以て国民生活を内容的に豊富にすることに努力を致さなければならない。ここにおいて現代国家の文化的任務は益々重要性を加えてくる」と述べた[25)]。憲法の解釈書として広く読まれ、その学説が判例にも採用されて大きな影響を与えた我妻栄『新憲法と基本的人権』（1948 年）では、生存権的基本権は「単に生きてゆくという程度だけでなく、文化国の一員としての生活をする程度のものでなければならない」（傍点ママ）と述べられている[26)]。

　これらを総合すると、戦前の生存権をめぐる 2 つの問題提起に対し、憲法 25 条の生存権は、単に生存維持を保障される権利（A）と、生存維持以上の文化的生活を保障される権利（B）を別々ではなく一体として生存権として保障すべき（A＋B）という回答を出したものと位置づけることができる。

　日本国憲法成立前において生存権とは別の問題としてとらえられていた「文化」だが、日本国憲法 25 条 1 項によって、生存権の問題として議論していく可能性が開かれたことになる。戦前の日本における生存権の思想史においては、「文化」を生存権の保障内容に含めない見解

が一定の位置を占めていたのに対し、戦後生存権と「文化」が憲法25条で一体化したことは、画期的な変化だった。

　この変化の背景には、国家観の変化と社会権の登場である。個人が個人の意思で送る生活の最低限度の保障が社会権によって国家の責務の問題として議論されるようになったこと、つまり国家の責務の対象が拡大したことで、生存権に「文化」も含まれるという憲法25条1項の文言が可能になった。

3　「文化的な生活」の意味
──鈴木義男の思想を中心に

(1)　25条1項の成立過程[27]

　では、このように画期的な意義をもつ憲法25条1項は、どのような過程を経て日本国憲法で条文化されたのであろうか。

　憲法制定過程の先行研究を紐解くと、今日の25条に至る議論は、国の役割を規定した2項「国は、すべての生活部面について、社会福祉、社会保障及び公衆衛生の向上及び増進に努めなければならない」につながる部分からはじまったことがわかる。

　日本国憲法制定、正確には大日本帝国憲法改正は、敗戦後GHQが進駐してきた1945（昭和20）年秋ごろから議論に上るようになり、翌1946（昭和21）年2月までは日本政府内で憲法改正が検討されていた。しかし、2月1日の毎日新聞にスクープされた日本政府の憲法問題調査委員会の試案を見たマッカーサーは、日本の民主化に不十分な内容であると判断し、GHQとしての憲法草案作成を民政局に指示した。2月13日、日本政府に政府案拒否の通知とともにGHQ草案が手渡され、以降このGHQ草案を元に憲法制定過程が進められていく。現在の憲法25条のうち、2項に通じる条文案はGHQ草案に含まれていた。だ

がそこには「文化」という文言は含まれていなかった。

　一方、現在の 25 条 1 項の「文化」という文言を含む条文は、GHQ 草案およびそれをふまえて作成され国会に提出された憲法改正草案には当初なかったにもかかわらず、その後の審議の過程において選挙で選ばれた国会議員の提案によって文言が検討され挿入されたものだった。

　生存権を規定した条文に「文化」という文言が含まれるようになったのは、社会党の提案を契機とする。当時社会党は第 1 回衆議院選挙で第 3 党に躍進して勢いがあり、相応の発言力をもっていた。1946（昭和 21）年 7 月 25 日の第 90 回帝国議会衆議院帝国憲法改正案委員会第 1 回小委員会において、社会党は修正案（提案時 23 条 1 項）として、「すべて國民は健康にして文化的水準に適する最小限度の生活を營む權利を有する」という条文を提案した。そこでは、2 項の内容に加えて、原理原則の確認として「生存権」を権利として明文化するにあたり、生存権を具体化する表現として「健康で文化的な最低限度の生活」という文言が用いられていた。「文化」については、当時社会党議員だった森戸辰男が、「其ノ国ノ其ノ時ノ文化水準ニ応ジタ最小限度ノ生活ト云フ意味デス」と述べた以外、特に説明はなされなかった。提案された条文は、その後衆議院の帝国憲法改正委員会小委員会の議論を経て現在の文言に変更され、委員会そして本会議での審議を経て、成立へと至った。その過程においても、「文化」という文言の意味するところについては、原始的の反対の意味の、国や時代の状況に応じた水準であるという以上の議論は行われなかった[28]。

　25 条の「文化」という言葉にどのような内容が込められたか、憲法 25 条 1 項の成立過程の議論だけでは十分に理解することができない。なお 25 条の英訳は "All people shall have the right to maintain the minimum standards of wholesome and cultured living" で、「文化

的」の訳語は"cultured"である。GHQ草案になかった25条1項の場合は、衆議院で提案された日本語の方が原語だが、25条の英訳の形成過程に関する資料も管見の限り見当たらない。

(2) 25条1項「文化」の由来[29]

社会党の提案の原点といわれるのが、民間の有志による憲法研究会が作成した憲法草案「憲法草案要綱」[30]である。GHQも注目した民間草案の代表例として知られている。1945（昭和20）年12月末に完成した憲法研究会「憲法草案要綱」においては、「国民の権利義務」に関して「国民ハ健康ニシテ文化的水準ノ生活ヲ営ム権利ヲ有ス」という条文案があった。これを提唱したのは、後に社会党議員となる森戸辰男である[31]。森戸辰男は経済学者で、メンガーの『労働全収権史論』の翻訳も手がけていた。なお、同じく後に社会党議員となる鈴木義男も、主要メンバーとしては知られていないが、憲法研究会の会合に出席したことはあったという[32]。

当時さまざまな政党、さまざまな民間団体が、新しい憲法について議論していた。生存権に関する内容を含む新憲法の提案も、複数なされていた。しかしながら生存権の具体化にあたり「文化」という文言を用いたのは、社会党の提案およびそのもとになった憲法研究会案の独創的な点だった。

社会党の提案およびそのもとになった憲法研究会案から憲法25条1項の由来を辿ると、2節でも言及した、1919（大正8）年8月に制定され、世界で初めて生存権を規定したことで知られるワイマール憲法に行き着く。憲法改正の帝国議会衆議院小委員会で社会党の修正案について説明した鈴木義男は、後日このように回想している[33]。

それから第二十五条一項、これが原案になかつたのでありますが、

これは当時の社会党の森戸辰男さんと私とで相談をいたしまして、ぜひ一つこれも入れてもらいたい。これはドイツ憲法では、人間に値いする生活、メンシエンヴユルデイゲス・ダアザインという憲法の規定があつて、実に我々をして感奮興起せしめたものでありますが、日本でも一つ、ああいう規定がなくちやおもしろくないというので、人間に値する生存を保障するというような言葉にしたいと思つて、それじゃあまり直訳外国語を聞いているような気がしますから、そこで考えた結果、「すべて国民は、健康で文化的な最低限度の生活を営む権利を有する」。こういう言葉に直したわけでありまするが、とにかくこれはわれわれが希望して入れていただいたわけであります[34]。

憲法25条は、より正確にはその原案である憲法草案要綱の生存権の条文は、ワイマール憲法151条をもとに提案された。だが、ワイマール憲法151条には「文化」という文言は用いられていない。

ヴァイマル憲法（ワイマール憲法）[35]
第2編　ドイツ人の基本権および基本義務
第5章　経済生活
第151条
　経済生活の秩序は、すべての人に、人たるに値する生存を保障することを目指す正義の諸原則に適合するものでなければならない。各人の経済的自由は、この限界内においてこれを確保するものとする。
　法律的強制は、脅かされている権利を実現するため、または、公共の福祉の優越的な要請に応ずるためにのみ、許される。
　通商および営業の自由は、ライヒ法律の定める基準に従って保障

する。

　よって、生存権を規定した第25条に「文化」という語が含まれるの
は、ワイマール憲法の原文ではなく、日本の文脈に起因することがわ
かる。では、日本国憲法で生存権が定められるにあたり、その具体化
に「文化」という表現が選ばれたのはなぜだろうか。

　先の鈴木義男の回想によれば、「当時の社会党の森戸辰男さんと私と
で相談をいたしまして（中略）とにかくこれはわれわれが希望して入
れていただいた」という。「国民ハ健康ニシテ文化的水準ノ生活ヲ営
ム権利ヲ有ス」という条文を提案したのは森戸辰男だった。森戸辰男
の戦前戦後の論考からは、文化の前提として生活の安定・向上を重視
し、生存権による経済的保証の目的として文化の生成と繁栄も視野に
含めていた可能性は指摘できる。ただし森戸自身は、その思想におい
て「文化」も論じてきたものの、25条を語る場面では「文化」にあま
り触れていない。決して文化に関心がなかったわけではないにもかか
わらず、25条の「文化」について森戸は多くを語っていない。鈴木義
男が「とにかくこれはわれわれが希望して入れていただいた」と回想
しているのとは対照的である。

⑶　鈴木義男の語った「文化」

　鈴木義男は法学者で、ワイマール憲法の生存権に関する論考を戦前
から複数発表していた。少なくとも現時点で明らかになっている資料
をみるかぎり、25条の「文化」ないし生存権と「文化」については、
文言を提案した森戸辰男よりも、それに賛同して論陣を張った鈴木義
男の方が、雄弁に語っているようにみえる。

　鈴木によれば25条1項は「所謂生存権の保障」だが、国家はあらゆ
る生活部面で社会福祉の増進に努めなければならない、そして社会福

祉には「救貧、授産、社交、娯楽、文化一切のこと」が含まれるというのが鈴木の理解だった。

　人間が動物と違ふところは、ただ働いて食べて寝て起きて死ぬといふのではなく、生活に必要なだけは働くが、できるだけ余裕を作つて、芸術を楽しむ、社交を楽しむ、読書や修養につとめる、つまり文化を享受し、人格価値を高めるといふところにある。これも贅沢を云へば、きりがないが、最小限度の人らしい生活だけは保障されるといふのである[36]。

　鈴木はまた25条1項は「ドイツのワイマル憲法第一五一条において、『人間に値ひする生活』を保障したことと同じ意味である」とも述べ、「最低限度の生活ということは、決して乞食（ママ）の生活を意味するものではなくして、健康的であり、文化的であらねばならない。物質的方面においては、健康を維持するに足るものであり、精神的方面においては、新聞を読み、ラヂオを聴取し、ガス、電気を使用し、交通機関を利用する等、通常の文明の恩沢に浴する生活を意味する」と解説している[37]。

　つまり鈴木は、生存権を規定したワイマール憲法151条「人間に値する生活」という文言を、贅沢ではないが通常の文明の恩沢を享受し、芸術、社交、読書、修養といった人格価値を高められるような文化を享受できる生活として理解していた。

　鈴木は最小限度でも精神生活に関わるものとして「人格的生存権」を定義し、それがワイマール憲法151条「人間に値する生存」にあたるものととらえる一方、「最小限度の生理的肉体の生存保障」にすぎないメンガーの生存権とは区別した[38]。鈴木の憲法25条の理解について、「物質的なものと同時に、その精神的営みを保障することが第25

条第一項（原文ママ）の文化的という文言の含意といえよう。そして人格としての存在を保障する生活とは何か、それがここ憲法制定以来問われ続けているといえよう」と先行研究では分析されている[39]。

　このような鈴木の生存権のとらえ方に対する影響として、師である吉野作造の活動が挙げられる。吉野作造は、黎明会解散後、「生存権」の次に主張すべき権利として「生活権」を掲げるようになった。それには、解散前の 1920（大正 9）年 5 月に、森本厚吉、有島武郎と「文化生活研究会」を結成したことに関係する。吉野は、経済生活の保障としての生存権に文化的側面を加えたものを「生活権」と表した森本厚吉の主張と同義のものとして、「文化生活」を提唱していた[40]。鈴木義男も吉野とともに森本が副校長を務める東京文化学園に講師として名を連ねたこともあり、鈴木の憲法 25 条 1 項制定における積極的な議論は、師である吉野の生活権の主張を法律面で具体化したともいえる[41]。

⑷　戦後直後の「文化」概念の特徴—文化国家論からの考察[42]

　「文化」という言葉は、文脈に応じてさまざまな意味内容をもちうる概念である。日本国憲法の条文においては、唯一 25 条のみが「文化」という文言を含んでいるが、憲法制定当時の戦後直後の日本において「文化」という言葉は、憲法 25 条の文脈よりも、附帯決議にも挿入された「文化国家」をめぐる議論で積極的に用いられていた。

　日本語の「文化国家」概念の由来は、ドイツ語の Kulturstaat 概念（文化国家、Kultur は英語でいう culture、staat は state にあたる）に依るところが大きい。ドイツで生まれた「文化国家」概念は、日本でも少なくとも明治の中ごろ、1880 年代後半には紹介されていた。「文化国家」概念は、ドイツでも、そして日本でも、時代に応じて実にさまざまに意味内容を変化させてきた。そして日本では敗戦直後の一時

期において、戦後日本は文化国家を目指すべきという文化国家論が盛んに議論された。日本国憲法制定過程をみても、「文化」という言葉が盛んに用いられたのは、25条よりもむしろ文化国家論であった。

　この文化国家論からみた憲法成立当時の「文化」概念の特徴としては、①平和、民主、人権と親和性の高い概念であること、②主に政府系の文化国家論においては、教育（陶冶・道徳）・学問・芸術といったドイツのKultur概念に近い理解がなされていたこと、③政府系に限らず、文化国家論全体において教育への関心が高く、それが「文教」すなわち教育の文脈の中で「創造」を担うものとして「文化」を位置づける今日の文部省・文部科学省の政策の流れにつながったこと、以上3点が指摘できる。

　憲法25条成立過程では、「文化」についてここまでの意味内容は語られてはいなかった。しかし同時期の文化国家論では、文化に関する議論が積極的に論じられていた。戦後日本の文化国家論で頻繁に用いられた「文化」概念は、その意味内容の確認についてさしたる議論もないまま、25条1項の生存権の文言としても用いられたのだった。

4　憲法25条「文化」の可能性と課題

⑴　憲法25条「文化」の可能性

　日本国憲法で、19世紀型の人権ではなく20世紀型の人権として、ワイマール憲法にならって社会権・生存権を保障する条文が挿入されたのは画期的な出来事だった。もうひとつ、生存権の保障にあたり最低限度の生活に文化も含まれることになったことも、生存権の思想史に照らせば画期的な出来事だった。しかしその後の議論では憲法25条はもっぱら「生存権」としてとらえられ、「健康」や「最低限度」といった文言と比べても「文化」は注目されてこなかった。しかしその成立

過程や、思想的、歴史的背景を振り返ってみると、さまざまな立場の論客が、それぞれの問題意識に沿って議論を積み重ねた結果が、25条の「文化的な……生活」、つまり生存権に文化を含む方向へとつながったことがみえてくる。

　「文化」と「生活」を結びつける発想は決して突飛なものではなく、むしろ長い時間をかけて議論が積み重ねられてきた思想だといえる。「文化」というと、どこか高尚で、普段の生活から遠いものをイメージする人もいるかもしれない。だがここまでみてきたように、「文化」を普段の「生活」の中で楽しめるものとする捉え方も可能である。制定に尽力した鈴木義男の文章から読み取れるのは、「今すぐは難しいかもしれないけれども、人間として当然に、健康で文化的な最低限度の生活を望んでよいのだ」という想いではないだろうか。

⑵　「文化」と「生活」を考える上での留意点

　憲法25条「文化」概念の研究からは、今後25条をもとに「文化」と「生活」を考える際の留意点も浮かび上がる。ここでは3点に絞って紹介したい[43]。

　第1の留意点は、多様性・複数性・マイノリティという視点を意識的に補うことの重要性である。この視点は、戦後日本の文化国家論では重視されていなかった。例えば、戦後文部大臣を務めた田中耕太郎は、無産階級の文化の重要性や生活文化への言及の一方で、「非価値を創造する自由を有しない」[44]とも述べた。このような文化における価値の高低の序列を前提とした表現には、人々の文化への参加という視点はあるものの、多様な人々の参加によって作り出される文化そのものの多様性に対する意識が感じられない。

　多様性・複数性・マイノリティという視点を意識的に補うことは、25条「文化」の趣旨からも外れてはいない。憲法25条の立役者の一人

である鈴木義男は、婦人教育に力を入れた森本厚吉の功績を評価する際に、「わが国に欠けたものがあるとすれば、それは男子の文化だけであって、婦人文化のないこと、女子を隷役の地位に置いて、対等の人格価値を認めないところにわが国文化の片輪（ママ）と貧相がある」、「何よりも男女両本位の文化を建設しなければ、国民全体が幸福であり得ない」と述べた[45]。この文章は、性に関するステレオタイプや男女以外の性の多様性への配慮不足、片輪という表現など、当時は許容されたが現代では受け入れられない表現上の問題も含んでいる。その点を考慮した上で、今日において鈴木のこの指摘は、「男子の文化だけ」では「国民全体が幸福であり得ない」、つまり単一の文化だけでは不十分であるという、今日の文化多様性の重要性につながる問題提起として受けとめたい。「生活」との関連でいえば、今日のライフスタイルの多様化という観点からも、唯一の優れた「文化」や「生活」のあり方を追求するのではなく、多様性のなかで自らが望む文化的生活を個々人が選べるような方向性が望ましいと考えられる。

　第2の留意点は、人間らしさ、人間の条件として「文化」を用いる議論が、ともすると「文化」の高低で人間を差別する優生思想と結びつくことへの警戒である。エコロジー概念の創始者として知られ、著書である『生命の不可思議』や『宇宙の謎』が戦前の日本でもベストセラーになったドイツの動物学者エルンスト・ヘッケル（Ernst Haeckel, 1834-1919）に関する先行研究からも、優生思想と「文化国家」概念が結びつきうることが読み取れる[46]。ヘッケルは著作において、「文化的生活（Kulturleben）」という語も用いていたという[47]。戦後日本の憲法25条制定過程においても、小委員会で「健康」について議論になった際に、「『文化的水準に應ずる最小限度の生活』ト云フモノガ、不健康ニナルモノデハ困ル」と、幣原喜重郎内閣で厚生大臣を務めた芦田均委員長が発言している[48]。芦田は、後の1948（昭和23）年に旧

優生保護法が成立したときの内閣総理大臣でもあった。

　文化も健康も、それ自体は否定すべき価値ではないが、言葉の用法次第では、その基準に満たないものを排除することにつながってしまうことには注意が必要である。戦後日本の「文化国家」概念の数少ない先行研究においても、「文化国家」概念がハンセン病患者や在日朝鮮人をはじめとするマイノリティを排除するイデオロギーとして機能しうることは指摘されている[49]。

　第1、第2の留意点に通底するのは、「文化（的）」という言葉を強調することが、「文化（的）でない」とされたものの排除につながってしまうことの危険性である。文化政策においても近年ソーシャル・インクルージョン（一般に社会的包摂と訳されることが多いが、とくに芸術文化政策関連分野では社会包摂という訳が使用されることが多い）[50]への関心が高まっている。社会的排除に加担しない「文化」概念および文化政策を考えることが重要である。

　第3の留意点として、「健康で文化的な最低限度の生活」という三重の要請を含む憲法25条の文言のうち、敢えて「最低限度」を離れて「健康で文化的な」生活を考える可能性も改めて指摘しておきたい。実際に憲法25条の「健康で文化的な最低限度の生活」という文言から敢えて「最低限度」を取り除き、「健康で文化的な」生活という文言のみを含む立法も行われている。住宅政策を含めた広義の社会保障に関する立法に加えて、1968年の都市計画法をはじめとする都市政策、1993年の環境基本法に代表される環境政策、2005年の食育基本法や2011年のスポーツ基本法など、政策領域や管轄する省庁もさまざまである。憲法25条の理念は、もはや社会保障の専売特許ではなくなっている。

⑶　「健康で文化的な生活」調査の結果にみる文化政策上の課題

　以上ここまで、憲法25条「文化」の意義と意味について、文化政策

研究の知見から現在明らかになっている研究成果を紹介してきた。逆に、文化政策研究が本書の「健康で文化的な生活」調査の結果から、いわば異業種交流することで得られた知見の一部について、簡単に考察したい[51]。なお、調査自体の説明と詳細な分析は本書の前半とりわけ第1章を参照されたい。

「健康で文化的な生活」第1次調査では、「文化施設の有無と利用頻度」について、具体的には「日常的な移動手段を使って1時間程度で行ける範囲に、以下の7種類（①図書館、②映画館、③劇場・コンサートホール、④スポーツ施設・体育館、⑤ショッピングセンター・百貨店、⑥公民館・文化会館、⑦博物館・美術館・民俗資料館・郷土博物館）の文化的施設があるか、ある場合にはその利用頻度」を尋ねている。施設の設置・運営主体は問われていないため、国立・公立・私立の文化施設を含みうる。とくに公立文化施設は回答者次第で③と⑥のどちらにも分類されうる。

施設の有無を表6-1、利用頻度を表6-2にまとめた。表6-1の施設の有無については、「ある」と回答した割合が高いが、首都圏（26.1％）および近畿3県（大阪府・京都府・兵庫県、32.4％）という回答者の居住地域の分布も影響している可能性がある。重く受け止めるべきは、どの文化施設も「あまり利用しない」「全く利用しない」という回答が7〜8割に達していることだろう。収入階層が低くなるほど文化施設を利用する割合が低くなる傾向にあり、とくに「単身世帯で年間収入150万円未満」「二人世帯で年間収入200万円未満」という収入の少ない区分で、7種類いずれの施設においても「全く利用しない」と回答する割合が高かった。また健康状態の良くない家族の有無により施設利用頻度の差が生じ、とくに健康状態の良くない家族がいると7種類いずれに施設においても「全く利用しない」割合が増える。本人ではなく家族の健康状態が影響することから、ケアの責任を担う者の

表6-1　文化施設の有無

(％)

	ある	ない	わからない	無回答
①図書館	86.2	7.5	2.1	1.2
②映画館	73.7	19.4	2.0	4.9
③劇場・コンサートホール	72.6	18.3	3.7	5.4
④スポーツ施設・体育館	81.4	9.9	3.3	5.4
⑤ショッピングセンター・百貨店	91.3	4.5	0.7	3.5
⑥公民館・文化会館	86.2	6.7	2.6	4.5
⑦博物館・美術館・民俗資料館・郷土博物館	70.4	18.1	6.2	5.3

出所：「健康で文化的な生活」調査報告書より筆者作成。

表6-2　利用頻度

(％)

	よく利用する	ときどき利用する	あまり利用しない	全く利用しない	無回答
①図書館	5.2	16.2	21.1	54.2	3.3
②映画館	1.3	15.9	24.5	55.6	2.6
③劇場・コンサートホール	1.2	17.6	21.9	56.4	2.8
④スポーツ施設・体育館	3.7	6.9	14.8	71.0	3.5
⑤ショッピングセンター・百貨店	22.3	45.2	16.7	11.8	4.0
⑥公民館・文化会館	7.1	23.9	22.1	43.0	3.8
⑦博物館・美術館・民俗資料館・郷土博物館	1.3	11.7	24.8	59.7	2.5

出所：表6-1に同じ。

文化施設の利用しづらさが想起される。

　河合克義は、第1次、第2次調査を通じてみえてきたこととして、「文化を享受する力の形成」、とくに「人格形成期に文化を享受する力を、学校教育の中で、あるいは地域文化活動の中で、どのように保障するのかという課題があるのではないか。それが現在の文化的な欲求水準を規定するということである」と指摘する[52]。また「生活圏が非常に狭い」低所得者のケースにおいて、「文化活動への支援が必要」であることも指摘している[53]。

　これまでの文化政策およびその研究においても、文化施設の利用状況については問題提起されてきた。2012年に成立した「劇場、音楽堂

等の活性化に関する法律」（劇場法）の前文で、地方では相対的に多彩な実演芸術に触れる機会が少ないことに言及したように、機会の格差の問題に決して無関心だったわけではない。だが施設の存在は知りながらも「全く利用しない」、文化施設を自身の居場所と思えない人々に対する働きかけは、まだ十分とは言い難い。

⑷　むすびにかえて

　最後に、今後の研究課題につながる筆者自身の気づきを2点、記しておきたい。

　第1に、調査結果そして調査そのものに接して、改めて気づかされた文化施設の存在意義である。調査項目の中には、過去1年間に趣味やレジャーの出費を減らした経験の有無、休日や時間のあるときの過ごし方、地域で参加している団体や集まり、回答者が考える「健康で文化的な生活」とはどのようなものか（自由記述）、など、文化政策に関係しうる項目は他にもあった。そのなかで最も端的に現状の問題を認識できたのが、先に紹介した文化施設の有無と利用頻度に関する設問だった。「健康で文化的な生活」第1次調査は65歳以上の回答者が72.3%を占める。とくに高齢者の場合、個々人の文化的な活動を捉える、またそこに働きかける糸口となるのは、まずは最寄りの文化施設なのだと、基礎自治体の文化政策の意義を再認識した。だからこそ、利用者が限られる現状を重く受けとめなければならない。

　調査が行われたのは2018年だが、2020年のコロナ禍以降、臨時休館した文化施設の代替としてさまざまなオンラインの活用が模索されてきた。オンラインは完全なオフラインの代替ではないが、オンラインでも、オンラインだからできることもわかってきた。今後は、オンラインという選択肢ができたことで、対面で事業を実施する文化施設の意義も改めてみえてくるのではないかと思う。

第2に、文化政策においてナショナルミニマムをどう考えるかという問題である。

　すでにみたように、提案当初の25条（提案時23条）1項は、「すべて國民は健康にして文化的水準に適する最小限度の生活を営む権利を有する」という文言だった。1946（昭和21）年8月1日に開催された第7回小委員会において、「最小限度」という文言に対し、新政会の大島多蔵から、最小限度か最低限度かという質問が出された。鈴木義男は最小と答えたが、最低の方がいいのではと大島に尋ねられ、「ソレハドチラデモ宜イデス」と述べた。森戸辰男は「ソレハ最小ノ方ガ……」「最大限、最小限ト云フ言葉ガアルカラ……」と述べたが、法制局の佐藤達夫（政府委員）の「理窟トシテハ最低限度ノ方ガ正シイヤウニ思ヒマス」、大島の「生活ニ関シテハ最小デハアルマイ、最小生活ト云フ言葉ハ聞カヌ」、芦田の「生活ガ高イトカ低イトカ云フコトデ、大トカ小トカ云フコトハ言ハナイダラウト云フノダネ」という発言を受け、最後に進歩党の吉田安が「最低デスネ」と発言したところで議論が収束したという経緯がある[54]。

　"ナショナル"ミニマムを考える場合、25条の文言で存在感を放つのは「文化的な……生活」よりも、その主語となる「すべて国民は」である。「国民」と「文化」の問題は、拙著では扱っていない今後の研究課題である。日本国籍をもたない在留外国人の問題に加えて、例えば日本国籍をもつアラブ系日本人が自身の信仰するイスラム教の教えにのっとった文化的生活を日本国内で送る権利をどのように保障していくかという問題も含めて、多文化共生の観点からの考察も必要である。

　この点に関して、生活保護においては1954（昭和29）年の厚生省（現厚生労働省）の通知「生活に困窮する外国人に対する生活保護の措置について」によって、外国人についても国民の取り扱いに準じて生

活保護の対象としてきた。今日でも、在留している外国人の内、永住者、日本人の配偶者、特別永住者、認定難民等の一部の外国人については、日本人と同様の要件の下で、法の準用による生活保護の対象となっている。裁判で争える生活保護法上の法的権利は認められていないが、現実の対応としては示唆に富む。

　総じてこれまでの文化政策研究では、ナショナルミニマムはあまり議論されてこなかった。頂点の伸長としてトップレベルの芸術の振興を考える場合、ナショナルあるいはグローバルは考えられていたが、ミニマムは考えられていなかった。20世紀後半の自治体文化行政の流れを汲んでシビルミニマムと地域特有の文化、市民の文化活動への参画を重視する場合、ミニマムは考えられていたとしてもナショナルの議論には至らなかった。第2次世界大戦の文化統制政策の反省と教訓が通底する今日の文化政策研究では、左右田喜一郎のように「悪平等」とまではいわないものの、ナショナルミニマムの議論は警戒されてきた面すらあるかもしれない。その警戒心は重要だが、今後はナショナルミニマムの議論も避けて通れないのではないか。それが本書に関わることで得られた、すぐには答えられない大きな宿題である。

注

1　遠藤美奈「『健康で文化的な最低限度の生活』の複眼的理解—自律と関係性の観点から—」齋藤純一編『福祉国家／社会的連帯の理由』ミネルヴァ書房、2004年、179頁注3。

2　附帯決議とは、政府が法律を執行するに当たっての留意事項を示したもので、法律案が可決された後、その法律案に対して付されることがある。付帯決議とも表記されるが、国会での表記は附帯決議である。実際には審議の過程において条文を修正するには至らなかったものの、附帯決議に盛り込むことにより、その後の運用に国会として注文を付けるといった態様のものもある。政治的効果があるのみで、法的効力はない。

3　この「文化国家」という用語は、小山進次郎『改訂増補　生活保護法の解

釈と運用』（1951年）における生活保護法第3条の「健康で文化的」の解釈の説明でも用いられている。すなわち、「(1) 近代文化国家における状態を前提としての『健康で文化的な』という意である。(2) 従つて、保障される生活の範囲も、単に日常生活だけでなく、義務教育、医療、出産及び葬祭等近代文化国家において、一個の社会人として生活するために必要な生活部面はすべてこれに含まれる。」と説明されている（引用元は、同書復刻版第1分冊、1975年、116頁）。

4 　帝国議会会議録検索システムより、第90回帝国議会衆議院帝国憲法改正案委員会第21号（昭和21年8月21日）「050　会議録情報2」https://teikoku gikai-i.ndl.go.jp/#/detail?minId=009012529X02119460821&spkNum=50&single（2022年1月4日閲覧）

5 　希少な先行研究として、池田正好『文化国家の再生―忘却された理念の復権を求めて―』自治体研究社、2010年、等。

6 　以下本項の詳細は、拙著7章を参照。

7 　和訳はいずれも外務省（https://www.mofa.go.jp/）によるものを引用した。

8 　兼子仁『教育法』有斐閣、1963年、221-228頁。

9 　佐藤一子『文化協同の時代―文化的享受の復権―』青木書店、1989年、15頁。

10 　椎名慎太郎「文化権の構造と特性」『山梨学院大学法学論集』第20号、1991年、13-17頁。

11 　小林直樹『新版憲法講義（上）』東京大学出版会、1980年、548頁。

12 　小林真理『文化権の確立に向けて―文化振興法の国際比較と日本の現実―』勁草書房、2004年（初出1992年）、51頁。

13 　河村健夫・伊藤信太郎編著『文化芸術基本法の成立と文化政策』水曜社、2018年、93頁。

14 　本項の詳細は、拙著5章2節を参照。また主要な先行研究として以下をあげておく。

・松尾敬一「近代日本における生存権思想の展開」『神戸法學雜誌』第4巻第3号、1954年、433-468頁。

・田中和男「明治末・大正初期の『生存権』思想―『養老法案』をめぐって―」『社会科学』第29号、1982年、95-142頁。

・大須賀明『生存権論』日本評論社、1984年。

・中村睦男・永井憲一『生存権・教育権』法律文化社、1989年。

15　清野幾久子「福田徳三の生存権論の憲法的検討」明治大学法科大学院論集
　　第 21 号、2018 年、1-45 頁。

16　前掲、帝国議会会議録検索システムより。

17　本項の詳細は、拙著 5 章 3 節を参照。

18　寺出浩司「森本厚吉と文化普及会」川添登・山岡義典編著『日本の企業家
　　と社会文化事業』東洋経済新報社、1987 年、107 頁。

19　北小路隆志「《文化》のポリティックス（1）—大正の「文化主義」を巡って
　　—」『情況（第二期）』第 7 巻第 9 号、1996 年、66-81 頁。

20　左右田喜一郎『文化価値と極限概念』岩波書店、1922 年、26-27、30、36
　　頁。

21　森本厚吉伝刊行会編『森本厚吉』河出書房、1956 年、363 頁。

22　森本厚吉『新生活研究』文化生活研究會、1922 年、1-2 頁。

23　本項の詳細は、拙著 5 章 4 節を参照。

24　本項の詳細は、拙著 6 章 1 節を参照。

25　田中耕太郎『新憲法と文化』国立書店、1948 年、116-117（120-121）頁。

26　我妻栄『新憲法と基本的人権』國立書院、1948 年、123 頁。

27　本項の詳細は、拙著 2 章を参照。

28　衆議院憲法審査会「日本国憲法制定時の会議録（衆議院）」https://www.
　　shugiin.go.jp/internet/itdb_kenpou.nsf/html/kenpou/seikengikai.htm（2022
　　年 1 月 5 日閲覧）

29　本項の詳細は、拙著 2、5、6 章を参照。

30　国立国会図書館電子展示会「日本国憲法の誕生」（2003-2004 年）〈http://
　　www.ndl.go.jp/constitution/index.html〉。原出典は、「憲法草案要綱憲法研究
　　會案」入江俊郎文書 11（「憲法改正参考書類（憲法問題調査委員会資料）」の
　　内）、国立国会図書館（2022 年 1 月 5 日閲覧）。

31　森戸辰男『遍歴八十年』日本経済新聞社、1976 年、63 頁。

32　鈴木安蔵によれば、鈴木義男は憲法研究会の会合に出席したことはあった
　　ものの、確定草案を公表するころに「わざわざ、『社会党は天皇制維持の憲法
　　草案をつくることになったから、天皇制をみとめていない憲法研究会案に自
　　分の名を出すことはしないように』という葉書がきた」ことがあったという
　　（鈴木安蔵「憲法研究会の憲法草案起草および憲法制定会議提唱」『愛知大学
　　法経論集』第 28 号、1959 年、177-204 頁）。

33　鈴木義男「私の記憶に存する憲法改正の際の修正点—参議院内閣委員会に

於ける公述速記―」『第24回参議院内閣委員会会議録』第38号、憲法調査会
事務局刊行小冊子『憲資・総第12号』1958年、12頁。

34　「当時の社会党の」と鈴木が述べたように、憲法25条1項の文言の提案者
　　である森戸辰男は、1950（昭和25）年に議員を辞職し、広島大学の学長にな
　　った。鈴木義男も、1960（昭和35）年に民主社会党結成に加わった。社会党
　　の提案で挿入された憲法25条1項だが、立役者だった2人は、後年どちらも
　　社会党を離れた。

35　高田敏・初宿正典編訳『ドイツ憲法集（第4版）』信山社、2005年、144頁。

36　鈴木義男『新憲法讀本』鱒書房、1948年、61-62頁。

37　鈴木義男「新憲法逐条解説-5」『社会思潮』第2巻第6号、1948年、47頁。

38　清水まり子「人格的生存権の実現をめざして―鈴木義男と憲法第25条第1
　　項の成立―」『社会事業史研究』第39号、2011年、16頁。

39　清水まり子「鈴木義男の思想と実践から」『社会事業史研究』第46号、2014
　　年、112頁。

40　田澤晴子「『デモクラシー』と『生存権』―吉野作造と福田徳三の思想的交
　　錯―」『政治思想研究』第11号、2011年、132-133頁。

41　前掲清水、2014年、107頁。

42　本項の詳細は、拙著4章を参照。

43　第1、第2の留意点については、拙著4～7章、第3の留意点については拙
　　著1章を参照。

44　前掲田中、1948年、10（14）頁。

45　前掲森本厚吉伝記刊行会、1956年、643-645頁。

46　佐藤恵子『ヘッケルと進化の夢――元論、エコロジー、系統樹―』工作舎、
　　2015年、269頁。

47　佐藤恵子「ヘッケルの優生思想」『東海大学紀要　開発工学部』第10号、
　　2001年、6頁。

48　前掲衆議院「日本国憲法制定時の会議録（衆議院）」、小委員会第7回より。

49　石埼学「文化国家・憲法二五条・ハンセン病者」『亜細亜法學』第36巻第
　　1号、2001年、123-139頁。井上厚史「近代日本社会における在日朝鮮人の
　　自己認識―『文化国家』と『自己のテクノロジー』―」『総合政策論叢』第2号、
　　2001年、161-180頁。

50　拙稿「文化政策とソーシャル・インクルージョン―社会的包摂あるいは社
　　会包摂―」小林真理編『文化政策の現在2　拡張する文化政策』東京大学出

版会、2018 年、89-106 頁。

51 　紙幅の関係上、より低所得層を中心とした住民組織である全国生活と健康を守る会連合会の調査のみ言及する。

52 　河合克義「『健康で文化的な生活』実現の方向性―調査を通して見えてきたこと―」、全国生活と健康を守る会連合会・全日本民主医療機関連合会『健康で文化的な生活とは何か―全国生活と健康を守る会連合会会員および全日本民主医療機関連合会共同組織の生活と意識に関する調査報告書―』全国生活と健康を守る会連合会・全日本民主医療機関連合会、2020 年、161 頁。

53 　前掲河合、163 頁。

54 　前掲衆議院「日本国憲法制定時の会議録（衆議院）」、第 7 回小委員会より。

いのちのとりで裁判と健康で文化的な 最低限度の生活
―裁判所の貧困観と「健康で文化的な生活」調査が 明らかにした市民生活の貧困―

吉永　純

はじめに

　2013 年からの生活扶助基準の引き下げは、下げ幅で平均 6.5％（最大 10％）、生活保護世帯のほとんどである 96％ が引き下げとなる現行生活保護法が 1950 年に制定されて以来最大規模のものであった。この引き下げは前年暮れに政権に復帰した自民党の公約であった生活保護費の 10％ カットを具体化してものであったが、同時期に生活扶助基準について検討していた社会保障審議会生活保護基準部会ではまったく検討されていなかった物価の下落を理由とするものであった[1]。その上、物価の下落率の測定方法（比較時期、比較内容等）や、物価自体も厚生労働省が生活保護世帯向けに作った独自の生活扶助 CPI（消費者物価指数）に基づく恣意的なものであったため、生活保護世帯の生活実態とは乖離していた。このため、厚生労働大臣が行った生活扶助費の引き下げ処分の取り消しを求めて、全国から 3 万件近くの審査請求が提起され、1000 人以上の原告が 29 の地裁に提訴するという生活保護裁判史上、異例の事態となった。

　この裁判では、2021 年末までに 7 つの一審判決が出ている[2]。このうち、2020 年 2 月の大阪地裁令和 3 年 22 日判決は厚生労働大臣の減

額処分を違法として取り消す画期的な判決であったが、残り6つの判決（以下、他判決という）は厚生労働大臣に広範な裁量権を認め、大臣の処分を違法とは判断しなかった。

本章の目的は、第1に、大阪地裁判決の意義を確認しつつ、他判決の問題点を指摘する。第2に、各判決に現れている貧困観を比較検証した上で、第3に、「健康で文化的な生活」調査や最近の国の調査が明らかにした市民生活の貧困実態からみて、他判決の貧困観が現下の市民生活を覆っている生活実態とは相容れないものであることを述べる。最後に、こうした貧困な貧困観からの脱却こそが裁判勝利を切り開き、また日本の反貧困運動が多数派になる途であることを強調する。

1 大阪地裁判決の意義と内容

(1) 大阪地裁判決の画期的意義

第1に、生活扶助基準本体を争った裁判では、1960年10月の朝日訴訟一審判決以来の、実に60年ぶりの原告勝訴判決となったことである[3]。生活扶助は生活保護の8つの扶助の中でも基本的な扶助であり、ナショナルミニマムとしての機能が強く、市民生活への影響が大きい[4]。生活扶助基準は、この意味では市民生活の岩盤を構成していると同時に、それゆえに国の基本政策の1つとなっている。この扶助の引き下げが違法であると判断されたことの意義は強調しすぎてもしすぎることはない。

第2に、現在の市民生活が停滞、後退局面にあることである。朝日訴訟が提訴された時期は戦後の生活保護基準引き締めの時期ではあったが、提訴直後から日本は高度成長期に突入し、国民生活は上昇段階に入った。しかし、現下の国民生活は「格差と貧困」という言葉が違和感なく定着し、市民生活は下降局面から脱していない。低所得層の

消費水準の下降に伴い、生活保護基準においては、生活扶助にとどまらず住宅扶助、冬季加算等も連続して引き下げられている[5]。つまり、生活の「底」としての生活保護基準がこれ以上下げられていいのか、いわば「歯止め」が問われている局面での判決であることである。

　第3に、裁判に取り組む主体の違いがある。朝日訴訟では、原告は生活保護基準の低劣さに苦しんでいた重症の結核患者であった朝日茂さん一人であった。他方、一連の裁判の原告は1000人を超え、生活保護の裁判では最大規模の原告数となった。これは、朝日訴訟によって生存権が市民に認知され、その後の生活保護や社会保障の進展の下で、市民の権利意識の向上が背景にあることは間違いない。一連の裁判は「1000人の朝日さん」によって闘われているのである。

　第4に、行政の「暴走」を司法がただすという意味で、行政に「法の支配」を求める司法の役割が発揮された判決であることである。「裁判所は生きていた」という言葉に象徴されるように[6]、行政追随傾向が根深い日本の司法においてその本来の役割が発揮されたといえる。

(2)　大阪地裁判決の要旨

　やや長くなるが、2013年からの生活扶助基準の引き下げの経過を振り返る意味も含めて判決文（『賃金と社会保障』No.1778、22頁）、同骨子などから引用し紹介する[7]。

[1] 判決骨子

　「厚生労働大臣が平成25年から平成27年にかけて生活保護基準を減額改定した判断には、特異な物価上昇が起こった平成20年を起点に取り上げて物価の下落を考慮した点、生活扶助CPI（消費者物価指数）という独自の指数に着目し、消費者物価指数の下落率よりも著しく大きい下落率を基に改定率を設定した点において、統計等の客観的な数値等との合理的関連性や専門的知見との整合性を欠き、最低限度の生

活の具体化に係る判断の過程及び手続に過誤、欠落があるといわざるを得ず、裁量権の範囲の逸脱又はその濫用があるというべきであるから、上記改定は、生活保護法3条、8条2項の規定に違反し、違法である。」

[2] 事案の概要

　厚生労働大臣は、平成25年から平成27年にかけて、厚生労働省の社会保障審議会に設置された生活保護基準部会が平成25年1月に取りまとめた報告書を受けて、また、物価動向を勘案して生活扶助基準を段階的に改定した（本件改定）。

　本件は、大阪市を始めとする大阪府内12市に居住して市から生活保護法（法）に基づく生活扶助の支給を受けている原告らが、本件改定により、生活扶助の支給額を減額する旨の保護変更決定（本件各決定）を受けたため、本件改定は憲法25条、法3条（最低限度の生活は、健康で文化的な生活水準を維持することができるのでなければならない）、8条2項（生活保護基準は最低限度の生活の需要を満たすに十分なものであって、かつ、これを超えないものでなければならない）等に反する違憲、違法なものであるとして、①12市を被告として、本件各決定の取消しを求めるとともに、②国を被告として、国家賠償法1条1項に基づき、損害賠償を求めた事案である（裁判所の判決要旨を基に筆者作成）。

[3] 判決要旨（請求認容［本件決定を取り消した］。以下カッコ内は判決文）

ア　保護基準の改定についての判断枠組み

①　厚生労働大臣の判断

　「（大臣に）専門技術的かつ政策的な見地からの裁量権が認められ、これが法3条、8条2項の規定に違反することになるのは、最低限度の生活の具体化に係る判断の過程及び手続における過誤、欠落の有無

等の観点からみて裁量権の範囲の逸脱又はその濫用があると認められる場合に限られる。」

② 裁判所の審理対象

「主として保護基準の改定に至る判断の過程及び手続に過誤、欠落があるか否か等の観点から、統計等の客観的な数値等との合理的関連性や専門的知見との整合性の有無等について審査されるべきものであると解される。」

イ 特異な物価上昇が起こった平成 20 年を起点に取り上げて物価の下落を考慮した点

「平成 20 年は、世界的な原油価格や穀物価格の高騰を受けて、石油製品を始め、多くの食料品の物価が上昇したことにより、消費者物価指数が 11 年ぶりに 1% を超える上昇となった年であり、平成 20 年からの物価の下落を考慮するならば、同年における特異な物価上昇が織り込まれて物価の下落率が大きくなることは、本件改定が始まった平成 25 年には明らかであった。このことに加えて生活扶助基準は、平成 17 年度に年齢区分の見直しや多人数世帯基準の是正が行われたのを最後に、本件改定に至るまで改定されていなかったことなども総合すると、デフレ調整（物価の動向を勘案して生活扶助基準額を一律に 4.78% 減額する調整）は、平成 20 年からの物価の下落を考慮した点において、統計等の客観的な数値等との合理的な関連性や専門的知見との整合性を欠くものというべきであるから、最低限度の生活の具体化という観点からみて、その判断の過程及び手続に過誤、欠落があるといわなければならない。」

ウ 生活扶助 CPI という独自の指数に着目し、消費者物価指数の下落率（▲2.35%）よりも著しく大きい下落率（▲4.78%）を基に改定率を設定した点

「このような変化率を用いて生活扶助基準額を改定するという判断は、

一般的世帯の消費構造よりも被保護者世帯のそれの方が物価の下落による実質的な可処分所得の増加という影響を強く受けていること（最低限度の生活を営むのに要する費用の減少割合が一般的世帯の消費支出の減少割合よりも大きいこと）を前提とするものというべきであるが、これを裏付ける統計や専門家の作成した資料等があるという事実はうかがわれない。」

「生活扶助相当CPIの大幅な下落の最大の要因は、教養娯楽の費目、とりわけ教養娯楽用耐久財（テレビ、ビデオテープレコーダー、パソコン等）の物価の大幅な下落である。しかるに、社会保障生計費調査[8]の結果等によれば、被保護世帯においては、教養娯楽に属する品目に対する支出の割合が一般的世帯よりも相当低いことがうかがわれる。生活扶助相当CPIの下落率が消費者物価指数のそれよりも著しく大きくなった要因としては、教養娯楽に属する品目についての物価下落の影響が増幅されたことが重要である。」

エ　物価のウェイトを平成22年の消費者物価指数を基に行ったこと

厚生労働省が、平成22年のウェイトで、平成20年と平成23年の物価を比較した点について、平成22年のウェイトを用いたことが「平成20年から平成22年にかけての消費構造の変化を反映して、同期間に価格が下落した品目のウェイトが相対的に大きくなったことも影響した。」

オ　基準部会報告について

「（上記エについて）基準部会においても、平成25年報告書を取りまとめるに当たり、そのような議論はされていない。」

被告が主張した、▲4.78％という物価下落率は、平成19年報告書[9]によってすでに不均衡が確認されていたこと、物価以外の消費等の指標を勘案すれば被保護者世帯の可処分所得は実質的に増加したという主張については、「基準部会においても、平成25年報告書を取りまと

めるに当たり、そのような議論はされていない。」

(3) 大阪地裁判決の検討

[判決のポイント]

ア　判断枠組

　この判断枠組みは、堀木訴訟最高裁判決（最高裁昭和57年7月7日大法廷判決）、また、老齢加算についての最高裁判決（最高裁平成24年2月28日第3小法廷判決、最高裁平成24年4月2日第2小法廷判決）の判断基準を踏襲したものである。保護基準の水準が健康で文化的な最低限度の水準を保障しているかという実体的判断には踏み込まず、保護基準の改定にあたって、正当な手続きを経ていたかどうかを判断する、いわゆる判断過程論といわれるものである。

イ　主な3点（(2)の［3］イ〜エ）について

　この3点は本件引き下げの理由に関わっての核心部分である。これらについて判決が合理的な根拠がないと判断したことは重要である。

（イ）平成20年を起点にして物価下落を考慮した点

　判決が指摘しているように、平成20（2008）年は原油高等で物価が急騰した年であった（図7-1、右の矢印）。一方、本件引き下げの前に生活扶助基準を検討して一部引き下げたのは平成17（2005）年である（同、左の矢印）。その間は、生活扶助基準額は変更されていない。比較するならば、平成17年と比較すべきである。平成19年報告は生活扶助基準が一部高めであることは報告したが、判決が指摘しているように、部分的な検証にとどまっている。また、同報告に基づき保護基準は変更されていない。

（ウ）生活扶助CPIによって著しく大きい下落率（▲4.78％）を基に改定率を設定した点

　生活扶助CPI（指数10,000）とは、品目別の消費者物価指数のうち、

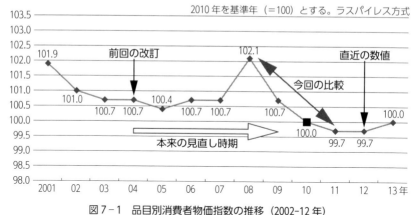

図7−1　品目別消費者物価指数の推移（2002–12年）
出所：生活保護基準引き下げ反対愛知県連絡会資料。

①家賃、教育費、医療費など生活扶助以外の他扶助で賄われる品目、②自動車関係費、NHK受信料など原則として生活保護世帯には生じない品目を除いた品目（図7−2の除外品目、指数3608）を用いて、算出したCPIのことである。

　生活扶助CPIには、生活保護世帯に保有は容認されているがほとんど購入しない電化製品等（指数268）が含まれている。そうして近時の物価下落の主要因はこうした電化製品の下落が大きく影響している。生活扶助相当CPIによって上記の物品（①②）が削られた分、電化製品のウェイトが増す。その結果、生活保護世帯が一般世帯よりも1.5倍以上の割合で電化製品を購入していることになっている。要するに、生活保護世帯にはほとんど縁のない物品の下落によって保護基準が下げられたことになる。判決が、この点に関しても根拠がないと断じたことは重要である。

（エ）物価比較における通常方式と厚労省独自方式の乖離

　前述のように、判決ではこの点については詳しくは言及していない。（イ）、（ウ）の論点で国の裁量権逸脱は明らかだと考えたものと思われ

(2) 電気製品と考えられる 21 品目とそのウェイト

電子レンジ＝4　電気炊飯器＝8　電気ポット＝2　ガステーブル＝6　電気冷蔵庫＝21
電気掃除機＝6　全自動洗濯機＝7　洗濯乾燥機＝5　電気アイロン＝1　冷暖房用器具＝44
テレビ＝97　携帯型オーディオ＝2　電子辞書＝5　ビデオレコーダー＝13
デスクトップパソコン＝10　ノートパソコン＝20　プリンタ＝3　カメラ＝7
ビデオカメラ＝3　据置型家庭用ゲーム機＝2　携帯型家庭用ゲーム機＝2
→電気製品の総ウェイト＝268

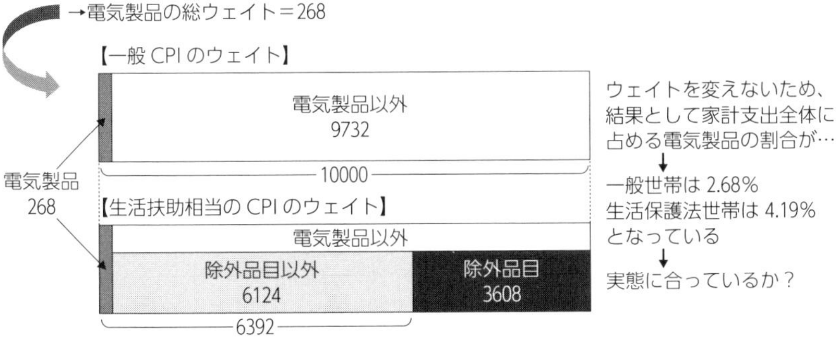

図 7-2　生活扶助 CPI の仕組み

出所：山田壮志郎准教授（日本福祉大学）作成資料。

る。ただ、本件決定にかかわっては重要論点であるため、ここで解説
しておく。

　（イ）、（ウ）に加え、国は CPI のウェイトを平成 22（2010）年のも
のを用い、平成 20 年と 23 年とを比較した。しかし、通常の物価（年
金等）の比較は、図 7-3 の例でいえば、平成 20 年のウェイトで同 23
年と比較する（この方式をラスパイレス方式という）。同 22 年のウェ
イトで計算することによってさらに物価下落率が大きくなった。

　以上の結果、通常方式の物価比較では、▲2.35％ の下落にとどまる
ところ（図 7-3 の 101.8 と 99.5 の比較）、生活保護世帯は▲4.78％ も
の下落となったのである。

ウ　基準部会報告について

　基準部会は物価を用いた生活扶助基準の検証はまったく行っていな
い。したがって、平成 25 年 1 月の基準部会報告は、物価についてはま
ったく触れていない。生活扶助 CPI についても同様である。この点で

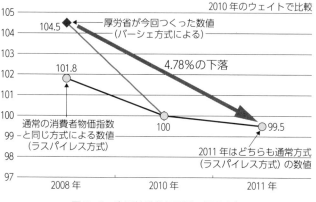

図7-3　生活扶助物価指数（CPI 年）

出所：図7-1に同じ。

の国の手続き無視について、判決は直接は触れてはいないが、本件決定の根拠について基準部会によって検討されていないことを明言している。

(4)　大阪地裁判決の特徴―他判決との違い

　本判決の特徴は、老齢加算についての両最高裁判決の判断枠組みにしたがい、「生活扶助基準の減額改定に見合う要保護者の需要の変動があり、改定後の生活扶助基準の内容が被保護者の健康で文化的な生活水準を維持するに足りるものである」とした厚生労働大臣の判断について、「統計等の客観的数値等との合理的関連性や専門的知見との整合性の有無」を審査すべきとしたところにある[10]。そして、生活保護世帯の生活実態（需要）を直視し、保護基準の決定について大臣の裁量権の逸脱乱用を認めた。

　判決の論理は、上述の判断規範（物差し）に従いつつ、本件の主な２つの核心的論点について、国が示した根拠資料について緻密な論証を行い、国の主張を退けた。こうした論証を行うことが可能となった

のは、4.78％に及ぶ物価下落を可能にした生活扶助CPIが果たして被保護世帯の生活実態（需要）に合致したものなのかどうかという疑問にあると思われる。国の主張が成立するには、被保護世帯が「教養娯楽（とりわけ教養娯楽用耐久財）に属する品目に相当額を消費していることが前提になる」が、被保護世帯の消費実態はこれとは異なる。そして判決は「統計等の客観的な数値に真摯に向き合い、専門的知見に基づいて冷静に分析すれば探知することができたと推認される」と断じ、客観的な数値の分析を軽視した国の姿勢を批判した。

(5)　他判決の検討[11]

　前述のようないわば当然と思われる大阪地裁判決の判断枠組みをなぜ他判決は採用しなかったのか。他判決のうちで最初に出され、多くの関係者の期待を裏切った「最低最悪」の名古屋地裁令和2年6月25日判決を例に検討してみよう[12]。

[1]　生活保護基準部会での検討を経ていない問題（手続的瑕疵）

　2013年からの引き下げは、物価下落を理由とされたが、それまで保護基準は、前述のように世帯の消費支出が一般（低所得）世帯と均衡しているかどうかで決められてきた。ところが、2013年からの引き下げにおいて、基準部会ではまったく検討されなかった物価とその下落率を理由に、国は生活扶助基準を引き下げた。この点を判決は、保護基準の検討は専門家の検討を経ることが通例であったことを認めつつも、そのような検討は法令上要求されておらず、「直ちにデフレ調整（物価下落を理由とする引き下げ）を行った厚生労働大臣の判断の過程及び手続に過誤、欠落があったということはできない」として国のやり方を追認した。

　しかし、この点は、老齢加算廃止事件における最高裁判決（平成24年4月2日）が、大臣の判断は「統計等の客観的な数値等との合理的

関連性や専門的知見との整合性の有無等について審査されるべき」と
したことに反し、生活保護基準の影響の大きさ（国が認めるだけでも
47制度に影響）を考えれば、貧困や生活保護の専門家の検討を経なけ
ればならないことは当然であろう。

[2] 国の強引な引き下げも追認。すべて大臣の「裁量の範囲」

　判決は、物価下落という引き下げの理由についても、ことごとく、国
の言い分を追認した。2013年からの引き下げは、前述のように、無理
に無理を重ねた政治的なものであったが、いずれも国の裁量の範囲と
して認めた。

　なぜ、このような判断になるのか。1つには国の裁量権の逸脱を判
定する規範（ものさし）を、最低限度の生活を「保護基準において具
体化するに当たっては、国の財政事情も無視することができず、また、
多方面にわたる複雑多様な、しかも高度の専門技術的な考察とそれに
基づいた政策的判断を必要とする（昭和57年7月7日堀木訴訟最高裁
判決）」としたことにある。その結果、判決は、大臣に「生活保護法8
条2項所定の事項を考慮することが義務付けられているということは
できず、他方で、同項及び9条に定められた事項以外の事項を考慮す
ることが許されないということはできない」とまで言う。生活保護法
8条は基準・程度の原則といわれ、生活保護基準の設定に関する根拠
条文ある。その法律にも拘束されないとなれば、結局、大臣の保護基
準設定行為は事実上のフリーハンドになってしまう。

[3] 自民党の政策は国民感情を踏まえたものであり、基準改定に当た
り考慮してもいい

　さらに判決は、2013年からの引き下げが、自民党の政策の可能性を
受けたことを認めたうえで、「自民党の政策は、国民感情や国の財政事
情を踏まえたものであって、厚生労働大臣が、生活扶助基準を改定す
るに当たり、これらの事情を考慮することができることは（略）明ら

かである」とまで言い切る。

　国民感情という測定困難なあいまいな要素を基準設定に当たっての要素として認めたことも驚きだが、特定政党の政策が国民感情と置き換えられ得るというのは、およそ司法の自殺行為と言ってもよい。ことは基本的人権に関わることである。司法は行政の暴走をチェックする役割があり、そのために、「すべて裁判官は、その良心に従い独立してその職務を行い、この憲法及び法律にのみ拘束される」（憲法76条）とされているのである。

　その上、より本質的には、厚生労働大臣に無制約的な裁量を認める背景に、裁判所の皮相な貧困観が厳然として存在している。項を改めて検討しよう。

2　裁判所の貧困観

(1)　現代の貧困観

　講学上、現代の貧困観は、絶対的貧困観を経て、相対的貧困観を基調としている。その上で、社会的排除論なども含めて貧困観の発展がみられる[13]。

　絶対的貧困観とは、飢餓水準あるいは生物的生存水準を最低生活費とするものである。

　相対的貧困観とは、貧困を生物的生存水準という狭い範囲で把握するのではなく、時代や社会とともに変化する生活様式や社会的諸活動を踏まえ、そこから大幅に乖離し、剥奪された生活を営まざるを得ない状態を貧困と定義するものである。この貧困観を元にすれば、「健康で文化的な最低限度の生活」とは、その社会の中で恥ずかしくない生活、仲間外れにされない生活ということになる。生活扶助基準が一般世帯の6割から7割を保障するのは、相対的貧困観に基づくものと考

えられる。

　さらに社会的排除とは、「人びとが社会に参加することを可能ならしめるさまざまな条件（具体的には、雇用、住居、諸制度へのアクセス、文化資本、社会的ネットワークなど）を前提としつつ、それらの条件の欠如が人生の早期から蓄積することによって、それらの人々の社会参加が阻害されていく過程」と定義される[14]。とくに、社会参加、他人との関係、コミュニティーからの排除が特徴である。

(2)　判決で示された貧困観

　一連の判決において、原告が陳述した自らの貧困状態へ言及している判決は2つだけである（名古屋地裁判決、札幌地裁令和3年3月29日判決）。大阪地裁判決は、原告の貧困状態へのコメントはないが、原告の生活実態に正面から向き合ったことは前述の通りである。残りの4つの判決は、裁判を起こした原告の苦衷に耳を傾けることもなかったといわなければならない。名古屋地裁判決を中心に、札幌地裁の判決に現れた貧困観を検討してみよう。

(3)　皮相で貧困な「貧困観」（名古屋地裁令和2年6月25日判決）
──保護基準が下がっても「生きていればいい」[15]

[1]　中身を問わずに「規則正しい食事をしている」が6割なら最低生活は大丈夫？

　本判決の特徴の第1は、貧困観の貧困さである。例えば、原告の厳しい生活実態を調査して裁判所に提出された山田壮志郎日本福祉大学准教授の意見書に対して、判決は、原告を対象とし、弁護団等による聴き取りによる調査であることをもって「調査の客観性、公平性、中立性には疑問の余地がある」とした上で、「約60％の者が『規則正しい食事をしている』と回答し、冷蔵庫、炊飯器、電子レンジなどの生

活必需品に類する耐久財を保有する者が多く、約45％の者が社会的活動に参加し、約34％の者が講演会や学習講座に参加するなど、必ずしも健康で文化的な最低限度の生活を下回っているとまではいえない者が一定割合存在することがうかがわれる」とする（判決文121頁）。

　しかし、裁判の原告が引き下げによって被害や損害を受けていると主張しているのだから、原告本人らの生活実態を調査するのは、請求の核心部分であるし、当然のことである。また調査結果についても、2010年の保護利用者に対する国調査と比べて、引き下げ後の2015年の本調査と比較すれば、「規則正しい食事をしているかどうか」は、80.1％→59.4％（▲20.7％）、「新鮮な食材で調理をしているかどうか」は、71.7％→41.4％（▲30.3％）、「栄養のバランスをとって食事しているかどうか」は、67.6％→38.9％（▲28.7％）と、いずれも引き下げ後に20ポイント以上の低下が見て取れる（山田意見書、3頁）。調査対象者が異なるとはいえ、顕著な格差といっていい。また、判決は60％の人が規則正しい食事をしていることをもってその中身を問わずに最低限度の生活ができている根拠にしているが、むしろ40％もの人が規則正しい食事さえ取ることができていないことが問題である。食事という基本的な生活習慣において、6割ができているから大丈夫というのは暴論であろう。

[2]　わずかでも貯金ができるなら「最低限度の生活」を上回る？

　また、公判における原告の証言についても、「原告らは、経済的に制約のある中で衣食住といった生活の基本的な部分や社会的活動に関して不自由を感じながら生活していることは認められるものの、他方で多くの者は食事を1日3食取っており、外食をすることもある上、食事の内容が社会的に許容し難い程度に乏しいものとまでは認められないこと、一定の貯蓄をすることが可能な者もあること、映画、カラオケ、日帰り旅行などの娯楽や文化活動を行っている者がいることが認

められる」として、基準引き下げ前後における「生活保護受給者の生活が最低限度の生活を下回っていたと、認めることはできない」とした（同 121-122 頁）。しかし、1 日 3 食取れていると証言している原告は 5 人中 3 人であるし、食事内容は、例えば、朝はパン 1 枚、昼はカップ麺、夕は、ご飯は炊くがおかずはスーパーからの安いおかずを買ってくるとか（原告 5、64 歳、調書 5 頁）、朝食は味噌汁、ご飯、鮭の切身半分（同 21、76 歳、調書 3 頁）程度の内容である。外食も全くしない原告から、月 1 回、月 2-3 回、週 1 回、週 2 回程度までばらつきがある。

　生活保護世帯が保護費等を切り詰めて行う貯蓄は生活保護の趣旨目的に反しない限り自由とされている。これは、生活保護費から耐久消費財の修理費や買替費用が支給されないことなどから、保護利用者自らが貯蓄をしなければ生活の維持そのものが困難になるからである。貯蓄といっても、生活上の必需品に対する必要最小限の備えで自助努力によって強いられているものである。この貯蓄の存在を認めている原告は 5 人中 3 人であるが、原告 9（32 歳、グループホーム入居）は、貯金をしていることを知っているが、金額は知らないと答えただけであって、その目的や額は確認されていない（調書 9 頁）。また、原告 15（65 歳、視覚障害者）は、ガスコンロが壊れたときの 2 万 4000 円、視覚障害者向けの読み取り機器のハードディスクが壊れた時の 2 万円余りの費用のためにやむなく貯めていたものである。さらに原告 21（76 歳）は、貯金額は 2 万円程度であって、補聴器購入のため月 3000 円程度貯めているにすぎない（調書 9 頁）。その他、映画に行っていると証言した原告 5 は、証言した 2019 年 10 月 24 日までに、2019 年はシルバー料金で 1 回行っただけである（調書 9 頁）。カラオケに行ったと証言した原告 21 も月 1 回程度のカラオケである（調書 11 頁）。

　このような原告の生活は、判決が自認しているように、「衣食住とい

った生活の基本的な部分や社会的活動に関して不自由」なものである。その内容をまともに検討せず、辛うじて1日3食取っているからとか、また、必要に迫られ生活保護上も全く問題のないわずかな貯蓄をしていることなどをもって、「最低限度の生活を下回っていたと認めることはできない」などとは到底言えない。

⑷　社会的孤立を容認（札幌地裁令和3年3月29日判決）

　札幌地裁判決で特徴的であったのは、次のくだりである。すなわち、「社会的文化的活動に関しても経済的支出を伴うことから、知人との付き合いが疎遠になったり、冠婚葬祭に出かけられなかったり、音楽会や映画等の娯楽や文化的活動が思うに任せなかったりする状況がうかがわれる一方、新聞を購読したり、カラオケに行ったりする機会を有している者もいる。」という。

　しかし、冠婚葬祭に行くことができない原告たちの生活の苦衷を裁判官は理解しているのだろうか。「村八分」という言葉がある。村の中で仲間外れにされても、二分（火事と葬式）は助け合って対応しようという意味だが、このように地域や親族との交際において最低限度の行事への出席がままならない状態というのは「精神的な拷問」といってもいいのではないだろうか。

⑸　小括
──生活保護で保障される生活は「生きていればいい」
　　生活ではない

　結局、判決の貧困観は、いわゆる絶対的貧困観、すなわち、「生きていればよい」水準であれば問題ないとする貧困観の域を出ていない。憲法が保障しているのは単なる生存水準ではなく、「健康で文化的な生活」であり、現代においては、社会的な交際等も含む相対的貧困観や

社会的排除論に立脚しなければならないことは社会福祉においては常識である。判決のような絶対的貧困観に立っているかぎりは、いくら保護基準が下がっても「引き下げによって、多少は不自由な生活になったかもしれないが、あなたは生きているでしょ」という考え方となってしまい、引き下げが容認されてしまう。

3 「健康で文化的な生活」調査等で明らかとなった市民生活の貧困

(1) 「健康で文化的な生活」調査が明らかにした貧困、とくに関係性の断絶、社会的排除

[1]「健康で文化的な生活」調査の対象層

　本項では、「健康で文化的な生活」調査のうち、生活保護世帯と重なると思われる全国生活と健康を守る会連合会（以下、全生連）会員に実施された調査結果を参照する。その理由は、おおむね生活保護基準相当額未満で生活している世帯と考えられる、A：単身世帯で①「年収区分150万円未満」層、またB：2人世帯で①「年収区分200万円未満」層が設定され、その特徴、とりわけ社会参加等の状況が明らかにされていることによる。

　調査された世帯数は、量的には、A-①層が60.9%を占め、B-①層は27.5%となっている。調査された世帯のうち現に生活保護を利用している世帯は30.8%であった。いわゆる収入水準での生活保護の捕捉率が全国的には2割強であることを考慮すると、A-①層とB-①層はおおむね生活保護水準未満層と考えてよい。

　なお、単身世帯中、年収150万円以上200万円未満層をA-②層、200万円以上層をA-③層とし、2人世帯中、年収200万円以上400万円未満層をB-②層、400万円以上層をB-③層とする。本項では、生活保

護水準未満層と重なる A-①層、B-①層と、その直近上位である A-②層、B-②層との間の格差の有無に着目して記述を進める。

[2]「健康で文化的な生活」調査が明らかにした生活保護水準未満層の貧困

〈A　単身世帯〉

ア　属性

　収入区分を問わない調査回答者全体でみると、単身世帯全体では、65 歳以上が 76.8％ を占める（『健康で文化的な生活とは何か─全国生活と健康を守る会連合会会員および全日本民主医療機関連合会共同組織の生活と意識に関する調査報告書─』43 頁。以下単に頁だけを示した場合は同報告書の該当頁）。全生連調査では、最長職が非正規就業や自営業その他の比率が高くなっており、不安定就業者や自営業等の高齢期の状況を示していると考えられる（7 頁）。

イ　食事への満足度［図表 3−18、43 頁］

　A-①層では「あまり満足していない」が 21.3％、「まったく満足していない」が 8.9％ で計 30.2％ を占める一方、A-②層では、それぞれ 16.0％、2.5％ で計 18.5％ であった。A-①層と A-②層では明確な格差が認められる。

ウ　外食の頻度［図表 3−19、44 頁］

　A-①層では、「よくある」が 3.7％、「ときどきある」が 30.7％ で計 34.4％ であるのに対して、A-②層では、それぞれ 11.8％ と 54.6％ で計 66.4％ と明確な格差が認められる。また、反対に A-①層では、「ほとんどない」40.0％、「まったくない」25.6％ と計 65.6％ であるのに対して、A-②層では、それぞれ 24.4％ と 9.2％ で計 33.6％ とこの点でも明確な格差があった。

エ　泊りがけの旅行（帰省を含む）［図表 3−20、44 頁］

　A-①層では「年 1 回程度」が 12.0％、「ほとんど旅行しない」が

83.2% で、実に計 95.2% を占める一方、A-②層では、それぞれ 22.5％、57.5% で計 80.0% であった。A-①層と A-②層では明確な格差が認められる。また、A-①層では、「年 2〜3 回程度」4.0%、「年 4 回以上」0.7% と計 4.7% であるのに対して、A-②層では、それぞれ 16.7% と 3.3% で計 20.0% とこの点でも明確な格差が認められた。

オ　休日や時間があるときの過ごし方（複数回答）［図表 3 − 21、45 頁］

　A-②層と A-①層とで 1.5 倍以上の格差があるものは、「趣味、娯楽（音楽鑑賞、手芸など）」1.56 倍（A-①層：20.3%、A-②層：31.7%、以下同じ順序）、「スポーツ」1.71 倍（3.9%、6.7%）、「ボランティア活動」2.14 倍（9.7%、20.8%）、「友人、隣人との交際」1.58 倍（23.7%、37.5%）、「旅行（泊りがけ、日帰り）」4.77 倍（3.5%、16.7%）、「読書」1.67 倍（21.4%、35.8%）、「学習活動（講演会、学習会）」2.47 倍（9.1%、22.5%）、「ショッピング」1.80 倍（15.2%、27.5%）となっており、所得による顕著な格差が認められる。

　他方、「散歩や体操など体力づくり」1.23 倍、「庭仕事、草木の世話、家庭菜園」1.42 倍、「テレビ、ラジオ、新聞、雑誌の見聞き」1.06 倍、「休養、くつろぎ」1.43 倍など、比較的身近で費用がかからない過ごし方については倍率が低くなっており、格差は少ない。

カ　お正月の過ごし方について［図表 3 − 23、46 頁］

　A-①層では、「お祝いをした」が 36.9% であるのに対して、A-②層では 60.8% と顕著な格差が認められる。反対に、A-①層では、「お祝いをしなかった」63.1% であるのに対して、A-②層では 39.2% とこの点でも格差は明瞭であった。

キ　近所づきあい・友人関係と地域活動への参加［図表 3 − 24、47 頁］

　A-①層では、比較的親密な付き合いを示す「互いに行き来する」9.1%、「ときどき行き来する」14.3% で計 23.4% であるのに対して、A-②層では、それぞれ 21.0%、18.5% と計 39.5% と格差が明確である。

反対に、A-①層では、近所付き合いが希薄であることを示す「つきあいがない」14.8%、「あいさつを交わす程度」39.4% と計54.2% であるのに対して、A-②層では、それぞれ4.2%、32.8% と計37% に止まり、これも格差は明確である。

ク　友人との関係に満足しているか［図表3-25、47頁］

　A-①層では、「全くそう思わない」14.1%、「あまりそう思わない」14.0% と計28.1% であるが、A-②層では、それぞれ2.5%、6.7% で計9.2% に止まり、2倍以上の格差が認められる。

ケ　地域で参加している団体や集まり（複数回答）［図表3-26、48頁］

　A-①層では、「参加していない」が46.8% と約半数に及んでいる。ほとんどの項目で、A-②層と A-①層との格差が1.5倍以上の格差となっている。「趣味・文化の会」2.56倍（A-①層8.1%、A-②層20.8%、以下順序は同じ）、「健康づくりの活動」1.88倍（10.2%、19.2%）、「社会活動（PTA・生協活動など）」2.02倍（9.9%、20.0%）、「ボランティア活動」2.05倍（11.8%、24.2%）、「町会・自治会活動」1.69倍（15.2%、25.8%）などである。他方、唯一「学習の会」だけ1.32倍（9.4%、12.5%）となっている。地域との関係においても、A-①層とA-②層との格差は歴然としている。

〈B　二人世帯〉

ア　属性［図表3-29、50頁］

　収入区分を問わない調査回答者全体でみると、二人世帯全体では、65歳以上が77.6% を占め、単身世帯と同様の高齢化率である。

イ　食事への満足度［図表3-30、50頁］

　B-①層では「あまり満足していない」が16.0%、「まったく満足していない」が3.3% で計19.3% を占める一方、B-②層では、それぞれ5.8%、0.6% で計6.4% であった。B-①層と B-②層では3.01倍と明確な格差が認められる。

ウ　外食の頻度［図表3-31、51頁］

　B-①層では、「よくある」が2.8%、「ときどきある」が37.2%で計40.0%であるのに対して、B-②層では、それぞれ6.3%と55.4%で計61.7%と明確な格差が認められる。また、反対にB-①層では、「ほとんどない」41.6%、「まったくない」18.4%と計60.0%であるのに対して、B-②層では、それぞれ30.4%、7.9%で計38.3%とこの点でも明確な格差があった。

エ　泊りがけの旅行（帰省を含む）［図表3-32、51頁］

　B-①層では「年1回程度」が17.1%、「ほとんど旅行しない」が74.6%で、実に計91.7%を占める一方、B-②層では、それぞれ26.4%、45.5%で計71.9%であった。B-①層とB-②層では明確な格差が認められる。また、B-①層では、「年2～3回程度」7.3%、「年4回以上」1.0%と計8.3%であるのに対して、B-②層では、それぞれ20.4%と7.6%で計28.0%とこの点でも明確な格差が認められた。

オ　休日や時間があるときの過ごし方（複数回答）［図表3-33、52頁］

　B-②層とB-①層とで1.5倍以上の格差があるものは、「趣味、娯楽（音楽鑑賞、手芸など）」1.50倍（B-①層：20.7%、B-②層：31.1%、以下同じ順序）、「スポーツ」2.02倍（4.4%、8.9%）、「ボランティア活動」1.92倍（12.2%、23.5%）、「旅行（泊りがけ、日帰り）」2.51倍（6.2%、15.6%）、「読書」1.83倍（15.9%、29.2%）、「学習活動（講演会、学習会）」2.89倍（9.1%、26.3%）となっており、所得による顕著な格差が認められる。

　他方、「散歩や体操など体力づくり」1.17倍、「庭仕事、草木の世話、家庭菜園」1.25倍、「友人、隣人との交際」1.06倍、「テレビ、ラジオ、新聞、雑誌の見聞き」0.93倍、「休養、くつろぎ」1.05倍、「ショッピング」1.08倍など、比較的身近で費用がかからない過ごし方については、倍率は低くなっており、格差は少ない。

カ　お正月の過ごし方について［図表3－39、55頁］

　B-①層では、「お祝いをした」が59.0％であるのに対して、B-②層では80.6％と顕著な格差が認められる。反対に、B-①層では、「お祝いをしなかった」41.0％であるのに対して、B-②層では19.4％とこの点でも格差は明瞭であった。また、単身世帯と比べると、単身世帯の方がより孤立化が進行している（Aのカ）。

キ　近所づきあいの程度［図表3－40、55頁］

　B-①層では、比較的親密な付き合いを示す「互いに行き来する」10.4％、「ときどき行き来する」17.5％で計27.9％であるのに対して、B-②層では、それぞれ15.9％、17.8％と計33.7％と格差が認められる。反対に、B-①層では、近所付き合いが希薄であることを示す「つきあいがない」6.3％、「あいさつを交わす程度」38.0％と計44.3％であるのに対して、B-②層では、それぞれ2.5％、32.5％と計35％に止まり、これも格差は明確である。

ク　友人との関係に満足しているか［図表3－41、56頁］

　B-①層では、「全くそう思わない」10.4％、「あまりそう思わない」10.5％と計20.9％であるが、B-②層では、それぞれ3.9％、7.2％で計11.1％に止まり、2倍近くの格差が認められる。

ケ　地域で参加している団体や集まり（複数回答）［図表3－42、56頁］

　B-①層では、「参加していない」が42.36％と約4割強に及んでいる。ほとんどの項目で、B-②層とB-①層との格差が1.5倍以上の格差となっている。「趣味・文化の会」1.91倍（B-①層12.3％、B-②層23.6％、以下順序は同じ）、「健康づくりの活動」2.29倍（8.9％、20.4％）、「社会活動（PTA・生協活動など）」2.05倍（11.2％、23.0％）、「学習の会」2.08倍（9.2％、19.2％）、「ボランティア活動」1.62倍（12.8％、20.8％）、他方、「町会・自治会活動」唯一0.99倍（26.0％、25.6％）などである。地域との関係においても、B-①層とB-②層との格差は

歴然としている。

[3] 小括

ア　①層（生活保護水準未満世帯）と②層（①層の直近上位層）の間の越えがたい「壁」

　単身世帯も二人世帯も、生活保護水準未満世帯（A、Bの①層）とその上の世帯（A、Bの②層）との間で、諸活動に顕著な格差が認められる。A、Bとも①層と②層との間にはまるで越えがたい壁が存在しているかのようである。そして、各項目において、単身世帯の方がよりその傾向が強くなっている。一方、A、Bの各②層とその上位層の間には、それほどの格差は認められない。

イ　個人の食生活、外食、旅行の状況

　調査項目のうち、イ（食事）、ウ（外食）、エ（旅行）は、個人の食生活や余暇の過ごし方など主として個人生活に着目した項目ではあるものの、食事の選択、加工や味付け、また知人、友人との外食、旅行など社会関係の維持にも関係する[16]。

　イ（食事）では、「満足していない」の２つの計が、A-①層では計３割、B-①層では２割存在し、ウ（外食）では、「外食をしない」の２つの計が、A-①層は３分の２、B-①層では６割に達する。エ（旅行）では「ほとんど旅行しない」がA-①層で８割を越え、B-①層では４分の３を占める。

ウ　自由時間としての休日の使い方

　オ（休日）は、個人としては休養日であり、自分の好きなことができる日である。また日常とは異なる社会参加ができる時間となり、社会関係を構築、維持できる機会となる。この点でも、収入による格差が顕著である。

　A-②層がA-①層の２倍以上となっているのが「ボランティア活動」2.14倍（A-①層9.7％）、「旅行（泊りがけ、日帰り）」4.77倍（A-①

層 3.5％）、「学習活動（講演会、学習会）」2.47 倍（A-①層 9.1％）である。社会参加そのものであるボランティアや、学習会などでの学びの獲得もままならない状況がうかがわれる。これは A ほどではないが、B でも同様である。「ボランティア活動」1.92 倍（B-①層 12.2％）、「旅行（泊りがけ、日帰り）」2.51 倍（B-①層 6.2％）、「学習活動（講演会、学習会）」2.89 倍（B-①層 9.1％）となっている。

エ　希薄な社会関係と社会参加

　正月は言うまでもなく世間はお祝い気分に包まれる。しかしながら①層では、「お祝いをしなかった」が A-①層では 6 割を越え、B-①層では 4 割を越えるなど、世間とは隔絶した正月となっている。この数字だけでも寒々とした正月を感じざるを得ない。

　近所づきあいについても、A-①層では、近所付き合いが希薄であることを示す 2 つの選択肢が 5 割を優に越え、B-①層でも 4 割を優に超える。

　地域の活動への参加においても、「参加していない」が、A-①層では約 5 割弱、B-①層でも約 4 割強に及んでいる。

オ　明らかになった課題―社会的排除状態の克服

　「健康で文化的な生活」調査によって、生活保護水準未満層においては、変化のない単調な生活を送らざるを得ず、社会関係や社会参加も制約された、いわば「社会的引きこもり」状態とでも評せざるを得ない、社会的排除状態にあることが明らかになった。

　こうした状況からは、とくに単身世帯の孤立状態を解消するような支援が要請されるとともに、生活保護水準未満層への経済的な底上げが求められよう。差し当たり、2013 年から引き下げられ続けている生活扶助をはじめとする生活保護基準の回復が急務であろう。

(2) 厚生労働省（2019）「家庭の生活実態、及び生活意識に関する調査」
  が明らかにした生活保護世帯の生活実態──生活困窮と社会的排除
　生活保護世帯の社会的排除状態は、「健康で文化的な生活」調査が明
らかにしただけではなく、国の標記の調査でも裏付けられている（表
7－1参照）。
　この調査で改めて驚かされるのは、問「親族の冠婚葬祭に出席する
か」に対して、生活保護世帯は「ほとんど欠席」22.5％、「全部欠席」
28.0％、計50.5％と半分を越えていることである。一般世帯は、それ
ぞれ3.9％、2.7％の計6.6％しかない。前述のように、親族との関係と
はいえ、葬儀への出席は社会関係の中では強制度の最も強い行事であ
る。このような行事へ出席しない／できないということの意味を考え
ないといけない。いのちのとりで裁判の原告は裁判所での陳述におい
て異口同音に「親族の葬儀に出席できないのがつらい」と述べている。

表7－1　生活保護世帯と一般世帯の格差

(%)

		生活保護世帯	一般世帯
晴着・礼服の所持	所持／不所持	61.3／38.7	92.6／6.8
入浴（含シャワー）	毎日	55.2	83.6
	2～3日に1回	37.8	13.9
	1週間に1回	5.9	1.6
ルームエアコン	ある／ない	73.1／26.0	88.3／9.6
別居の家族・親族で親しく交際している人	いる	63.6	90.2
	いない	36.3	9.0
近所の人で　〃	いる／いない	43.8／56.0	66.4／32.7
親族の冠婚葬祭に出席するか	必ず出席する	24.7	71.3
	時々　〃	24.6	21.4
	ほとんど欠席	22.5	3.9
	全部欠席	28.0	2.7

出所：厚生労働省（2019）「家庭の生活実態及び生活意識に関する調査」https://
www.mhlw.go.jp/content/12002000/000796452.pdf より筆者作成。

この重みを裁判官は知るべきである。

4　今後の課題
——絶対的貧困観からの脱却は急務

　前述のように、いのちのとりで裁判は提訴された29地裁のうち7地裁で判決が出ている。2022年はこれまでにも増して一審判決が出るだろう。原告が勝訴したのは大阪地裁判決だけであり、残り6地裁判決は敗訴となっている。しかし本章で検討したように、大阪地裁以外の他地裁判決は、「コピペ判決」と言われるような思考停止判決であって、理論的にも粗雑である。またその根底に貧困な貧困観があることも指摘した。

　生活保護基準は社会保障制度の土台であり、私たちの生活の岩盤である。それは私たちの生活の水準やあり方をどのように考えるかという意味では、国の基本政策である。いのちのとりで裁判の困難性も可能性もこの基本政策にかかわっている。自助を基調とする国の政策の変更を迫るという意味では困難さがある一方、格差と貧困が拡大し市民生活の困難が続いている下では、貧困や生活保護が他人の問題ではなく、自分と隣り合わせの問題であることもまた事実であり、この点では共感と連帯が広がる可能性がある。「健康で文化的な生活」調査はこのことを明らかにした。深刻さを増す市民生活を立て直し、裁判の展望を切り開くには、差し当たり、「健康で文化的な生活」調査をはじめとした社会調査を活用して、絶対的貧困観からの脱却が急務である。

注
1　物価が上下したとしてもそれに連動して生活保護世帯の消費水準が上下するわけではない。限られた生活保護費の中で物価が上がっても買えないもの

が発生する。また反対に物価が下がったとしても品目によっては生活保護世帯の購買力が上がるわけでもない。また消費は物価の影響を受けた結果であるからさらに物価を考慮すると二重評価となる。その上、生活保護という最低生活が果たして健康で文化的な生活を保障するものかどうかは消費の実態をみないとわからない。このような事情から、生活扶助の検討に当たっては、伝統的に物価や賃金の指標は使われず、消費水準の検証を主な方法としてきた。

2　2013 年からの生活扶助基準引き下げ処分の取り消しを求める裁判は、「いのちのとりで裁判」と称されている。裁判の状況や判決文は、「いのちのとりで裁判全国アクション」の HP（https://inochinotoride.org）を参照されたい。

　　なお、2021 年末までに出された 7 つの判決とは、①令和 2 年 6 月 25 日名古屋地裁判決、②令和 3 年 2 月 22 日大阪地裁判決、③令和 3 年 3 月 29 日札幌地裁判決、④令和 3 年 5 月 12 日福岡地裁判決、⑤令和 3 年 9 月 14 日京都地裁判決、⑥令和 3 年 11 月 25 日金沢地裁判決、⑦令和 3 年 12 月 16 日神戸地裁判決の 7 つである。

3　老齢加算の 2004 年からの減額廃止処分を争った生存権裁判福岡訴訟において、平成 22 年 6 月 14 日福岡高裁において原告勝訴の判決が出されている。

4　被保護人員（209 万 6838 人）のうち、生活扶助を利用した人は 185 万 1939 人（88.3%）、住宅扶助は 179 万 2265 人（85.5%）、医療扶助は 175 万 1443 人（83.5%）となっている。生活扶助をはじめとするこの 3 つの扶助の利用者が多数を占めている。厚生労働省、平成 30 年度被保護者調査。

　　また、生活扶助基準をはじめとする生活保護基準は、ナショナルミニマムとして国の調査でも 47 制度に影響する「物差し」として機能する。代表的には、就学援助や国保一部負担金の減免、最低賃金、住民税非課税基準額等が挙げられる。

5　生活保護基準の引下げは、本稿で検討する 2013 年からの生活扶助、2015 年からの住宅扶助、冬季加算、期末一時扶助、2018 年からの再度の生活扶助（平均▲1.8%、最大▲5%、保護世帯の 67% で減少）と続いている。このため、2013 年引き下げ前と、2020 年引き下げ後を比較した場合、夫婦子 1 人世帯（30 代夫婦、子 3〜5 歳）で▲1 万 5420 円、母子世帯子 2 人（40 代親、中学生、小学生）で▲2 万 130 円の大幅な減額となっている。

6　「裁判所は生きていた」とは小久保哲郎弁護士（いのちのとりで裁判大阪訴訟弁護団副団長）の言葉である（2021 年 2 月 23 日朝日新聞）。

7 本項は、拙稿「平成 25（2013）年から平成 27（2015）年にかけての生活扶助基準の減額改定について、厚生労働大臣の裁量権の逸脱又は濫用を認め、生活保護法 3 条、8 条 2 項の規定に反し違法であるとして取消した判決」『季刊公的扶助研究』第 261 号（2021 年 4 月）を元に改変したものである。

8 厚生労働省が毎年行う、統計法に基づく一般統計調査。被保護世帯の生活実態を明らかにすることによって、生活保護基準の改定等生活保護制度の企画運営のために必要な基礎資料を得るとともに、厚生労働行政の企画運営に必要な基礎資料を得ることを目的とする。生活保護基準の改定のための調査でありながら、平成 25 年からの引き下げに当たっては、サンプル数（1000 件余り）の少なさ等を理由に使用されなかった。

9 厚労省社会・援護局長の下に設置された生活扶助基準検討会が平成 19 年 11 月 30 日に出した報告書。生活扶助基準について、夫婦子 1 人世帯の平均の生活扶助基準の水準が第 1・十分位における平均の生活扶助相当支出額よりやや高めとなっている等が報告されたが、折からの原油高等があり、生活扶助基準額の改定は見送られている。

10 小久保哲郎（2021）「裁判所は生きていた！」（下）『賃金と社会保障』誌、No.1792、17-18 頁。

11 大阪地裁判決以外にこれまで出された判決は、その内容を「コピペ判決」と酷評されるくらい、内容が酷似している部分が散見される（2021 年 12 月 16 日東京新聞 WEB・共同通信配信。「生活保護訴訟の請求棄却判決文にコピペ疑惑　3 地裁で同じ誤字、NHK「受診料」）。また内容も大臣に広範な裁量権を認める点でも一致している。

12 本項は、筆者名の「保護利用者の生活とナショナルミニマムの底抜けを容認した名古屋地裁判決（会長談話）」『季刊公的扶助研究』第 259 号（2020 年 10 月）を元に改変したものである。

13 以下、加美嘉史（2016）「第 1 章現代の貧困と公的扶助」吉永純・布川日佐史・加美嘉史編著『現代の貧困と公的扶助』高菅出版。

14 阿部彩（2007）「現代日本の社会的排除の現状」、福原宏幸編『社会的排除／包摂と社会政策』法律文化社、131 頁。

15 本項は、拙稿（2020）「貧困に背を向けた国追随・思考停止の政治的判決」『月間生活と健康』2020 年 9 月号、No.1114 を改変したものである。

16 食事の社会性については、志賀信夫（2021）「生活保護基準引き下げと貧困理論」『賃金と社会保障』No.1778、17-18 頁に突っ込んだ分析がある。

第8章

日本の社会保障政策と最低生活保障の現状

唐鎌直義

はじめに

　社会保障政策の方向性に関して、日本では以下に掲げる4つのドグマ（教義）が強い影響力を及ぼしている。

　その第1は、少子化の進行による人口減社会への移行を危機と捉える説である。日本の合計特殊出生率が1.40前後でこのまま推移するならば、50年後には日本の総人口が7000万人程度にまで半減し、生産年齢人口の減少により企業活動が成り立たなくなるという主張である[1]。

　第2は、少子化が随伴する人口の高齢化を危機と捉える説である。社会保障が世代間扶養によって成り立っているという観点に立つことから、生産年齢人口が減少の一途をたどるならば、急増する高齢人口を支えきれなくなるという主張である。人口構成が御神輿型から騎馬戦型へ、さらに肩車型へと変化する、という厚労省お得意の解説を想起される人も多いであろう。

　第3は、巨額な国債発行残高を理由に国家財政が危機的状況にあるという説である。国と地方の借金が1000兆円を超えているのだから、これ以上、将来世代への借金返済負担を大きくすることはできない。社会保障に関して今以上の国庫負担を求めることは無理であり、財源

は消費税率の引き上げで調達するしかないという主張である。

　第４に、グローバリゼーションの進行による大企業の国際競争の激化を強調する説である。グローバリゼーションの進行を歴史の必然と捉える観点に立つことから、日本の企業が国際競争の中で勝ち残っていくためには法人税等の企業負担を軽減する必要があり、社会保障に関して企業負担を高めることは時代に逆行する謬見であるという主張である。

　これら４つのドグマに強固にガードされながら、今の日本の社会保障政策が展開されている。今もさまざまな分野から社会保障の拡充を求める声が上がっているが、すべていずれかのドグマによって跳ね返される。反論しようとすると、国家大計を考えない「一部の無責任な知識人の意見」あるいは「一部の無責任な野党の意見」というレッテルを貼られる。異論に対して一切聞く耳を持たないという意味で、戦前の無謀な戦争遂行政策の展開、戦後の危険な原発増設政策の推進に酷似している。社会保障給付費は年間の国家財政規模に匹敵またはそれを上回る大きさに達しているので、原発の予算規模とは比較にならない。強固なドグマの壁が幾重にも設けられているのは、そのせいであろう。

　これらの負の諸要因をすべて考慮すると、社会保障の見直し（給付の削減と高齢者を含む国民負担の増大）というベクトル（政策方向）しか導かれない。あらゆるドグマは、一つの結論に人々を誘導するために、逆算方式で書かれたシナリオであることに改めて気づかされる。本章では、これらのドグマが事実に照らして正当性をもち得るのかどうか検討し、こうした政策展開の先には、今後どのような社会が待ち受けているのか省察する。

　2016年前後を境に、欧米諸国では30年間続いた「新自由主義・グローバリゼーション」パラダイムが限界を露呈するようになり、「平

等主義・戦後民主主義」パラダイムへの回帰が提起され始めた。もちろん反応のあり方はさまざまであり、アメリカにおける「トランプ現象」（自国の利益優先＝アメリカ・ファースト）やフランス、ドイツにおける「極右の台頭」（ナショナリズムの高揚）など、直線的に戦後民主主義モデルに回帰しているわけではない。私たちはどこに向かっているのか。楽観できない時代状況にある。時代の転換点に立ち、日本の社会保障を今後どのように再建すべきか、その方向性を提示し、それがどのような意味をもつのか考察する。

　そのための足掛かりとして、日本の社会保障政策の特殊性を給付水準の国際比較から客観的に明らかにしたい。日本の社会保障は「福祉国家の一つのタイプ」と把握されるような代物ではなく、圧倒的な貧困対策の希薄性＝社会保障の未発達・後進性を特徴とすることを、官庁データから証明する。「健康で文化的な暮らし」が徐々に遠のきつつある背景には、今やGDPあるいはGNI（国民総所得）の規模と不釣り合いなまでに後退した日本の社会保障の現実がある。

1　日本の社会保障の実像に迫る

(1)　日本の社会保障の本当のレベル
──「国民1人当り社会支出」は先進6か国中最下位

　「高齢者優遇型社会保障から全世代型社会保障へ」。それが政府の目下の方針である。日本の社会保障は本当に高齢者優遇型なのだろうか。公式の官庁データで検証してみる。

　それに先立ち「世界に冠たる日本の社会保障を守るために、国民の皆様には消費税率の引上げを是非ともお認め頂きたい」と、再就任時に力説していた安倍晋三元首相の認識は客観的に正しかったのだろうか。そこから始めようと思う。

表8-1は、日本を含む先進工業国6か国の社会支出（社会保障給付費＋施設整備費等）の総額を国際比較したものである。日本は、ダントツに高いアメリカの5兆7253億ドルに次いで、6か国中第2位の1兆4112億ドルとなっている。総額でみればスウェーデン、イギリス、フランス、ドイツを上回っている。安倍首相は多分、厚生官僚にこのデータを見せられて、大見得を切る気になったのだろう。

　しかし、社会保障は最終的に乳幼児から高齢者まで、国民一人ひとりに給付されるものであり、特定の誰かが独占的に使うものではない[2]。したがって、人口規模を無視して語ることはできない。社会支出の総額が同等の国でも、人口の少ない国と多い国とでは社会保障のレベルが大きく違ってくる。社会支出の総額だけでは、その国の社会保障のレベルは把握できない。たとえば、スウェーデンの社会支出は、表8-1に示したように、2015年現在2108億ドルと6か国中桁違いに低い（最下位）。しかし、スウェーデンは今も「福祉国家の象徴」であり続けている。その理由は、総人口が東京都23区内の人口とほぼ同程度であり、日本の総人口の約13分の1しかないからである。

　そこで社会支出の総額を総人口で割って「国民1人当り社会支出」を算出し、比較し直すことにした。こうすることで社会保障のレベルを客観的に比較する可能性が格段に高まる。表8-1に示したように、社会支出総額で2位だった日本は、1人当り社会支出では6位（最下位）に転落する。なぜか。それは日本の人口はイギリスの人口の1.94倍、フランスの1.92倍、ドイツの1.56倍もあるからである。人口規模がこんなに違っていては、総額で多少上回っているから日本は福祉大国だと考えるのは軽率すぎる。高校入試の問題を解くレベルのデータ理解度が必要なのだが、総額だけのデータを準備した厚生官僚の頭脳のレベルが懸念される。このデータに飛びついた安倍元首相に至っては、数字の客観的把握の欠落という点で、批判は免れない。多分、厚

表 8-1　社会支出（総額と国民 1 人当り）の国際比較（2015 年）

	国民総所得	社会支出率（%）	社会支出 総額	社会支出 順位	総人口	1 人当り社会支出 金額	1 人当り社会支出 順位
スウェーデン	5081.9 億 $	41.49%	2108.5 億 $	6 位	976 万 4950 人	2 万 1592 $	1 位
フランス	2 兆 4908.6 億 $	45.10%	1 兆 1233.8 億 $	4 位	6659 万 6315 人	1 万 6868 $	3 位
ドイツ	3 兆 4370.2 億 $	36.20%	1 兆 2442.0 億 $	3 位	8178 万 7411 人	1 万 5213 $	4 位
イギリス	2 兆 8615.9 億 $	30.67%	8776.5 億 $	5 位	6586 万 0146 人	1 万 3326 $	5 位
日本	4 兆 5580.9 億 $	30.96%	1 兆 4112.2 億 $	2 位	1 億 2798 万 5133 人	1 万 1026 $	6 位
アメリカ	18 兆 7043.2 億 $	30.61%	5 兆 7253.9 億 $	1 位	3 億 2087 万 8310 人	1 万 7843 $	2 位

注 1：社会支出率とは「OECD 基準による社会支出の対国民総所得比」のことを意味する。各国の国民総所得と総人口は、国連 "National Accounts Analysis of Main Aggregate" より引用。詳しくは https://unstats.un.org/unsd/snaama/Basic 参照。
注 2：社会支出率に関するデータは、「社会保障費用統計」http://www.ipss.go.jp/ss-cost/j/fsss-h29/fsss_h29.asp 参照。
出所：注記載のデータを基に筆者作成。

生官僚は、総額の数字で国民を欺けると踏んでいたに違いない。反対に、総額で最下位だったスウェーデンは、1 人当り社会支出では 1 位に浮上する。「世界に冠たる社会保障」という形容はスウェーデンにこそ付与されるべきものである。

　1 位のスウェーデンの 1 人当り社会支出 2 万 1592 ドルを 100 として指数表示すると、日本のそれは 1 万 1026 ドルで、たったの 51 でしかない。今も日本の福祉はスウェーデンの約半分のレベルに止まっていることが判明する。日本の社会支出の総額が先進工業国 6 か国中 2 位の大きさなのは、単に日本の総人口が多いからにすぎないのであって、社会保障のレベルが高いからではない。言いすぎかも知れないが、「枯れ木も山の賑わい」とは日本の社会保障の内実を表わす言葉ではないか。

(2)　日本の社会保障は高齢者優遇型か
──「高齢関連社会支出 3 分野」でさえ 6 か国中 5 位

　日本の社会保障は、実質的に今もスウェーデンの 1／2、フランスの

2／3のレベルにある。OECD（経済協力開発機構）は社会支出を9分野に細分化して表示している。そこで9分野の中の高齢・遺族・保健の3分野を「高齢関連分野」と見なし、それ以外の6分野を「貧困関連分野」と見なして2大別し、政府のいうように日本の社会保障は高齢者優遇型なのかどうか検証してみる。

　政府が日本の社会保障を「高齢者優遇型」と理解しているのには理由がある。それは、表8−2の構成比の欄（右半分）をみるとわかる。高齢分野（老齢年金と介護）に社会支出全体の46.1％を、保健分野（医療）に33.9％を配分しているからである。これに遺族分野（遺族年金）の5.5％を加えると全体の85.6％に達する。高齢関連3分野にこれほど高い配分をしている国は、ほかにはアメリカだけで（85.8％）、スウェーデンは58.6％、イギリスは66.6％、ドイツは70.1％、フランスは72.1％である。だから日本は「高齢者優遇型」だと政府は主張しているのである。

　しかし、構成比ではなく1人当り社会支出額の欄（左半分）をみると、全く違う側面が明らかになる。小計の欄に示されているように、日本の高齢関連3分野への1人当り社会支出は6か国中5位（9438ドル）に止まっている。最下位のイギリス（8881ドル）よりは少し高いというレベルである。胸を張って「高齢者優遇型」と呼べるほど高い給付水準ではない。

　中身を検討すると、高齢分野と遺族分野は6か国中3位で、まあ遜色ないレベルといえよう。問題は保健分野（医療）である。6か国中最下位（国民1人当り3743ドル）となっている。他の5か国に比べると、日本の保健分野への社会支出が突出して低水準であることは歴然としている。常々その効率性の高さ（＝安上がり）のゆえに、国民保健サービス方式を採用するイギリスの方が、社会保険医療方式を採る日本よりも下だろうと思っていた。しかし、日本の保健分野への国民1

人当り社会支出は
イギリスよりも年
に 815 ドル（8 万
5575 円）低く、ス
ウェーデンとの比
較では年に 1331
ドル（13 万 9755
円）も低い。ここ
から、他の先進工
業国に比べて、日
本ではこの間強力

表 8-2　2 大分野別にみた国民 1 人当り

	1 人当り社会出額（US ドル）				
	高齢関連分野				貧困関連分野計
	高齢	遺族	保健	小計	
スウェーデン	7328	260	5074	1 万 2662	8930
フランス	6646	898	4612	1 万 2155	4713
ドイツ	4648	1030	4992	1 万 0670	4543
イギリス	4293	30	4558	8881	4445
日本	5086	609	3743	9438	1588
アメリカ	4646	478	1 万 0178	1 万 5302	2541

注：各分野の金額は、各分野の支出率に 1 人当り社会支出額（計）
www.ipss.go.jp/ss-cost/j/fsss-h29/fsss_h29.asp 参照。
出所：表 8-1 に同じ。

な医療費抑制政策が敷かれてきたことが分かる。

　こうした背景のもとに、今次新型コロナウイルス禍による医療崩壊
が全国的に生じるに至った。平時の医療体制（病床数、スタッフ数）
を極限まで合理化してしまうと、パンデミック（未知の感染症が爆発
的に広がること）が生じた際に、医療現場は大混乱に陥る。医療供給
体制をかろうじて支えたのが新たに「エッセンシャル・ワーカー」と
認識されるようになった医師・看護師・保健師・その他の医療スタッ
フであり、彼らの善意と命がけの医療活動により犠牲者の数を抑える
ことができた。その一方で、繰り返される危機的状況を前に、国の公
衆衛生抑制政策を些かも修正しようとせず、ただ国民への自粛要請を
繰り返しただけの日本政府に、怒りを覚えたのは私だけではないだろ
う[3]。

　結局、高齢関連分野に厚く社会支出を割り当てているつもりでも、
「国民 1 人当り社会支出」自体がスウェーデンの半分しかないので、国
際比較すると高齢関連分野も低位に転落することになる。「高齢者優
遇型の社会保障」という現状認識は、井の中の蛙である日本政府が抱

社会支出額の国際比較（2015年）

合計	構成比（%）					
	高齢関連分野				貧困関連分野	合計
	高齢	遺族	保健	小計		
2万1592	33.9	1.2	23.5	58.6	41.4	100.0
1万6868	39.4	5.3	27.3	72.1	27.9	100.0
1万5213	30.6	6.8	32.8	70.1	29.9	100.0
1万3326	32.2	0.2	34.2	66.6	33.4	100.0
1万1026	46.1	5.5	33.9	85.6	14.4	100.0
1万7843	26.0	2.7	57.0	85.8	14.2	100.0

を乗じて算出した。各分野の支出率に関するデータは、http://

く一人よがりの妄想にすぎない。したがって、高齢者関連の社会保障を削減して「全世代型社会保障」を推進しようとするのは全くの誤りで、むしろ逆に高齢者関連の社会保障を拡充することこそが、現下の課題であるといわねばならない。

（3）貧困関連分野の圧倒的低位性
——「貧困関連社会支出6分野」は突出して最下位

　日本の高齢関連3分野への1人当り社会支出は先進6か国中5位であり、今も低位に止まっている。「高齢者優遇」は政府の妄想である。では、高齢関連分野以外の6分野の状況はどうなっているだろうか。政府が「優遇」と評価している高齢関連分野でさえ結果的には6カ国中5位だったのだから、それ以外の分野は推して知るべし。最下位である。国際比較すると、そのあまりの低さに、関心事は低さの深刻度へと向かわざるを得ない。

　表8−3は、高齢関連3分野以外の残り6分野の1人当り社会支出を、分野ごとに国際比較したものである。これらの6分野は、対象者が高齢者にほぼ限定されている分野ではなく、貧困との関連性が強い分野である。したがって「貧困関連分野」と把握しておく。

　スウェーデンの支出額を100.0とした指数表示の表（下欄）をみると、貧困関連分野（計）で日本は6か国中6位（最下位）の17.8、ス

表8-3 貧困関連分野の国民1人当り社会支出の国際比較（2015年）

（単位：上段 US ドル、下段%）

	障害・労災	家族	失業	積極的労働政策	住宅	生活保護・その他	貧困関連分野計	社会支出計
スウェーデン	3669	2852	265	1020	359	765	8930	2万1592
フランス	946	1537	849	524	430	426	4713	1万6868
ドイツ	1920	1286	508	353	311	164	4543	1万5213
イギリス	1151	2051	161	113	908	61	4445	1万3326
日本	506	694	85	75	57	171	1588	1万1026
アメリカ	1090	466	146	76	187	577	2541	1万7843
スウェーデン	100.0	100.0	100.0	100.0	100.0	100.0	100.0	100.0
フランス	25.8	53.9	320.4	51.4	119.8	55.7	52.8	78.1
ドイツ	52.3	45.1	191.7	34.6	86.6	21.4	50.9	70.5
イギリス	31.3	71.9	60.8	11.1	252.9	8.0	49.8	61.7
日本	13.8	24.3	32.1	7.4	15.9	22.4	17.8	51.1
アメリカ	29.7	16.3	55.1	7.4	52.1	75.4	28.5	82.6

注：6分野の金額は、各分野の支出率に計を乗じて算出した。各分野の支出率に関するデータは、
　　http://www.ipss.go.jp/ss-cost/j/fsss-h29/fsss_h29.asp 参照。
出所：表8-2に同じ。

ウェーデンの約6分の1というお粗末さである。社会支出全体ではスウェーデンの約2分の1（51.1）で最下位だったが、貧困関連分野ではさらに数段落ちの最下位である。自己責任の大国アメリカでさえスウェーデンの4分の1強（28.5）に踏みとどまっているのだから、日本の低位性はもはや先進国と比較するレベルではなく、途上国と比較する方がふさわしいレベルというべきだろう。フランス、ドイツ、イギリスの貧困関連社会支出は概ねスウェーデンの2分の1（49.8〜52.8）のレベルである。ここからスウェーデンの貧困関連社会支出は突出して高水準であることが分かる。

　分野別にみると（実額表示の表｛上欄｝参照）、①障害・労災、③失業、④積極的労働政策、⑤住宅、の4分野で、日本が6か国中6位（最下位）である。②家族、⑥生活保護・その他、の2分野はかろうじて最下位を免れているが、欧州諸国に大きく水を開けられている[4]。以下、低さの際立つ分野から順に検討していく。

日本の①障害・労災（障害年金・労災補償）分野への社会支出は国民1人当り506ドルであり、スウェーデン（同3669ドル）の7分の1、ドイツ（同1920ドル）の4分の1にすぎない。他の3か国と比べても2分の1の低さである。長年にわたる日本における障害者福祉の軽視、厳しすぎる労災認定の実情が浮かび上がる。これでは昨夏（2021年）、日本でパラリンピックを開催したこと自体が恥ずかしくなるような低水準ではないか。日本政府は障害者をパラリンピックに利用しただけで、本当の意味での障害者の社会参加に本気で取り組んでいない。共生社会の実現を謳ったパラリンピックの精神に離反している。

　日本では⑤住宅分野の低さも極立っている。日本の国民1人当り57ドルは、スウェーデン（同359ドル）の6分の1でしかない。日本には「持ち家政策」（自己責任で住宅を取得すること）しかないからであり、そこから漏れ落ちた人には生活保護の住宅扶助しかない。最も高いのはイギリスで、国民1人当り908ドルは日本の15.9倍、スウェーデンの2.5倍に当たる。住宅保障の水準はイギリスが際立って高い。

　イギリスには「住宅給付」（ハウジング・ベネフィット）という低所得世帯を対象とした家賃補助制度（家賃の8〜10割を補助する仕組み）があるためである。2013年現在、イギリスの総世帯の27.9％（507万8523世帯）がこれを受給している。受給世帯主の年齢分布は18〜34歳層が25.2％、35〜59歳層が42.9％、60歳以上層が31.9％となっている。平均月額387ポンド（5.8万円）を受給している[5]。欧州の先進諸国でホームレスの人数が桁違いに少ないのは、こうした住宅保障の制度があるからである。日本では年金削減の影響により、生活保護を申請する高齢者が増え続けている。せめて生活保護の住宅扶助費を、医療扶助費のように単独支給化（単給化）できないものか。家賃さえ公的にカバーされれば、ささやかながらも年金だけで生活の目途を立てられる高齢者は非常に多いといわれている。

2 「現勤労者 VS 元勤労者」で描かれる日本政府の社会保障像

(1) 世代間不公平を生み出す元凶
——現役世代への給付の薄弱さ

　社会保障の負担と給付に関して、日本ではつとに世代間不公平が問題視される傾向にある。それは政府によるドグマの喧伝（イデオロギー操作）のせいだけではない。世代間不公平が日本の社会保障給付の現実だからである。とくに児童手当と失業時の所得保障が薄弱であり、その歴史が長く続いてきたために、現役世代のなかで社会保障の恩恵を充分に受けられなくても仕方がない、社会保障とはそういうものだ、という不満の域を超えた一種の諦観が共有されてしまっている。これが世代間不公平の元凶である。

　現役世代の生活にとって重要度が最も高いのは児童手当（欧米では家族手当と呼ぶ）である。子どもの養育は「社会の責任」と考える欧州諸国と違って、日本では親子心中の頻発に象徴的に示されるように「親の責任」と見なされる傾向が非常に強い。18歳未満の子どもに対する親の扶養義務は洋の東西を問わず共通しているが、欧州諸国では子どもの養育費を社会（国）がより多く負担することで、人生の最も多感な時期に少年少女が極力「貧困の世代的連鎖」を経験しないように努めている。完全無償制の義務教育が達成されているのもそれが理由である。日本では、義務教育ですら授業料の無償化だけが実現されているにすぎない。

　この取り組みの落差が家族分野への国民1人当り社会支出の多寡に現われる。低いのは日本（国民1人当り466ドル）とアメリカ（同694ドル）であり、欧州4か国は日本の3〜6倍（同1286〜2852ドル）に

もなっている（前節の表8-3参照）。その理由は、児童手当（児童扶養手当を含む）が一人親世帯などの低所得世帯に選別的に支給されるものではなく、全児童に普遍的に支給されるものだからである。資本主義社会では「結果の平等」よりも「機会の平等」（学卒時に同じスタートラインに立つこと）が重視される。それを軽視すると、長期的にみた場合、経済の成長が鈍化する可能性が生じる。「機会の平等」を実現するためには「普遍的給付としての家族手当」が必要になる。それを軽視している日本は、資本主義にとって重要であるはずの自由競争原理が働かない特権社会の国ということになる。

　日本では、今も子どもの養育は親の責任と考えられている。それは結局、子どもの養育が親の経済力に全面的に左右されることを意味する。その顕著な例が一人親世帯に代表される「子どもの貧困」の増大である。その対極には「衆議院議員三代目、家業は政治家」現象の簇生がある。

　世襲制は古典芸能の世界でよくみられる。江戸時代の価値観を舞台上で体現してみせなければならない歌舞伎役者の場合は、観客の側も世襲に違和感を覚えることは少ないだろう。江戸時代から続く家の芸の継承が大切にされているからである。しかし、現代社会の諸問題に立ち向かう国会議員の場合は、世襲であることの意義はどこにあるのだろうか。圧倒的に弊害の方が多い。何よりも世襲議員には、歌舞伎役者のような才能の開花も家業（芸）の研鑽も欠けている。「地盤（後援会）・看板（知名度）・鞄（金）の三ばんの継承」の上に胡座をかく議員ばかりが選出されてはたまらない。投票する有権者の側にも責任の一端はある。今も世襲議員を歓迎する日本人のアナクロニズムは、「墓じまい」の広がりにみられるような、すでに実体を喪失しつつある家制度への郷愁に由来しているのではないか。第1次安倍内閣発足の時に、安倍元首相は「美しい国」を提唱した。彼のいう「美しさ」とは

畢竟、格差を従容と受け容れて、分を弁えて生きる日本人へ回帰することを推奨しているのではないか。

　子どもの養育は親の責任でという発想は家制度の象徴である。社会的責任を追究すると「機会の平等」が実現化し、国会議員の特権的な世襲は徐々に衰微していかざるを得ない。自民党は世襲の永続を求めて、普遍的な児童手当の実現を頑なに拒否し続けているのではないか[6]。それは資本主義の基本原理さえ歪めることを厭わないほどの強い衝動なのではないか。ゾンビ化しつつある過去の儒教的価値観を復活させようとすることは、もう止めるべきだろう。まともな資本主義（民主主義）の実現に立ち返るべきである。

　また日本では、失業した人への経済的支援（失業給付）が非常に希薄である。そのことに警鐘を鳴らす社会保障研究者が非常に少ないのが残念でならない。失業（失業手当）に対する国民1人当り社会支出はフランスが最も高く849ドル、2位のドイツが500ドルと続くが、日本はわずか85ドルで、何とフランスの10分の1である。目を疑うほどの低さである。フランスとドイツは今も失業対策の軸足を、消極的労働政策と低く評価されてきた旧来の失業手当に置き続けている。

　積極的労働政策（職業訓練、就労支援）に対する1人当り社会支出は、最も高いスウェーデンが1020ドルであるのに対して、日本は75ドルでこれまた最下位。スウェーデンの13分の1、ドイツの7分の1という惨めさである。こんなに惨めな内容で就労支援を展開しても、ろくな成果を出せないのは当然である。これで先進国のレベルといえるのだろうか。

　失業手当と積極的労働政策を合計した国民1人当りの社会支出額は、フランスの1373ドル、スウェーデンの1285ドルに対して、日本はたったの160ドル。日本の失業者はこんなにも国から見放されているのだ。日本では今も事実上「失業は自己責任」である。このような状況

表 8-4　稼働状況別にみた被保護世帯数の推移

(単位：%、世帯)

	2010 年	2012 年	2014 年	2016 年	2018 年
現に保護を受けた世帯	99.7	99.6	99.5	99.5	99.5
世帯主が稼働の世帯	10.8	11.9	13.1	13.5	13.3
常　用	7.6	8.5	9.6	10.1	10.0
常用以外	3.2	3.4	3.6	3.4	3.3
世帯員が稼働の世帯	2.4	2.5	2.5	2.4	2.3
稼働者がいない世帯	86.4	85.1	83.8	83.5	83.9
保護停止中の世帯	0.3	0.4	0.5	0.5	0.5
被保護世帯計	100.0	100.0	100.0	100.0	100.0
被保護世帯数	141 万 0049	155 万 8510	161 万 2340	163 万 7045	163 万 7422

出所：国立社会保障・人口問題研究所『社会保障統計年報データベース』第 267 表「被保護
　　実世帯数（世帯主の労働力類型別）」より作成。http://www.ipss.go.jp/ssj-db/ssj-db-
　　top.asp 参照。

下で社会保障をめぐって世代間不公平が高まるのは当然である。現役
世代に対する普遍的な児童手当の創設を始めとする養育費負担の大幅
軽減、失業の実態に即した失業手当支給期間の大幅延長が図られなけ
ればならない。

　生活保護に対する 1 人当り社会支出も 6 か国中 4 位（171 ドル）と、
評価できるレベルに達していない（スウェーデンの 4 分の 1）。その理
由は、生活扶助基準の低さのせいというよりも、稼働能力者のいる世
帯（たとえば一人親世帯や長期失業者世帯）の貧困に生活保護が適切
に対応していないせいである。表 8-4 は被保護世帯の数を稼働状況別
にみたものだが、今も受給世帯の 83.9% が「稼働者が 1 人もいない世
帯」で占められている。自立支援、就労支援が叫ばれて久しいが、稼
働者のいる受給世帯はこの 8 年間に 2.5 ポイント（約 4 万世帯）増え
ただけである。受給世帯全体では 8 年間で 1.6 ポイント（約 23 万世
帯）増えている。ここから、現役世代の貧困に対応しようとしない生
活保護のスタンスは基本的に変わっていないことが分かる。それが今
次のコロナ禍で再度確認されたことになる。

低賃金・不安定雇用の非正規労働者が増大し続ける中で、これら低所得層の人々を対象とした貧困関連社会支出を拡充する必要性は旧に倍して高まっている。国連のSDGs（持続可能な開発目標）の前文には「極度の貧困をふくめ、あらゆる形の、そして、あらゆる国の貧困をなくすことが一番大きな、解決しなければならない課題である」と書かれている。児童手当、雇用保険、生活保護でさえまともに機能していない日本で、与党議員が堂々とSDGsのバッジをつける資格はあるのか。それとも、あの派手なバッジは国連総本山が出す免罪符なのか。前文には「だれひとり取り残さないことを誓（う）」とも書かれている。この宣言が出された背景には、新自由主義とグローバリゼーションに鼓舞された強欲資本主義が、これ以上見て見ぬ振りを決め込めないほどに、世界中に矛盾を拡散させた事実がある。日本政府はサスティナブルな日本経済の成長ばかりを追求しないで、少しはこの前文の主旨を尊重し、貧困関連社会支出の拡充に足を踏み出すべきである。NHKのアナウンサーがニュース番組の終わりにSDGsの内容を逐一解説しているのを見たが、日本の現実とのギャップが大きすぎて、伝道師の「説教」にしか聞こえなかった。

(2)　高齢者への攻撃
──年金削減下で増え続ける高齢者の公租公課負担

　家族手当、失業手当、住宅保障などの貧困関連社会支出を極限まで低く抑えることで、日本政府は社会保障の「現役世代冷遇＝高齢世代相対的優遇」の分断構造を強めてきた。高齢者に偏って配分されていること自体、社会保障の後進性の証である。現役世代は自己責任の遂行という轍に足を取られ、将来不安を募らせるばかりで、仕組まれた分断構造に気づいていない。そうした状況が、近年の高齢者負担増・高齢者福祉削減政策を仕方がないと黙認してしまう風潮の背景にある。

古代中国以来、民の分断支配は為政者の常套手段といわれてきた。65歳という年齢で区切られて、現勤労者・元勤労者が相互に利害対立させられている。その外側では漁夫の利を狙う大企業が巨額の内部留保を蓄積して、総ガラス張りの壮麗な自社ビルの建設に邁進している。東京駅周辺のように、大都市のターミナル駅周辺は再開発工事で空前の活況を呈している。よく考えてみれば、この構図自体が変ではないか。内部留保の一部は最終的には政府枢要やその「お友達」に還流して、「政治と金の問題」が繰り返される。こんな状況を放置していて良いはずがない。そもそもEU諸国では「高齢化の危機」という問題設定自体が社会に広く受け容れられているわけではないのだ。

　表8-5は、高齢単身無職世帯の主立った家計収支項目をピックアップしたものである。2010年と2015年を比べると、アベノミクス下の年金特例水準の解消とマクロ経済スライドの適用によって、社会保障給付（＝公的年金）が月額で1万6000円余も減少したことが分かる。年額では19万3000円余もの大幅減である。戦後初めて、年金は「上がらない」状態から「下がり続ける」状態に一変した。他方、消費支出をみると、この5年間に月額2000円余しか低下していない。その分家計の赤字が進行したことになる。

　2010年には月額2万4000円余、年額29万5000円弱の赤字だったが、2015年には月額3万8000円余、年額45万9000円余に増えた。ここまで追い込まれると、リバースモーゲージを利用して自宅担保で当座の生活費を得ようと考える高齢者が続出するのは当然だろう。明るい笑顔の対応の裏側では、支給される月々の生活費からローン金利を掠め取ろうと、金融機関が手ぐすねを引いて待ち構えている。リバースモーゲージは生活の自己責任の究極的完遂形態であることを忘れてはならない。イソップ童話に登場する「肉を咥えた犬」のような結末が高齢者を待っている。

表 8-5　高齢単身無職世帯の収支状況の変化

(単位：円、%)

	実収入	社会保障給付	実支出	消費支出	非消費支出	可処分所得	持家率
2005 年	122,709	112,865	154,311	144,518	9,793	112,915	76.9
2010 年	133,172	123,567	157,752	146,264	11,488	121,684	76.5
2015 年	117,885	107,432	156,165	144,022	12,143	105,742	80.7
2019 年	126,500	118,274	150,533	138,623	11,910	114,590	84.4
2005 年	100.0	92.0	125.8	117.8	8.0	92.0	
2010 年	100.0	92.8	118.5	109.6	8.6	91.4	
2015 年	100.0	91.1	132.5	122.2	10.3	89.7	
2019 年	100.0	93.5	119.0	109.6	9.4	90.6	

出所：総務省『家計調査年報』(2019 年) 表 9「高齢者のいる世帯」(世帯主の就業状態別)
より作成。

表 8-6　高齢夫婦無職世帯の世帯収入等の変化

(単位：円、%)

	実収入	社会保障給付	実支出	消費支出	非消費支出	可処分所得	持家率
2005 年	223,821	213,597	265,835	239,416	26,419	203,961	89.9
2010 年	223,757	208,080	264,949	234,555	30,394	193,364	90.7
2015 年	213,379	194,874	275,705	243,864	31,841	181,538	92.7
2019 年	237,659	216,910	270,929	239,947	30,982	206,678	93.0
2005 年	100.0	95.4	118.8	107.0	11.8	91.1	
2010 年	100.0	93.0	118.4	104.8	13.6	86.4	
2015 年	100.0	91.8	129.9	114.9	14.9	85.1	
2019 年	100.0	91.3	114.0	101.0	13.0	87.0	

出所：表 8-5 に同じ。

　表 8-6 は、表 8-5 と同様の項目を、高齢夫婦無職世帯についてみたものである。概ね単身世帯と同様の傾向が見て取れるが、社会保障給付の減少幅、消費支出と家計赤字額の増加幅がやや小さく現われている。「二人飯は食えるが、一人飯は食えない」とは良く言ったものである。光熱水費等の固定的支出は 1 人世帯でも 2 人世帯でもそう変わらないからである。ここから、貧困率の高い単身の低所得高齢者ほどアベノミクスの強いインパクトを受けたことが分かる。

非消費支出（直接税と社会保険料）をみると、アベノミクス下で急激に増えている。単身世帯で実収入の 8.6％ から 10.3％ へ、夫婦世帯で 13.6％ から 14.9％ へ増えた。これに 2018 年秋から 10％ に引き上げられた消費税負担を加えると、高齢世帯の実質的公租公課負担は実収入の 20％ を超える。高齢世帯の場合、消費支出が実収入を上回っているので、実収入に対する消費税の負担割率は 10％ を超えてしまう。消費税が高い逆進性をもつといわれる所以である。

　2019 年になると、一転して単身・夫婦ともに高齢無職世帯の実収入が増え、消費支出が減り、家計の赤字幅が小さくなっている。事態が改善したようにみえるが、そうではない。その証拠に、最後に掲げた持ち家率をみると、2019 年は単身世帯で 84.4％、夫婦世帯で 93.0％ に上昇している。高齢者の持ち家率はこんなに高いはずがない。内閣府の『高齢社会白書』によれば、高齢単身世帯の持ち家率は 2019 年現在 65.6％、高齢夫婦世帯のそれは 87.2％ となっている。総務省『家計調査年報』の方が単身世帯で 18.8 ポイント、夫婦世帯で 5.8 ポイントも持ち家率が高い。高齢世帯の場合、借家住まいと持ち家では所得水準が異なる。もちろん後者の方が所得水準は高い。総務省は持ち家世帯のデータを実際よりも多く集めることで、高齢世帯の実収入等が高く出るように統計を操作している可能性がある。これではデータの捏造であり、事実の隠蔽であると言わざるを得ない。データを集める際に、実態を正確に反映するように努力しなければならないが、総務省はこの統計の基本に離反している。森友・加計問題以降、公文書の偽造・捏造が横行するようになった。国土交通省による統計データの意図的改変もその延長線上にあると思える。

3　社会保障の後進性から脱却する道
——EU 諸国並み社会保障の実現に必要な追加費用

　日本の社会保障を欧米の先進工業諸国並みに引き上げるには、あといくら必要か。追加費用の推計を試みる。最初に、1人当り国民所得が日本に近く、国の経済力が日本とほぼ同等と見なせるフランスを目標国として選ぶ。2015 年現在のフランスの1人当り国民所得は3万7402 ドルで、日本のそれは3万5614 ドル。フランスを 100.0 とすると、日本は 95.2。わずかに日本が劣るけれども、この程度の違いならば、経済力の点でフランスにできていることは日本にもできて当然である（表8−7参照）。

　推計した結果が表8−8である。日本の社会保障をフランス並みに引き上げるためには、社会保障全体であと 78 兆 5000 億円余を追加する必要がある。日本の経済力がフランスよりも少し低いことを考慮して、この金額の 95.2% の水準にまで引き下げると、74 兆 7000 億円余となる。現在の社会支出の総額に、その 50.4% を上乗せしなければフランス並みにはならない。

　フランスに比べてどの分野が遅れているかは、引き上げ率の欄をみれば一目瞭然である。失業、積極的労働政策、住宅の3分野が非常に遅れている分野である。現在の給付額の5倍から8倍の給付額を追加しなければフランス並みにはなれない。次いで、生活保護・その他、家族、障害・労災の3分野がかなり遅れている分野である。現在の給付額を約2倍に引き上げなければならない。残った遺族、高齢、保健の3分野はやや遅れている分野だが、それでも 22%〜45% の引き上げが必要である。

　引き上げ率ではなく、必要な追加費用の大きさ（金額）でみると、全

表8-7 国民1人当り国民所得・1人当り社会支出の国際比較（2015年）

	1人当り国民所得 （A）	1人当り社会支出 （B）	1人当り国民所得 （指数表示）	社会支出率 （B／A）
スウェーデン	5万2042＄	2万1592＄	100％	41.49％
フランス	3万7402＄	1万6868＄	72％	45.10％
ドイツ	4万2023＄	1万5213＄	81％	36.20％
イギリス	4万3449＄	1万3326＄	83％	30.67％
日本	3万5614＄	1万1026＄	68％	30.96％
アメリカ	5万8291＄	1万7843＄	112％	30.61％

出所：表8-1に同じ。

**表8-8 日本の社会保障の水準をフランス並みに引き上げるために
必要な追加費用（2015年）**

社会支出9分野	追加費用（ドル表示）	追加費用（日本円換算）	実現可能な追加費用	引き上 げ率
高齢(年金・介護)	1996億5681万ドル	20兆9639億6505万円	19兆7006億5473万円	29.2％
遺族(遺族年金)	369億8770万ドル	3兆8837億0850万円	3兆6972億9049万円	45.2％
保健(医療)	1112億1908万ドル	11兆6780億0340万円	11兆1174億5924万円	22.1％
障害・労災	563億1346万ドル	5兆9129億1330万円	5兆6290億9346万円	82.8％
家族(児童手当)	1078億9147万ドル	11兆3286億0435万円	10兆7848億3134万円	115.6％
失業(失業手当)	973億9669万ドル	10兆2266億5245万円	9兆7357億7313万円	852.3％
積極的労働政策	574億6532万ドル	6兆0338億5860万円	5兆7442億3400万円	569.9％
住宅	477億3845万ドル	5兆0125億3725万円	4兆7719億3546万円	623.0％
生活保護その他	326億3621万ドル	3兆4268億0205万円	3兆2623億1555万円	142.0％
計	7476億8915万ドル	78兆5073億6043万円	74兆7390億0713万円	50.4％

注1：追加費用は、分野毎の国民1人当り社会支出の差額（フランス－日本）×日本の総人口1億
　　2798万5133人（2015年）で算出。
注2：実現可能な追加費用は、（日本の1人当り国民所得÷フランスの1人当り国民所得）で算出
　　した乗率0.952を追加費用に乗じて算出。
注3：引上げ率は、｛（フランスの国民1人当り社会支出－日本の国民1人当り社会支出）×0.952｝
　　÷日本の国民1人当り社会支出で算出。
注4：アメリカ・ドルの日本円への換算は1ドル＝105円とした。
出所：表8-2、表8-3を基に作成。

く異なる側面がみえてくる。大きい順に並べると、高齢（19兆7000
億円増）、保健（11兆1000億円増）、家族（10兆7000億円増）、失業
（9兆7000億円増）が追加費用のトップ4分野となる。この4分野で

表 8-9　日本の社会支出の実現可能追加額と引き上げ率（引き上げ目標国別）

引き上げ目標国	必要な追加費用		日本の経済力で実現可能な追加費用	引き上げ率
	ドル表示	円換算		
スウェーデン並み	1 兆 3522 億 9091 万ドル	141 兆 9905 億円	97 兆 1641 億 3032 万円	65.6%
フランス並み	7476 億 8914 万ドル	78 兆 5074 億円	74 兆 7390 億 0713 万円	50.4%
ドイツ並み	5358 億 7375 万ドル	56 兆 2667 億円	47 兆 6860 億 6533 万円	32.2%
イギリス並み	2943 億 6580 万ドル	30 兆 9084 億円	25 兆 3346 億 9611 万円	17.1%
アメリカ並み	8724 億 7465 万ドル	91 兆 6098 億円	55 兆 9736 億 1117 万円	37.8%

注：表 8-1 と同様の手法で実現可能な追加費用を算出した。目標国別の乗率は、スウェーデン（0.684）、フランス（0.952）、ドイツ（0.848）、イギリス（0.820）、アメリカ（0.611）である。
出所：表 8-8 に同じ。

51 兆 3000 億円に達する。他の 5 分野は生活保護・その他の 3 兆 2000 億円増から積極的労働政策の 5 兆 7000 億円増まで、トップ 4 分野の半分以下の追加費用で済む分野である。その合計額は 23 兆 1000 億円に上る。要するに、必要な追加費用 74 兆 7000 億円余の約 70% を年金、介護、医療、失業に充てなければ、日本の社会保障はフランス並みにはなれないということである。

　フランス以外の 4 カ国に関しても、それぞれの目標国のレベルに到達するためには、日本はあといくら追加しなければならないか推計してみた（表 8-9 参照）。

　スウェーデン並みに到達するためには 97 兆 1000 億円、ドイツ並みに到達するためには 47 兆 6000 億円、イギリス並みに到達するためには 25 兆 3000 億円、追加費用が必要である。自己責任の大国アメリカ並みを目指したとしても、55 兆 9000 億円の追加費用が必要である。この試算に取りかかるまでは、日本の社会保障は、低劣な失業保障と住宅保障を除けば、欧米先進諸国にそう後れを取っていないだろうと内心思っていた。少なくともアメリカよりはマシな国であることが明らかになるのではないかと期待さえしていた。しかし結果は以上のとおりである。どの国の社会保障を指向したとしても、年に最低 25 兆円余

から最高97兆円余までの追加費用が必要である。

　このように日本の社会保障は打ちのめされるほど低劣な水準に位置している。少なくとも1980年頃までは、日本政府は欧州先進諸国の社会保障の水準にキャッチアップする姿勢を保持していたはずである。その後の30年間に、欧米諸国との懸隔は狭まるどころか、反対に広がっていたのである。これほどかけ離れた現状では、日本はもう福祉国家の一員とは呼べないだろう。こうした現状認識は、わが国の社会保障研究者の間では全く共有されていない。

　追加費用の巨額さは、日本の社会保障が欧米に比して今なおどれほど遅れているかを表しているだけではない。日本国民がどれほど政府や研究者に欺かれ続けてきたかを表す数字でもある。お茶を濁す程度の、わずか数百億円規模の「全世代型社会保障への転換」ではお話しにならない。貧困解決型の真の福祉国家を目指して、日本の経済力をそこに集中しなければならないことを意味している。日本の社会保障制度は、それが1つの独特なタイプ（型）として研究されるようなものではない。その水準が今も余りにも低いという後進性にこそ問題の本質がある。多くの研究者によって一度は見捨てられた過去のテーマが、今も克服されずに放置されてきたことこそが重大な問題なのである。

4　「健康で文化的な最低限度の生活」について
──「健康で文化的な生活」調査の2次調査の経験から

⑴　タウンゼントの社会的デプリベーション指標
　1970年代初頭、イギリスのピーター・タウンゼント（故人）は当時の先進工業国の貧困測定基準として相対的剥奪（リラティブ・デプリベーション、相対的貧困）という概念を考案したことで知られている。

彼は 1987 年に刊行した『ロンドンにおける貧困と労働』という著書の中で、「複合デプリベーション指標」という新たな測定方法を提起し、ロンドンの貧困率を地区ごとに明らかにした。この指標はその後、NHK が放映した「63 億人の地球」という番組のなかでも用いられ、マンチェスターの「貧困マップ」(地区ごとの貧困率の高低を青色の濃淡で表わした図) に反映されていた。

　彼の複合デプリベーション指標は、50 項目の「物質的デプリベーション指標」と 27 項目の「社会的デプリベーション指標」(表 8 - 10) から構成されている。とくに後者の指標が「健康で文化的な最低限度の暮らし」を考える際のヒントになると思われる[7]。

　タウンゼントの「社会的デプリベーション」指標は一見したところ、「雇用における権利の喪失」や「教育デプリベーション」のような、生活の文化領域に属するとは思われない指標をも取り扱っている。反対に、ここには掲げなかったが、50 項目からなる「物質的デプリベーション」指標の方をみると、そこには下記のような、文化的な生活レベルに該当すると思われる指標が含まれている。

「この数週間、特別なディナーを食べていない」(食事デプリベーション)
「ドレスを持っていない」(衣類デプリベーション)
「訪問客を泊める部屋がない」(住宅デプリベーション)
「庭がない」「5 歳未満の子どもが家の外で安全に遊べる場所がない」(環境デプリベーション)
「近くに若者や高齢者向けの公共レクリエーション施設がない」(立地デプリベーション)

　一般に文化は個人の主体的な営為または嗜み、さらにはその人らしさを象徴するものとして理解されることが多い。しかしよく考えると、人間の文化はそれを可能にする物質的・社会的条件 (広い意味での環境や機会) と密接に結びついて成立している。ある日突然に無から生

表8-10　P. タウンゼントの社会的デプリベーション指標（27項目）

1. 雇用における権利の喪失
① 過去1年間に2週間以上失業していた経験がある。
② 1週間またはそれ以下の短期の雇用契約で雇われている。
③ 有給休暇がない。
④ 昼食に対する雇い主の負担または補助がない。
⑤ 職域年金の受給資格がない。
⑥ 前の週に50時間以上働いた。
⑦ 病気休職時の最初の6ヶ月間、給料をもらう資格がない。

2. 家族生活デプリベーション
① 子どもが室内で遊べる場所がない。
② この1年間に子どもを連れて家から離れて休日を過ごしたことがない。
③ この1年間に子どもだけで外出させたことがない。
④ この1年間に家族または友人と過ごしたことがない。
⑤ 家族の誰かが健康問題を抱えている。
⑥ 障害または高齢の親族の世話をしている。

3. 地域社会との繋がりの欠如
① 孤独または孤立している。
② 家の周囲の通りが安全でない。
③ 人種ハラスメントがある。
④ 人種・性・年齢・障害・性的指向性による差別を経験したことがある。
⑤ 病気の時に近隣からの援助を期待できない。
⑥ 家の中でも家の外でも病人以外の人々への世話や援助がない。
⑦ この5年間に3回以上転居した。

4. 社会制度への正式な参加の欠如
① 先回の選挙の時に投票に行かなかった。
② 労働組合・職員組合・教育課程・スポーツクラブ・政治団体に所属していない。
③ ボランティア活動に参加していない。

5. 余暇デプリベーション
① この1年間に家を離れて休暇を取ったことがない。
② 特別な余暇活動に1週間当たり5時間以上費やしていない。

6. 教育デプリベーション
① 10年以上の教育を受けていない。
② 正式な卒業証明書がない。

出所：Peter Townsend *"Poverty and Labour in London"* Low Pay Unit 1987.

まれるものではない。環境（条件）と個人（主体）の交互作用の中で生まれ育つものである。ここでいう環境には家庭や地域、学校、職場も含まれる。そういう人間形成の諸要因が重層的に作用して、その人らしさ＝個人の文化を作り上げている。

　そう考えると、タウンゼントの社会的デプリベーション指標は、文

化とは無関係な指標を含んでいるのではなく、1987 年当時のイギリス
の「健康で文化的な最低限度に満たない暮らし」を送っている人々を
発見するためのツールとして考案された「健康で文化的な最低限度の
暮らし」を表わす指標だと考えられる。

⑵ 「健康で文化的な生活」調査の 2 次調査からみえる
   「健康で文化的な生活」の意味

　2018 年に実施された「健康で文化的な生活」調査の 2 次調査で、筆
者は全国生活と健康を守る会連合会（以下、全生連）の会員 2 名、全
日本民主医療機関連合会（以下、民医連）の会員 3 名、計 5 名の訪問
面接調査を担当した。その中の 3 名は生活保護を受給中のアパート住
まいの単身無職者で、内 2 名が高齢者（低額の国民年金受給者）、1 名
が病気療養中の壮年者であった。残りの 2 名は持ち家の単身無職高齢
者（自身の厚生年金の受給者と夫の厚生遺族年金＋自身の国民年金の
受給者）であった。

　やはり、後者の持ち家・厚生年金受給の高齢者の方が、文化的趣味活
動は多面的かつ活発であった。友人とのバードウォッチング旅行、地
域の民話の掘り起こしと朗読会の開催、園芸（庭木の手入れや蘭の栽
培）、木工細工教室での人形づくり、外出が困難な単身後期高齢者の話
し相手ボランティアなどが行われていた。これに対して、前者の生活
保護受給者の場合は、テレビの韓流ドラマの視聴、バランスボールを
使った体力維持、戦国時代の歴史を扱った劇画・雑誌の講読、夜店で
釣った金魚の飼育が生活の潤い・楽しみとして挙げられていた。

　両者の間には明らかに文化の相違が認められる。1 つには、後者の
趣味活動は他者（同好の士）との繋がりをもつ活動であったのに対し
て、前者の趣味活動は自分一人に閉じられた、孤独な行為であった。こ
れを規定しているのは、他者との交流を伴う趣味活動には金銭的費用

（交際費）がどうしても必要になるということである。これが２つめの相違を生み出していた。後者の場合は厚生年金から交際費や旅費、会費等をそれなりに捻出できるが、前者の場合は生活保護費の範囲内で食料等の生活必需品を優先的に購入しなければならず、交流を伴う趣味活動は初めから諦めざるを得ない状況に置かれていた。

　最近、夫の逝去により厚生年金の代わりに厚生遺族年金を受給するようになった女性は、年金収入が自身の国民年金と合せて月額10万円へ大幅に引き下げられ、今までのような趣味活動を継続できなくなったことを嘆いていた。月額10万円といえば生活保護費とそう変わらない。老犬の世話があるからと、交通費のかかる趣味活動への出席を断るようになったという。年金水準が高齢者の趣味活動を規定する大きな要因であることの証左である。

　自公政権による年金減額政策は、このようにして日本の各地で高齢者から「文化的な生活」を剥奪し、底辺（生存水準）の年金生活へと誘導している。「それが嫌ならば、働いて減額分を補充すればいいではないか」というのが政策の含意である。しかし、高齢者の就労は高齢者から余暇活動の時間を奪う。結局、高齢者の文化は剥奪されざるを得ない。資本主義は「時は金なり」の世界である。金と時間という二律背反の二大要因から成り立っている。このことを与党の政治家は知らないのであろうか。

　他方、生活保護を受給している女性高齢者は「保護を受けるようになってから綺麗な服を買ったことが一度もない。下着を買うだけで精一杯。たまには綺麗な服を着て街を歩いてみたい」と語っていた。被服費でさえ生活扶助費では不十分なのだから、交際費など捻出できるはずもない。「喫茶店でコーヒーを飲むことだって贅沢だから……」と語っていた。これが親子、兄弟以外の人との人間関係を極度に希薄化させている原因である。つまり生活保護受給者は、その制度の運用

によって、本来、憲法で保障されているはずの「健康で文化的な暮らし」を送る権利を今日でも剥奪されているということである。

　このような他者との交流機会の剥奪は、生活保護制度の最低生活保障機能の微弱さとして把握されるだけでは、問題の本質を見失う。たとえ生活扶助費が最低生活費を十全に満たせるほど十分な金額でなくても、欧州先進諸国のように文化面の社会資本（社会的共同消費手段）が無料または安価で豊富に提供されていれば、貧困者が余暇活動・趣味活動に参加する際のハードルは相当に低くなる。一例を挙げると、筆者が訪れたとき、イギリスの大英博物館の入場料は無料であった。出口に小銭を入れる小さな皿が置かれ、その側に入場者に任意の寄付を呼びかける紙が控え目に貼られていた。またイギリスにはかつて「1ポンドの幸せ」が豊富にあるといわれていた。ゴルフのプレー代、大学の社会人学級の年間受講料などである。

　日本ではこうした文化面の社会資本整備が著しく遅れている。貧困関連社会保障給付の拡充が遅れていると実感されるのは、現物給付の水準が酷く低い状態にあることにもよる。その反作用として、この方面が悉く商品市場化されてしまった日本では、貧困者は家に閉じこもるしかない。反対に、かなり高額な入場料を支払える人が利用する民間娯楽施設は、食料品の持ち込みが厳重に禁じられ、施設内で割高な食事代を支払わなければならない。入場するとキャラクターによる過剰なまでの歓待を受ける。料金が高額だから、それに比例して歓待の度合いも激烈化しないと顧客の満足を得られない。この対照的事象は、まさに資本主義というメダルの表と裏の関係にある。お金の有無がすべてを決定するということである。私たちは、孤立化することも金で歓待を買うことも、本当は望んでいない。理想はそれとは別の場所にあるはずである。

　生活保護受給者の親族以外の人との交流は、加盟している全生連か

民医連の世話役たちとの交流にほぼ限られていた。タウンゼントによれば、何らかの地域団体に所属していない人は「社会制度への正式な参加の欠如」として、社会的デプリベーション状態に当てはまるとされていた。したがって今回の調査で訪問した対象者は、組織されているという点において、まだ恵まれている貧困者というべきである。団体を通じて意見表明の機会も得られるからである。しかし、総体的にみるならば、貧困者・低所得者の組織化は極限的であり、遅々として進んでいない。

　ある全生連の世話役は「長年、生活困窮者を生活保護に結びつける運動に取り組んできたが、保護を受けられるようになると福祉事務所のケースワーカーが全生連を辞めるように説得し始めるので、徐々に辞めてしまう」と嘆いていた。もしこうした事態が全国の福祉事務所に広がっているとしたならば、保護受給者の「社会制度への正式な参加」の機会は行政機関によって剥奪され、親族内の人間関係しかない状態へと孤立化させられていることになる。貧困者の基本的人権（思想・信条の自由）への侵害が常態化していることになる。

まとめにかえて

　初学者だった頃、日本の社会保障はまだ発展途上で、欧州先進諸国の社会保障水準との間に大きな懸隔があった。その当時に書いた論文の中で、社会保障給付率（GDPに占める社会保障給付費の割合）を国際比較して「日本の社会保障の水準はギリシャ、トルコ並み」と断じたことがある。その後、日本の社会保障給付率は少しずつ上向くようになり、欧米の社会保障にキャッチアップしている感覚を抱くようになった。知らないうちに政府の誘導に乗せられていたのかもしれない。それでも、指に刺さった小さいバラの棘のような違和感を覚えて、

「日本の社会保障はメニュー（制度）だけ立派なレストランと同じ。味（給付水準）は悪い」と書くだけの気概は保持していた。

　やがて学問の世界ではエスピン・アンデルセンの福祉国家類型論が流行するようになり、日本も福祉国家の一員として扱われるようになった。GDP の規模をみれば、いわゆる先進工業国の中で日本は今もアメリカに次ぐ第 2 位の地位にある。社会保障もそれなりの水準に達しているはずだという思い込みは社会保障研究者のみならず、国民も何となく共有するようになっていたのではないか。しかし、社会保障給付率の上昇は、高齢分野だけ何とかヨーロッパ並みを目指すという日本政府の儒教的政策方針（国家版「親には孝」）によって実現された結果にすぎなかった。このころからヨーロッパの福祉国家は障害者福祉や失業者（半失業者）対策、居住福祉等に一層力を入れるようになり、日本の社会保障との懸隔を広げていった。こうして日本の社会保障は、再び取り残されることになった。その現状が、本章で分析した内容である。

　今では、日本政府は「全世代型社会保障への転換」を掲げて、高齢関連社会保障の水準引き下げに邁進しようとしている。冒頭に掲げた「4 つのドグマ」が国民の間に浸透し、社会通念と化し、社会保障拡充要求を悉く退けることに成功したからである。儒教的政策方針は破棄されたのである。高齢人口が急増する中で、政府は「高齢関連社会保障給付費の自然増は避ける」ことを処々方々で力説している。「自然増」とは高齢人口の急増に正比例して高齢者関連社会保障給付費が急増していくことを意味する。それを避けるという以上、「高齢者 1 人当りの社会保障給付費を毎年引き下げる」という方途を採用するしかない。

　「全世代型社会保障への転換」は、今のところ、肉を減らす代わりにパセリを添える程度のものでしかない。儒教的政策方針を捨てた

今、それに代わる社会保障の基本理念は「自己責任」の強調だけである。日本の社会保障はこの先、どのような方向に向かうのか。「全世代型〈低〉社会保障」が実現されるのではないか。国民あっての国家である。大企業あっての国家ではない。すべてはその基本に立ち帰ることから始めなければならない。

注

1　日本では人口減が国の経済成長に深刻な打撃を与えるといわれているが、簡単には肯首できない。経済成長は人口要因だけで決まるわけではないからである。イギリスのトーマス・R．マルサスは、著書『人口論試論』（1798年）の中で、「近い将来、食糧に対して絶対的に過剰な人口が発生する」ことを予言し、人口増を避ける方策として「働ける貧困者への公的救済を止める」ことと「貧民に対する避妊の奨励」を進言した。その結果、悪名高き新救貧法（1834年）が成立し、その後100年以上にわたってイギリス国民を苦しめることになる。また日本の現状とは正反対に、少し前の中国では人口増を危機と認識し「一人っ子政策」を推進した。人口は増大しても減少しても危機を招く要因と認識される。ここから、人口は危機を招来する真の要因ではないことが判明する。1つの要因で正反対の事象を説明することはできないからである。問題は急激な人口増・人口減を招いた国の政策にある。人口変動は結果であって原因ではない。現在では、マルサス理論は環境問題の処方箋へと変貌を遂げ、生き延びている。

2　社会保障の給付対象は高齢者や障害者、傷病者、生活困窮者など、特定の人々であると考える人が多い。しかし、高齢や障害、疾病、貧困化は、程度の差こそあれ国民の誰もがそうなる蓋然性を有している。その意味において社会保障は本来、広く国民一般を対象とするものなのである。

3　詳しくは、唐鎌直義「コロナ対策にみる公衆衛生の現状と弱者切り捨て社会」（『経済』No.300、2020年9月所収）参照。

4　イギリスの「生活保護・その他」の分野が61ドルと極端に低いのは、この分野の給付が「給付つき税額控除」（タックス・クレジット）に順次移行しているためと考えられる。所得税制のなかで貧困世帯への給付を自動的に行う仕組みであり、負の所得税（ネガティブ・インカムタックス）の現代版である。

5 最新のデータでは、2018年5月現在417万7820世帯が住宅給付を受けている。受給世帯主の年齢分布や平均受給額に関するデータが記載されているのが2013年までなので、本文では2013年のデータを用いた。出典は、Department of Work and Pensions "Housing Benefit and Council Tax Benefit Summary Statistics: February 2013" である。https://www.gov.uk/government/statistics/housing-benefit-and-council-tax-benefit-caseload-statistics-published-from-november-2008-to-present

6 衆院G県X区ではO議員のことを周囲の人々は「姫」と呼んでいる。元首相の娘だからである。選挙民への劇場接待買収事件が露見した際、「姫」を守るために「国家老」のN市市長が一切の責任を引き受けて「切腹した」（辞職した）と新聞報道された。G県はまだ江戸時代のようで、国会開催中に女子大生を買春していたS元議員も世襲議員である。

7 唐鎌直義『脱貧困の社会保障』（旬報社、2012年）112頁参照。

第9章

フランスにおける子ども家庭福祉と文化政策

安發明子

　筆者は 2000 年代半ばに首都圏で生活保護のケースワーカーをしたのち 2011 年に渡仏した。フランスでは、主にパリ市とパリの北にある若い世代と移民が多く、社会福祉予算の多いセーヌ・サン・ドニ県にて、子ども家庭福祉と社会的養護分野での調査を続けてきている。本章では、フランスの子ども家庭福祉の構造と、その中で文化がどのように位置づけられているかについて述べたい。なお、本章はこの 2 つの県での調査を元に記述しているので、運営実態が他県でも同じであるとは限らないことを明記しておきたい。

1　すべての子どもを対象とした福祉は 「親をすることへの支援」から

⑴　考え方の背景
　フランスの子ども家庭福祉において「親をすることへの支援」（soutien à la parentalité）が中心的な概念に位置づけられている。「親をすること」とは親役割の実践について福祉職が親と「協働」することで子どものケアと教育を支えようとするものである。
　法律では以下のように定められている。
　○社会福祉家族法 CASF Art. L.112-3

「家族の持つ資源と子どもの置かれた環境についてまず働きかけをおこなう。親が直面している困難を理解すること、そして状況に適した安心して利用できる支援を紹介すること、紹介だけでなく実行し親が教育的責任を全うできるよう支える。」

連帯・保健省は「家族、親をすることデスク」を置き、以下のような文書を出している（連帯・保健省、2018）。

〇『親をすることへの支援国家戦略』

子どもをケアするために親を支えるのは国の役割である。

親を支えることで子どもの不登校、精神的な問題、行動障害、注意力不足、暴力、リスクを伴う性行動を防げることが実証されている。

パリ市児童福祉研究所は親をすることへの支援の目的について「子どもと親のウェルビーイングの改善を目指し、親の自信と役割を支え、親子の関係性とコミュニケーションを支えることを目指す」としている。親をすることへの支援機関がパリ市に 481 か所ある（OPPE、2021）。

(2) 支援の実際

子どもと親を支援する構造は段階的になっている。すべての子育てを専門職がサポートする公的機関による第 1 次予防と、専門的なニーズに応えられる専門特化した民間団体による補完的予防である。それらの中で「心配」がある場合に第 2 次予防と保護がある（図 9 - 1）。

①第 1 次予防と補完的予防

細かくみると以下のような仕組みになっている（図 9 - 2）。

福祉の対象をすべての子どもと親にまで広げ、専門職を妊娠から子の成人まで、時間軸にも空間軸にも切れ目なく配置し「皆に共通の権利（droit commun）」として福祉を提供している。方法としては親をすることを支援することで、虐待のような深刻な事態を防ぎ、コスト削減も目的としている。

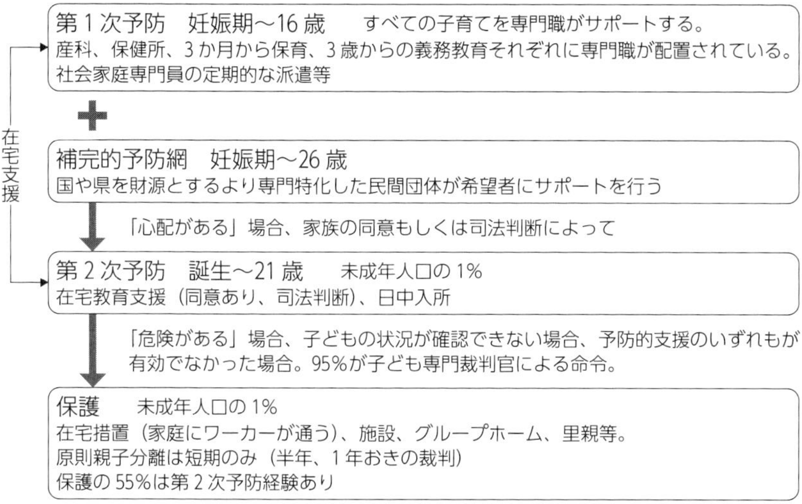

第1次予防　妊娠期〜16歳　　すべての子育てを専門職がサポートする。
産科、保健所、3か月から保育、3歳からの義務教育それぞれに専門職が配置されている。
社会家庭専門員の定期的な派遣等

在宅支援

補完的予防網　妊娠期〜26歳
国や県を財源とするより専門特化した民間団体が希望者にサポートを行う

「心配がある」場合、家族の同意もしくは司法判断によって

第2次予防　誕生〜21歳　　未成年人口の1%
在宅教育支援（同意あり、司法判断）、日中入所

「危険がある」場合、子どもの状況が確認できない場合、予防的支援のいずれもが
有効でなかった場合。95%が子ども専門裁判官による命令。

保護　　未成年人口の1%
在宅措置（家庭にワーカーが通う）、施設、グループホーム、里親等。
原則親子分離は短期のみ（半年、1年おきの裁判）
保護の55%は第2次予防経験あり

図9-1　子ども家庭福祉の構造

出所：パリ市での調査により筆者作成。

| 妊娠中・産後 | 2か月〜3歳末満 | 3歳〜16歳 | 17歳〜 |

妊娠中・産後

妊産婦幼児保護センター
妊娠検査時、生後8日、9か
月、24か月健診情報全チェッ
ク。小児看護師が割り当てら
れた通りのすべての妊婦から
3歳までの状況を把握してい
る。
＝妊娠中からすべての赤ちゃ
んをチェックし親へのサポー
トを行う
児童保護専門医、小児看護師、
助産師、心理士、パートナー
間アドバイザー

2か月〜3歳末満

保育園、
保育アシスタント、
ベビーシッター
＝給料の1割の金額で合
うものを選ぶことができ
る。
心理士、看護師、医師

妊産婦幼児保護センター
フォロー

3歳〜16歳

3歳から義務教育
＝3歳以降は全員の福祉
を常にチェックすること
ができる。必要であれば
他の機関につなげる。
看護師、心理士、ソー
シャルワーカー、教育相談
員

17歳〜
ティーン
エイジャ
ーの各種
支援機関

福祉事務所　地区ワーカー、心理士＝相談に来た人だけでなく家族全員を支援
児童相談所＝経済的支援、学習障害治療費、勉強机代など物理的と、教育的・精神的支援

家族手当基金　ソーシャルワーカー
（社会家庭専門員の家庭への定期的な派遣、学童保育、地域の家、家族旅行代等）

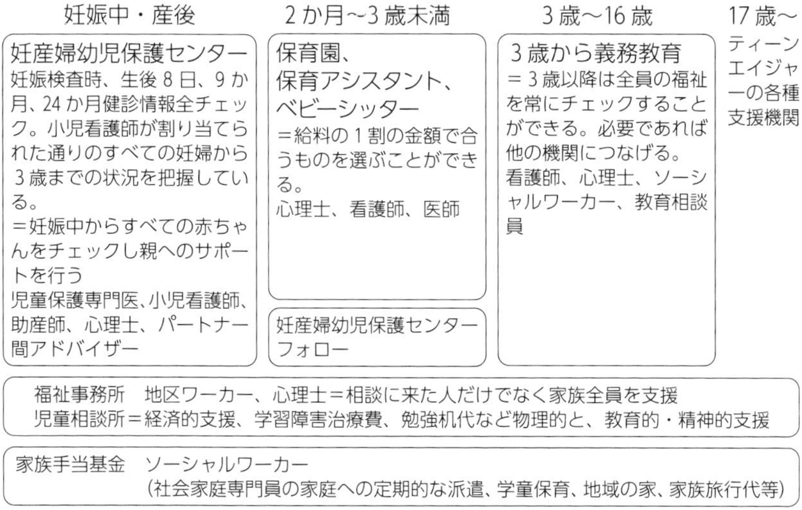

図9-2　第1次予防の構造

出所：パリ市での調査により筆者作成。

予防を担う主体は、妊娠期から 16 歳までは、妊産婦幼児保護センター（PMI: Protection Maternelle et Infantile、保健所）・学校・地区ソーシャルワーカー（CASVP: Centre d'Action Sociale de la Ville de Paris、福祉事務所）である。

　妊娠中も医師による医療面だけでなく、ソーシャルワーカーや助産師などが社会面・心理面も心配がないか、サポートが必要かどうかチェックし、必要な際はサポートの提案をおこなう面談を義務づけている。産科が、支援体制が必要だと判断した妊婦や産後すぐの母子がいたら、産科に毎週来る妊産婦幼児保護センターの助産師がその妊婦や母子を地域で支える体制づくりをする。

　周産期や乳幼児期にさまざまな専門職に囲まれた中で子育てをし、誰もが専門職に助けてもらう経験をできるようにする。助けてもらった経験があることで、専門職の存在を認識し、また何かあったときに助けを求めることができるよう、学習する。専門職がよく口にするのは、「子育ては世界で一番難しい仕事」「完璧な親はいないし、誰だって間違えることもある」という言葉である。「親であることは簡単なことではないから」と相談を促すポスターを見たときはとても印象的だった。連帯・保健省も国家戦略の中で「93％ の親が子育てを難しいと感じたことがある」と紹介している。「子どもをよりよくケアできるよう親をケアする」「複数で子どもを育てる」という考え方が専門職の間で共有されているのである。

　パリ市の未成年者の 10％ もが、学校のソーシャルワーカーの継続的支援を受けており、教育相談員など、子どもの福祉の専門職が生活面・心理面・社会面で問題がないかチェックする。義務教育は教育と福祉がすべての子どもに行き届いているか保障する期間であるという。

　福祉事務所の地区ソーシャルワーカーは、同じ人が家族全員を担当し、経済的問題、健康、親の介護、子どものこと、生活保護も含めす

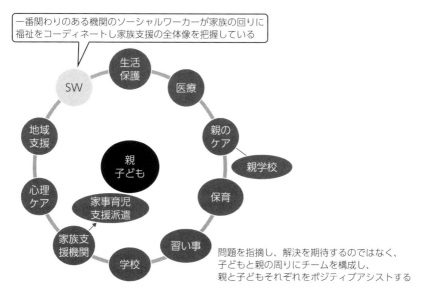

生活保護

医療

SW

親のケア

親学校

地域支援

親子ども

心理ケア

家事育児支援派遣

保育

家族支援機関

習い事

学校

問題を指摘し、解決を期待するのではなく、子どもと親の周りにチームを構成し、親と子どもそれぞれをポジティブアシストする

図9-3　第1次予防の例

出所：パリ市での調査により筆者作成。

べての福祉のコーディネートをし、手続きや申請も手伝う（図9-3）。

　家族手当基金（CAF）は、健康保険の家族部門を担当する。1960年代より家族手当のような財政面の支援だけでなく、サービスに力を入れるようになっている。例えば、専門職による家事育児の支援を毎週得られるよう国家資格をもつ社会家庭専門員（TISF）の派遣費用を数百円で受けられるようにしている。子どもがいるカップルが離別した場合は、家族手当基金のソーシャルワーカーが必ず両親に連絡して暴力がなかったか、必要な支援があるか受けられるサービスを受けているかをチェックする。さらに養育費を一部建て替えつつ、本人の代わりに相手に請求したり、子どもと別に暮らす親との面会の場を設けたりもしている。

　このように、公的機関に福祉専門職が配置され、子どもたちの状況

地域
地域の家（無料学習塾、習い事、親のためのクラブ活動、文化コミュニティごとのイベントなど開催）、民間団体の運営する福祉事務所、その他専門特化した機関
例：食糧支援も助産師などが相談にのる＝「届ける福祉」が張り巡らされている

「親をすることへの支援」専門機関（家族手当基金財源）
親学校（ゲーム、反抗期など様々なテーマについて専門家も交え話し合う場、カフェスペースのような場所で心理士と話す場）
親の家（親が自分のための時間を過ごすことができる場、エデュケーターや心理士とアクティビティをする）
子どもと親のための家全国 2000 か所（子どもを遊ばせながら心理士や精神分析家に気軽に話すことができる）
他：パートナー間アドバイザー、家族セラピー、家族仲裁機関

SOS
親学校の電話相談、DV 等各種電話相談

図 9－4　補完的予防例

出所：パリ市での調査により筆者作成。

を重層的に見守っている。

次に、補完的予防については図 9－4 のような仕組みとなっている。

国や県、家族手当基金の財源で運営される民間団体（アソシエーション）が数多く存在する。民間団体は、「親をすることへの支援」など、専門的なニーズに応えたり、現物支給をする機関が多いことが特徴である。第 1 次予防の専門職がコーディネーターとなって、家族に合う福祉を補完的予防組織から選ぶという協働もしている。

第 1 次予防、補完的予防の中で専門職が「心配」だと判断した家庭や、もっと手厚いサポートが必要だと希望する家庭について第 2 次予防である在宅教育支援や保護へと進む。

その「心配」の基準は以下の通りである。

○市民法 375 条

「子どもの健康、安全、精神面が危険やリスクにさらされていたり、子どもの教育的・身体的・情緒的・知的・社会的発達状況が危険やリスクにさらされている場合」。

福祉は「皆に共通の権利」と呼ばれ、ソーシャルワーカーの役割は「福祉があるだけでなく、市民一人一人のもとで実現されているか確認する」こととされている。市民法375条においては、そもそも権利が福祉の前提となっているのである。子どもの育ちに関して存在する権利の一部を記述しておきたい。

体外受精、避妊、中絶、妊娠検査、出産費用無料、保育は生後2か月から両親の収入の1割、3歳から16歳まで義務教育無料（習い事や塾も無料のものがあり、学校のソーシャルワーカーは運動靴やコート代などの費用の支給もする。中学から収入に応じた返済不要の奨学金がある）、高校も無料、職業訓練コースや専門学校も無料のものが多くある。大学、大学院の学費は年間3万円（奨学金は返済不要）、若者向けマンションは月家賃4万円（低収入の場合2万円）程度で、ソーシャルワーカーが常駐している。若者向け職業紹介所で月6万6000円の生活費、就職活動費をもらいながら就職活動ができる。生活保護は個人単位。実家にいながら、同棲しながら、自分だけ生活保護を受けることができ、家族に知られることはない。

つまり、「国民が困ることがあったらそれは国の責任」という考え方が基礎にある。

②第2次予防である在宅教育支援

第2次予防の「在宅教育支援」は、学校や保健所などで「心配」とされたものの、危険がない場合や家族が希望するときに専門職が家庭に通う形で県の児童保護予算で実施されている。社会的教育者としての国家資格であるエデュケーターが、面談ではなく「一緒に何かをする」ことを通して教育的コミュニケーション、教育的行動、教育的価値の積極的な伝達を行う。

例えば、ある親がお菓子作りが得意であると知ると、親子と一緒にお菓子作りをする時間をとり、親をエンパワメントし、親のもつ価値

を引き出す。「悪い対応」の指摘ではなく、「良い対応」がしていけるようサポートすることで、親と協働し、良い教育とケアができるよう目指す。「体罰はダメ」といった禁止ではなく、「ポジティブアシスト」を実践している。

　また、「社会的暮らし予算」が用意されていて、例えば、子どもや親と外食する場合は子ども 1300 円、大人 1700 円支払われる。同時にエデュケーターの分も支払われている。出かける場合は 1 日 3900 円、2日で 7800 円、月に何回という制限はない。エデュケーターは子どもと親それぞれにとってどのような時間が有益か考え、一緒に話し合って何をするかを決める。消費としての休暇しか知らない子どもがいるので、家族にとっていい時間の過ごし方を探すことは大きな課題であると言う。

　好きなレストランに連れて行ってもらう、ショッピングで好きなものを買ってもらう、遊園地に連れて行ってもらうことが理想だと思っている子どもがいる。ただ、そこに親子の対話があるとは限らず、親は無理をして過ごすこともある。料理、ピクニックや自然散策、野生動物の観察、植物の世話や日曜大工、親と子どもの好きなことをもとに、その家族にとってのいい休暇の過ごしかたを模索する。虐待が起きる前に子どもの教育やケア、親の問題解決に専門職が関わり、そのツールとして文化活動が役立てられている。

　つぎに文化についての考え方や権利についてみていきたい。

2　文化についての考え方

　フランスでは、文化に関する権利について以下の 2 つが大きな柱になっている。

　1 つは、UNESCO と欧州評議会が中心となり、分野別に存在してい

た文化に関する権利をまとめた 2007 年の「フリブール宣言」、もう 1 つは、フランス国内法の 1998 年の法律（Loi du 29 juillet 1998 relative à la lutte contre les exclusions）である。そこには次のように明記されている。

「『就労、職業訓練、住居、健康、教育、文化、社会保障、市民権、スポーツ、バカンス、レジャー、交通』を国民皆が享受することができる」と。

そもそも、フランスの文化政策においては、文化には大きく 3 つの意味合いが与えられていると考えられる。

①**教育の一部としての「文化」**

個々人の中にある文化を豊かにする（enrichir la culture de chacun）。レジャーではなく学びに近い。

例えば、学童保育でも美術館やキャンプやダンスなどから活動を選べるようにしている。

②**道具としての「文化」**

文化とは、誰かと関係性を築く、グループとつながる、そして社会とつながるための道具。また、理解し、感動し、刺激を受け（stimuler）、目覚め（éveiller）るための道具である。

例えば、生活保護のソーシャルワーカーが受給者たちと一緒に演劇を見に行き、お茶をする機会を設ける。一緒に習い事をする。

③**排除との戦いとしての「文化」**（Lutte contre l'exclusion）

文化は一部の人のためだけのものであってはならない。文化とは住宅や医療に並ぶ権利の 1 つである。

例えば、刑務所に美術館が出張展示する。児童保護施設の子どもたちを美術館に招待する。

さて、次に以上の文化理念が、子どもの暮らしの中でどう活かされ、福祉の中にどう位置づけられているか、みていきたい。

3 子どもの成長過程においての文化

(1) 2か月〜3歳未満（保育）―自分の文化を豊かにする

　フランスでは生後2か月から収入の10%で保育を利用できる。

　保育園の園長によってオーガナイゼーションには違いがあるが、筆者の娘が通った保育園では「皆で同じことをする」のではなく、3、4つの空間で、それぞれ先生が違う活動を提案していて、園児がその中から好きな活動を選んで参加する。子ども自身が好きなことを見つけ、したいことをたくさんするということに価値をおいている。共通の教養としての文化（皆で歌を歌う、絵本の読み聞かせなど）ではなく、自身の文化を豊かにしていく活動であるといえる。

　こうした活動について、筆者が感じたメリットは次の点である。

　・人に流されず自分の好きなものを選べ、望まないものは断れる。自分に合う場、合わない場を判断できる。

　・「やってみよう！」と自分の意思で取り組み、納得がいくまで探求できる。

　文化省は、3歳未満の子どもについての「文化的健康についての国家戦略」を出しており「文化的健康は豊かさと QOL の基準となる」としている（文化省、2019）。文化省と家族省の「保育における芸術的文化的目覚めのための指針」には以下のような記述がある（文化省、2017、p.1）。保育は3年間に満たないが、その短い期間にも大きな期待があることがうかがえる。

　・芸術的文化的目覚めが子どもの好奇心を向上させ、子どもが自身を築き、開花することにつながることが科学的に証明されている。（la construction et l'épanouissement de l'enfant）
　・自分自身に閉じた状態から、さまざまな文化へと子どもを開く。(dépasser

le repli sur soi et de s'ouvrir à une pluralité d'autres cultures)
・文化の開拓は、見知らぬものとの対話の空間を実現する。文化は、私たちの社会の未来にとって本質的な課題である、自身を知り世界を知る方法と表現方法を与え、社会的絆を育む。

(2) 3歳からの義務教育期間―自己の形成、多様な価値の尊重

　義務教育は3歳からだが、2歳から入学することもできる。国が子どもの教育にこんなにも早期から予算を割くのは、格差への注意と、すべての子どもの育ちへの関心があるからである。平等を国の方針として掲げていることを教育において実現しようとしているのだ。そして外国出身の子どもが多いことも背景としてある。

　パリ市全体では移民1世と2世で20％、地区によっては33％にのぼる。フランスに入国した翌日から学校に通えるようにし、将来のフランスを担う一人として育てようとしている。以前は6歳からだった義務教育を3歳に早めた理由は、貧困と不平等対策であり、「国のすべての子どもが成功できるように」と政府のホームページには書かれている。6歳時点で、子どもの語彙数にすでに大きな差があり、義務教育の間に、その差異を解消することができなかったことや、不登校や義務教育からの早期退出者の8割が、6歳時点ですでに困難を抱えていたことがあげられている。

　筆者自身は娘の幼稚学校入学で、もう1つ大きな価値に気づいた。

　幼稚学校が始まってから6〜7週間学校で学び、2週間バカンスというリズムであり、定期的に違った大人や仲間と、違った経験をする機会が訪れることだ。

　保育園を卒業した夏休みの7〜8月、1月生まれの子どもは3歳半だが、12月生まれの子どもは2歳半にすぎない。地元の幼稚学校の学童保育は、毎日2、3種類のアクティビティを提案していて、美術館訪問、

写真1 ルーブル美術館に入っていく幼稚学校の子どもたち
（筆者撮影）

日帰りキャンプ、ダンスやアートといった中から子ども自身がその日にすることを選ぶ。公立幼稚学校に学童保育専門のスタッフと時にアーティストなどが来て、キャンプや美術館ではまた違う大人と行動する。

　もちろん祖父母宅で過ごす子どももいるが、フランスに家族のない筆者の娘は毎回学童保育にお世話になっている。費用は世帯収入ごとに計算され、家族手当基金が窓口である。公的機関が開催している場合と、民間団体が委託で行っている場合がある。さて、職員たちの創意工夫の遊びでも十分楽しめそうなのに、なぜわざわざアーティストなどを外部から呼んで来るのか？　毎週幾度も美術館や博物館やキャンプにバスを手配してまで連れていくのか？　パリ市の職員は、以下の憲章が土台となっており、「本物に触れることが求められているのだ」と言う。

　教育省・文化省・都市若者スポーツ省・農業食料森林省共同の「アーティスティックで文化的な教育についての憲章」をみてみよう。（筆

者下線）

1　アーティスティックで文化的な教育は、とくに<u>3歳から大学までの子どもと若者皆にアクセスできなければならない。</u>

2　<u>作品に触れること、アーティストに出会うこと、アート活動を実践すること、知識の習得すべてを組み合わせておこなう。</u>

3　古くから受け継がれているものから現代のものまで、大衆的なものから高尚なものまで、国内のものから海外のものまで含む文化を共有すること、それがアート教育である。

4　<u>感受性とクリエイティビティと批判精神を育むことで、個人と市民の形成と解放に貢献する。</u>

5　家庭環境や友人環境のステップに応じて若者の人生のすべての段階において実現される。

6　若者が自分が経験したことの意味を理解し、現代の世界をよりよく理解することに貢献する。

7　すべての若者に平等にアクセスできるものであり、教育機関と文化的機関、民間団体、国と自治体といった複数のパートナーの貢献によって実現する。

8　これらパートナー同士が一緒にプロジェクトに取り組む（コンセプト作り、実施、評価）。

9　共通の知識の形成、獲得、共有を容易にするため、さまざまなアクターの養成を必要とする。

10　アクションのインパクトをはかり、質を向上させ革新的な取り組みを支えるために研究調査と評価を必要とする。

　文化にヒエラルキーをつけていないことも大きなポイントである。

　また、他にも背景となっている事情はある。パリ市では未成年者の3分の1が私立校に通っており、筆者の在住地区のように私立校に行く子どもの方が多いところもある。そのような地区ではとくに公立校が魅力的である必要があり、より力が入れられるのだそうだ。

政府の研究所である「家族、子どもと年齢研究所」の資料には社会政策として期待する内容が明記されている（HCFEA, 2019, p.5）。

「子どもと若者が身体的、知的、社会的に成長し、他者と関係性を構築でき、<u>開花するために</u>、公的空間の中でスポーツ、文化、科学、グループ旅行に参加することは重要である。子どもの権利条約は子どもたちが人生のさまざまな空間において、<u>自分たちに関わる判断に参加し意見表明する権利</u>があるとしている。子どもや若者がより<u>自立し</u>、公的空間の中で<u>自分の場所を見つけ</u>、安全に暮らし、違ったライフスタイルや文化や旅行を開拓していくには何が必要だろうか。子どもにとって（家庭と学校以外の）<u>第三の時間と場所</u>、教育・健康・文化・科学について省の違いを超えた政策が検討されなければならない。子どもと若者が発見し、学び、文化に親しみ、<u>自身を超え</u>（dépassement de soi）、他者と出会い、<u>自由と解放を得る</u>ためには質の高い政策が必要なのである」（筆者下線）。

パリ市の未成年と関わる職種を対象とした「社会的教育ガイド」という指針では、「子どもが基本的に必要とするもの、すなわち身体面、精神面、愛情面、知的、社会的ニーズへのアクセスをサポートする。子どもがよく成長発展していけるよう well-being を保障し、学習、スポーツ、文化そしてレジャーへのアクセスをとりはからう」と定めている（Paris, 2021, p.15）。

⑶ 「自由時間」を支える家族手当基金

バカンス期間や放課後の学童保育の予算は、家族手当基金（CAF）が担当する。財源は国と、労働者の社会保険料、雇用者の分を雇用主が国に支払う社会保険料である（雇用主負担の社会保険料が高いため、雇用主は従業員給与の 1.2〜1.4 倍支払うことになる）。

家族手当基金は 3 歳から 11 歳を対象とする学童保育以外にも、地域

の家（児童館）や、親を支援する専門機関や家族旅行の手当も担当している。また、若者が専門学校に入り、調理師の勉強をするのであるなら包丁セット、美容師であるなら、必要なセットを買う費用も出す。

　学童保育は家族手当基金の「子どもと若者」部門の「自由時間への支援（Les aides au temps libre）」が担当する。

　1986年よりフランスの子どもは丸2か月夏休みがあり、その他に8週間のバカンスがあり、休暇は年16週に及ぶ。大人も雇用契約に年間就労日数が258日と書かれており、週35時間労働である。契約日数を超えて働いた場合は、雇用主は普段の日給より高い額を支払わなければならない。そのため、雇用主が契約通りの日数働くよう求めることが多く、被雇用者の有給休暇の消化率は非常に高い。失業手当を受け取っていても5週間の休暇がとれ、その間は担当ソーシャルワーカーから連絡がくることはない。

　つまり、家計にはバカンスに関する予算が必要となる。このような背景もあってフランスにおいて「自由時間」は大きなテーマであり、80年代初頭には労働組合出身の「自由時間大臣」のポストもあった。全国ヴァカンス小切手局（ANCV：Agence Nationale pour les Chèques-Vacances）による、安くレジャーやホテル代を支払えるクーポン制度「バカンス小切手」はその時期に誕生した。2016年にも425万人が利用している。「自由時間が勉強にも労働にもプラスである」という考え方は根強くある。学校のバカンスがなぜこの「リズムと期間」なのかについて、パリ市文化部は、6週間の学びと2週間の休暇が「学び」が脳に定着するのに最適であると70年代に科学的に示されているからだという。

　一方で、バカンス期間や時期についての取り決めの背景には、観光や鉄道などのロビー活動が盛んに行われ、観光業のためでもあるという見方もある。

⑷　子どもの福祉を守るのは専門職の使命

　福祉事務所のソーシャルワーカーは、自分の担当地区内に福祉が行き届いていない人がいないかチェックし、行き届くようにする役目を担っている。そのため、福祉につながっていなさそうな人がいるという話が入った場合、例えば「足元活動」（pieds d'immeubles）といい、スーパーの前や公営住宅の入り口など、人通りが多いところに１週間限定で福祉事務所を開設する。そこに、福祉事務所や保健所の職員や区長が詰め、通りかかる住民に声をかけ、これまで福祉につながっていなかった人をつなげていくようにする。日本では福祉を受けていない人がいる、という話をすると、地区ソーシャルワーカーは「これまで相手に『こういう支援が受けられますよ』と提案して断られたことはない、伝え方が重要なのではないだろうか？」と言う。例えば、母子家庭が集まる習い事に一緒に参加しながら話したり、グループ旅行に誘い、旅の中でお互いを知り、そのうえで福祉を提案したりしている。フランスでは、支援は個人が情報収集し申請せずとも、各機関に配置されている専門職が気づくのがミッションであり、手続きを手伝うようになっている。

　ソーシャルワークについての定義を以下に引用する。

ソーシャルワークについての法律（社会福祉家族法 142-1-1）

　ソーシャルワークはすべての基本的な権利への人々のアクセスを可能にすること、人々の社会への参加を容易にし、市民としての活動を十分に行うことができるようにすることを目的とする。

　ソーシャルワークは個人とグループへのアプローチによって社会を変化させ、発展させ、社会内の人々が団結していくよう貢献する。人々が自分自身のために発言し行動する能力の発展に参加する。

　また、児童保護国家戦略のサブタイトルは「すべての子どもに同じチャンスを」であり、文化活動が家計によって大きく左右されないよ

うな配慮がある。さらに、親や子ども本人が手続きをせずとも、子どものまわりに配置されている児童福祉の専門職が、子どもの様子を観察しながら適宜必要な活動やケアを提案する（連帯・保健省、2020）。もし、子どもの才能がより伸ばせそうな学校があれば、私立校の学費も児童相談所が負担する。

　パリ市の「社会的教育ガイド」という指針では、児童保護分野において運用面の決まりも明記している（Paris, 2021, p.97）。

　「日常的に大人は子どもと一緒に学習、スポーツ、文化、レジャーをするべきであり、子どものまわりの専門職が勧めるだけでなく、親権者とどのような文化やバカンスの計画を立てているか情報共有する。これらは危険を伴わない限り、日常的行為（acte usuel）であるため親権者の同意を求めるものの、親権者の返事がない場合は児童相談所が実施を親に代わり許可することができる。子どもの成長にとって文化やスポーツ活動が有益であるのに親権者が反対する場合、子ども専門裁判官に判断を求めることができる（市民法 375-7）」。

　「すべての子どもがバカンスに行くことができる。それは、開花の源だからである。子どもの担当者は子ども自身と意見交換する場を設け、子どもの希望を聞き、子どもに合ったバカンスの提案ができるよう情報収集する。家族とバカンスに出かけない場合は、これまで愛着関係を築いてきた人とバカンスを過ごせることが重要である」。

　このような規定があるために、親が子どもと遊ばないこと、公園に行ったり、外出しないことは支援の対象となる。夏休みどこにも行かないことも「心配」事項として家族への支援の提案が行われる。

　日本の児童保護施設の子どもへの聞き取りでは、親の失業や離別などで習い事をやめることになったり、外食や家族旅行に行かなくなったりといった大きな生活の変化を経験していることがあったとしていた。一方、フランスでは社会的養護の対象になることによって、文化

へのアクセスが増えた、とみんなが回答している。そこには一般家庭よりも積極的な形で文化が存在しているのである。

　例えば、施設で暮らすケビン（仮名）が麻薬に親しみのある仲間とつるむようになり、学校を休みがちになったとき、職員会議で議論の結果、ケビンに提案されたのは「距離をとるための滞在（séjour de rupture）」だった。「ケビンの好きな先生と好きな期間、好きな場所に行く、どこで何をしたい？」との問いに、ケビンは「自然の中で何も考えない時間を過ごしたい」と答え、施設の好きな先生と北スペインの巡礼路を歩くことにし、3週間、毎日語りながら歩いた。

　また、一度も会ったことのない父親の出身地であるというセネガルに半年間留学した子どももいた。施設の日常においても、夕食後はテレビの時間ではなく、アーティストやミュージシャンが来て、一緒に絵を描いたり作詞したりする。

　ここでは、文化は教育的なツールとして利用されている。

(5)　子どもと文化をつなぐ専門職

　これまでにもさまざまな専門職が出てきたが、子どもと文化に関わる主な専門職について、以下、職種ごとに説明しておきたい。

　ソーシャルワーカー（DEASS）：国家資格。高校卒業後3年間を要し、大学卒と同等の扱い。理論に1749時間、研修に1820時間、卒業には4個所の研修先の合格を要する。

　エデュケーター（社会的教育者 éducateur spécialisé）：国家資格。3年間専門学校で理論1450時間、研修2100時間、4個所で研修を受ける。1年目は児童保護と不適応を起こしている子どもやティーンエイジャーの教育、2年目は障害、3年目は身体的精神的困難を抱えている成人の自立支援（アルコール依存や路上生活者）について学ぶ。毎年自分で雇用主を探し隔週で研修と座学を繰り返す。

写真2　路上エデュケーター（筆者撮影）
事務所を持たず担当地区ごとに 5、6 人のチームで子どもと若者とその家
族をサポートする職業。地域に密着していることから不登校やひきもこ
りや非行予防、若者の自立支援などを得意とする。

　アニメーター（animateur）：学校において、授業以外の朝の受け入
れ、休み時間、昼食時、放課後の子どもに対応。また、バカンスを含
む学童保育を担当したり、地域の家や学習塾での勤務や、サマーキャ
ンプで子どもたちの引率もする。8 日間の養成期間で得られる資格、も
しくは中学卒業後 2 年間で取得できる CAP（職業適性証）資格にも該
当するものがある。

　社会家庭専門員（TISF）：国家資格。1 年半から 2 年で、理論に 950
時間、研修に 1155 時間。高校卒業程度。家庭を毎週複数時間訪れる。
子ども家庭分野では、生活リズムを整えることや子どもの年齢に応じ
た必要な習慣を身につけることなどを目的とし、親子とともに取り組
む。親子のコミュニケーションや過ごし方についても積極的に教育的
な関わりを提案する。

　メディエーター（médiateur culturel）：アーティストや作品と市民を
つなぐ仲介者。3 年間の訓練を要する大卒程度、もしくは修士卒程度
の資格。筆者の調査先では、例えば、美術館のメディエーターが施設

や地域の家を訪問し、美術館の紹介をしたり、招待したりする。施設のメディエーターが文化的プログラムをオーガナイズすることもある。

⑹　フランスの未来をともに担う移民、難民の子どもたち

フランスに到着した未成年の難民や移民は、当日中に保護され、翌日から学校に行くことができ、フランスにすでにいる子どもと同じ権利が与えられている。難民ビザの手続きは通常1年から1年半かかり、フランス語をどれくらい話せるかによって最大600時間まで公的機関が無料で開催しているフランス語講習の受講が義務づけられる。ビザが得られれば、16歳以上は働くこともできる。

例えば、全国にある「第2のチャンス高校（L2C Lycée deuxième chance）」は、資格がなく職業にも就いていない若者を16歳から20代前半まで受け入れる。セーヌ・サン・ドニ県には4校あり、仕事をやめたりして若者向け職安（Mission Locale）経由で来る若者もいるが、生徒の多くは移民・難民一世である。10か月間は基本給が支払われ、3週間ごとに職場実習と通学を繰り返す。

職場実習では試してみたい職業をする。ある生徒はパティシエ、区役所受付、歯科助手、ペットショップ店員をしてきたと話す。ある生徒は病院の介助アシスタント、高齢者のホームヘルパー、医療秘書をしていた。学校にいる期間は職業やキャリア形成について個別指導を受け、フランス語とパソコン操作を学び、不足している教養科目の補強をするが、市民見学（visite citoyen）と教育的プロジェクト（projet pédagogique）にも取り組む。市民見学は一般的な文化活動に親しむだけでなく、自分の好きなものを探せる、アクターとして関わっていけることを目指していると L2C の校長は言う。

最近では、ルーブル美術館が L2C を夜間に貸切で招待した。「観光客の誰もいない美術館の真ん中で大の字に寝て絵を見た」「信じられな

いくらい美しい写真を撮った」と生徒たちは目を輝かせて話す。

　教育的プロジェクトとして生徒たちが選んだテーマは「現代の奴隷」だ。子どもの売買、家族に送金するため海外で働き続けること、長女に兄弟の世話や家事をさせること、工場での児童労働、若年結婚の強要、売春、外国人のパスポートを雇用主が取り上げて働かせることなど最近のニュース記事をもとに議論する。平等や人権についての活動をしている３つの財団からこのプロジェクトに250万円の資金を受け取り、ユダヤ人が殺害された場所へ１泊２日で見学に行ったりした。

　L2C の校長に、なぜここまで文化的活動に時間をとるのか、資金が得られているのかインタビューしたところ「フランスで受け入れた以上、フランス市民としての暮らしができるようにするべきです」と言う。そのために、社会的な能力と知識を身につけることが必要だと考えていると言う。感受性（sensibilité）と視野を持ち、自分のために行動でき（action）、連帯していけるよう（solidarité）鍛える。例えば、人種差別や偏見について十分に学び議論する機会を作っておくことで、将来そのような状況に直面したときに自分で考え行動することができる。フランス市民としての権利について知ること、フランス市民とはどのようなものなのかを知ること、そのような武器をしっかり身につけておく（mieux les armer）ための機会なのだそうだ。

　L2C の場合は、筆者の仮説の３つとも当てはまる。教育の一部としての文化、方法としての文化、そして差別と戦うための文化である。

⑺　子どもと文化
　フランスは子どもたちのバカンス期間は美術館が無料になったり、スケートリンクや広場にあるメリーゴーランドも無料になったりする。休暇中、経済的に無理なく家族が活動できる配慮がされている。
　オーケストラなどには必ず幼児用プログラムがある。これは、子ど

写真 3　オーケストラの幼児用プログラム（筆者撮影）
オーケストラは年数回子ども専用の日を設け、曲を小さく区切り、何を
どのように表現しているか説明しながら子どもたちが親しめるようにし
ている。子どもは無料もしくは1000円以内で入れるようにしていると
ころが多い。

もや失業者、生活保護受給者など、社会的に広い分野の観客を迎える
ことで、市の助成が得られるという仕組みが背景にある。サーカスな
ども最後尾の2列は学校や施設用に空けてあったりする。子どもたち
はカードをもらって帰り、そのカードを再訪するときに持って行くと、
一緒に来た家族も無料で、子どもは2度楽しめ、家族にも伝えられる
ようになっている。子どもにとって文化に親しむことが自然な行為に
なり、自分の好みを探求することができるようになることを目的とし
ている。
　18〜25歳の若者については旅行代の最大80%を国が支払うというプ
ランを全国ヴァカンス小切手局が用意している。パリ市はその他にも
13〜30歳を対象とした無料の文化的プランを複数用意している（Les
loisirs pour les jeunes parisien. ne. s）。
　背景となる価値観として、ソーシャルワーカーたちが良く使う言

葉は社会性（sociabilité）、世の中に開かれていること（ouverture au monde）、可動性（mobilité）、自尊心（estime de soi）などである。可動性は地域、コミュニティ、文化を自由に移動できるようになる力を身につけることだ。一般に貧困や子ども、障害、高齢、不登校、引きこもりなど、支援の必要性の高い層は可動性が制限されていることが多い。だからこそ多くの専門職が関わり、たくさんの活動に誘い、可動性を高めるサポートをするのである。

　文化政策、そして子どもの暮らしの中の文化の位置づけから、国の国民に対する期待を見てとることができる。

　フランスにおいては、たくさんの活動を試す中で自分の好きなものを見つけ、世界観を広げ、経験を重ね豊かさを深めることが重視されており、そのことに文化活動は大きな役割を果たすとみなされている。幼児教育において人との安定した関係が築け、十分安心感が育てば「自分のいきいきできる場所はここではない」「うまくいっていない」と言うことができるようになると考えられているように、自分の人生について能動的に選んでいけることが力とされている。働く中でも業種を変えていくことは豊かなこととされていて、ソーシャルワーカーや教師の採用においても、さまざまな分野での豊富な経験を評価する。本当に情熱を感じるものを活動とすることが評価されるため、方向転換も認めた上で、個の力や可能性を最大限伸ばすことが国の利益につながるとされている。

　日本では就職したら長く同じところで働くことが評価される文化があるため、組織の一員として長く貢献することが重視される。そのため、課外活動においても「部活動や習い事を長年続けることによって得られる精神的な成長」が価値とされる側面がある。国民に対する国の期待も文化の位置づけも評価する価値も異なる。

4 フランスの社会政策としての文化

　子どもから少し離れ、フランスの社会全体としての政策の中での文化についてみていきたい。

(1) 年齢階層の実態とそれぞれの文化

　2021 年、日本の人口は 1 億 2522 万人、フランスは 6740 万人。15 歳未満の人口割合は日本が 12%、フランスは 17.7%、65 歳以上の人口割合は日本が 29.1%、フランスは 20.7% である。24 歳未満人口は日本が 21.9% であるのに対し、フランスは 29.6% と日本の高齢者の割合よりも高い（日本：総務省統計局ホームページ、フランス：INSEE ホームページ）。

　若者を国の未来として、フランスに来たばかりの未成年も含め、平等に機会を与え育てようとする国としての姿勢は、これまでにみたように明らかである。さまざまな職業を担う人が必要であると考え、大学進学以外による経済的自立の方法を用意している。

　高齢者に関してもパリ市はさまざまな取り組みを行っている。習い事は週 300 コマ用意されており、65 歳以上が低い金額で利用できるレストランも市内 44 か所にある。

　社会的なニーズを受け入れるプログラムを設けているカフェもある。パリ市が場所を提供しているあるカフェでは、母子家庭の料理教室の日や高齢者のパソコンの日を設けている。コンサートや映画上映会も定期的に開催し、感動し、人と出会い、リラックスして時間を過ごせる場所にしている。公営住宅にはソーシャルワーカーがいるので、その紹介でカフェに来る人もいる。福祉事務所のソーシャルワーカーも参加し、インフォーマルな形で交流し時に情報提供することができる。

カフェを紹介するパリ市のホームページには「外に開く、社会的絆を築く、孤立を防ぐ、地域のつながりに受け入れる」と書かれている。
　また、年齢を超えて文化的交流が行われる仕組みはいくつもある。1つは部屋の余っている高齢者宅に学生が同居する。このことによって介護ヘルパーのいない時間帯に高齢者の安全を確保する制度。もう1つ、里親はフランス語で「受け入れ家庭（famille d'accueil）」というが、子どもだけでなく、障害者や高齢者を受け入れる里親もいる。また、母子家庭や難民、施設で暮らす子どもが、週末やバカンス期間に文化的な活動や旅行に連れて行ってもらったり、就職活動の相談にのってもらう社会的親制度（parrainage de proximité）にも高齢者の参加が多い。

(2)　所得差・地域差の実態とそれぞれの文化

　表9–1は、パリのある区の計画書にある住民構成である。移民、難民も高い割合で存在する。図9–5はパリ市のホームページ。「パリ、避難先の首都—受け入れることはチャンスだ」とある。
　この計画書には、以下のようにある。

　「皆でより気持ちよく一緒に暮らせるために、橋渡しに力を入れることで、文化の違いとその価値を認め合い、寛容さを高める」
　1　教育経験がそれぞれにとってポジティブなものであるようにする。
　2　職業訓練が確実に受けられるようにする。
　3　誰もが皆に共通の権利を享受し、サービスが受けられ、文化的活動ができ、健康が得られるようにする。
　4　活動が盛んで、連帯し、居心地良い地域づくり。

　ここで「橋渡し」（médiation）をツールとしてあげているが、このmédiationとは、médiation culturelleという形でよく使われ、何かしらの活動を通してコミュニケーションすることを指す。この区の場合、

表9-1　パリ某区の住民構成

	パリ市の平均	ある区の指定地域の平均
移民	20%	33%
低所得世帯	10%	17%
片親家庭世帯	—	32%
労働者層	26%	52%
管理職	44%	22%
資格、高校卒業以上の学歴なし	21%	40%
中学または高校を中退した者（18-24歳）	11%	22%

出所：Projet de territoire 2020、筆者訳。

例えば、駅前や広場、スーパーの前など人通りの多いところで、夕方に「ジュースを飲む会」を開く。これは、パリ市のコーディネーターが中心となって開催し、住民が情報を得やすくする場を提供している。そのほかに、さまざまな国の料理や音楽を楽しめるイベントや大道芸人を呼んだ住民参加型のイベントも開催している。

　ソーシャルワーカーが企画し、子どもたちと親たちで集まって出身国の料理を作り、広場や公園で振舞う会を開催する。このとき、親は料理作りには喜んで参加するが、皆で食べる段階になると参加できないことがある。ソーシャルワーカーは、このようなイベントを通じて関係性を築き、参加者の家に招き入れてもらえるようにする。子どもがいると、子どもが入り口となって親のサポートもできるようになる

図9-5　パリ、避難先の首都
出所：パリ市ホームページより。

ことが多いという。

　パリ市文化部の担当者に地域差について尋ねると、以下のような回答であった。

　「社会政策は国としての方向性と現地の状況に合わせた方法という二段階になっている（Directive nationale + adaptation à la situation locale）。予算を何に使うか地域の状況に合わせ各区、各担当で決めるのでサービス内容が区によって違うのは、フランスの強みである。貧困にしても、都市の中の貧困、郊外の貧困、田舎の貧困ではニーズが違う。国、家族手当基金、自治体が主となって適したネットワークを築く。実際にはニーズがあるところで民間団体がサービスを始め、そこに予算が配分されるというのが具体的な流れである」。

　一方で、富裕層の多い地域など、ニーズがゼロではないのにサービスが極めて少ない地域もあるということは問題として指摘されている。

⑶　サービスがあるだけでなく観客を迎えに行く

　フランスの失業率は 10％ と日本よりかなり高い。職場を変えつつ給料や条件を上げていくキャリアアップの方法も一般的で、キャリア形成のために学業に戻ることも多い。つまり、キャリア人生の中のさまざまな時期に充電期間があることがある。美術館や映画館の窓口に「失業者、生活保護受給者無料」などと書かれていることに、筆者は渡仏当初、驚ろかされた。

　また、設置は義務ではないにもかかわらず、多くの文化的施設が「文化的橋渡し部門（Service de médiation culturelle）」や「観客開拓チーム（Equipe de développement publique）」などという名称の教育、障害、そして社会的分野を担当する部署を設けており、「刑務所に作品を紹介するために出張をしています」などと活動内容をホームページに記載している。

パリ市文化部は、小規模経営の劇場や映画館などには助成金を出している。各文化的施設は実行予算として枠を用意し、収入が低い人が安い金額で来られるプランを作ることと、文化的なアクションを実施している。障害者や高齢者、低収入の人たちは、孤立につながりやすい層とみなされていて、孤立は福祉分野では、防ぐべきものとされているので、そのような人たちが人とつながる機会を作ることが重要視されている。

　パリ市文化部の映画担当など、各担当がどれくらい社会的な活動があったか調査してまとめ毎年報告書を出している。社会的な観客の受け入れ状況は助成金額に反映されている。

　パリ市社会部が出している『排除との戦い協定（Le pacte de lutte contre la grande exclusion）』においても、文化は住居や健康と並び１つの章となっている。パリ市文化部によると、このような文章を用意することが、福祉分野で働く人だけでなく、文化分野にいる人たちにとっても重要なのだそうだ。このような意思（volonté）の存在を知り、新たなプロジェクトを立ち上げるインスピレーションとなり、さらにその財源を確保するための根拠とすることができるのだ。

　大事なことは、アーティストになるかどうかではなく、アーティスティックな実践（pratique artistique）をしたいときにできること、もしくはアーティスティックなキャリアを築く、という選択肢があること、そしてレジャーなどの形でも文化に触れるという選択ができることであるという。「人々に可能性を提供する（Offrir des possibilités）のは公的機関の使命」であり、そのためには、その人の情熱になっても、ならなくても、機会を作る必要があるのだそうだ。

⑷　文化を担う人を育て、支える

　文化を実際に担う人の育成も忘れてはいない。

子どもたちが文化に触れる機会がたくさんあるということを書いたが、ただコンサートや演劇を観に行くだけでなく「職業の発見」もセットに組まれていることが多い。将来の文化を、観客としてもしくは職業として支える人を育てる「投資」という位置づけでもある。ここでは、俳優やダンサーだけではなく、実際には照明や大道具製作、営業といった職業についても知ることができる。

　習い事をするには「コンセルヴァトワール」という文化遺産などの価値を保持し、教育するための公的機関があり、5歳から25歳までの2万1000人が利用している。放課後に楽器やダンス、演劇を習うことができ、民間の学校よりも安い。ハープなどのコースもあり、経済的に余裕がなくてもアクセスできるようになっている。

　フランスでは中学以降2年間の職業適正資格（CAP）コースが約200種類、もしくは3年間の職業高校コース（bac professionnel）が約90種類ある。16歳から18歳で手に職をつけることを目指す。

　筆者が訪問したモードに特化したパリ市内の公立高校では、CAPと職業高校が無料であるだけでなく、教材費も無料であった。さらに、生徒の44％は国の返済不要の奨学金を生活費として受け取っている。その学校では、CAPは裁縫やクリーニング技術、紳士服の仕立てコースがあり、職業高校のコースには、舞台衣装コース、舞台用カツラ制作コース、舞台照明や音響コースなど細かく分かれている。1年目は6週、2年目は8週、3年目は4週の実習と120時間の作品制作が課されていて、うち4週間は国外で実習することが推奨されている。違う仕事をしたのちに入学している生徒も多く、年齢層は幅広い。

　また、パリ市が開催している市民講座は600種類あり毎年3万人が利用している。半年で数千円から3万円程度で、収入が低い場合、減免される。仕事をしながら市民講座に通い転職する人もいる。

　生活保護もパリ市のホームページには4年間で2000人のアーティス

トの経済的自立を支えたとあり、受給者の6人に1人はアーティスト志望という統計もある。アーティストとしての経済的自立を専門とするコンサルタントと連携してサポートしている。

　「情熱を感じる活動をする」「自分の本当にしたいことをする」ということが評価される価値観がフランスにはある。しかしそれだけでなく、進路や職業において親の意向や経済状況に左右されずに若者が進みたい道を選べ、やり直しや方向転換、失敗もできる社会的な仕組みがある。

まとめ

　フランスにおいて、ゼロ歳から人間の成長過程にどのように文化が位置づけられているのか、地域差、所得差、生活スタイルの違いに対しどのような文化政策をとっているかを考察してきた。教育の一部として、ソーシャルワークの1つとして、困難な状況に置かれている人にとっての道具として、誰にでも共通に存在する権利として文化が位置づけられているのではないか、という筆者の当初の仮説の妥当性を、本章の考察を通して確認することができた。

　さらに現場で働く人たちから語られた価値は、世界を開いていくこと、社会的絆を結ぶこと、孤独な状態からつながりを築いていくこと、などであった。

　パリ市文化部は、地域にくまなく届けること（maillage territorial）、そして市民（publique）のケアとしての文化が課題であるといい、文化にアクセスするための社会的サポートは福祉関係職員、文化に携わる者双方から行うようにしているが、まだまだすべての人に届けるにはほど遠い状況にあると話す。

　文化という言葉を、フランス語の手話では目の両端に手を持ってい

き、それを大きく開く動作をする。「人の視野を広げるもの」という認識をよく示している。誰もが視野を広げる機会をもてる社会をフランスは目指している。

主なヒアリング先

パリ市文化部：Direction des affaires culturelles
家族手当基金：CNAF, Caisse National des Allocations Familiales
パリ市福祉事務所：CASVP, Centre d'Action Sociale

引用文献

HCFEA、2019、Pourquoi une politique de l'enfance et de l'adolescence? Des temps, des lieux et des droits pour grandir.

OPPE、2021、Schéma Parisien de prévention et de protection de l'enfance 2021-2025.

教育省、文化省、都市若者スポーツ省、農業食料森林省、Charte pour l'éducation artistique et Culturelle.

パリ市、2021、Guide de la référence socio-éducative à Paris.

文化省、2019、Une stratégie nationale pour la santé culturelle, promouvoir et pérenniser l'éveil culturel et artistique de l'enfant de la naissance a 3 ans dans le lien à son parent.

文化省、家族子ども省、2017、Pour l'éveil artistique et culturel des jeunes enfants.

連帯・保健省、2018、Stratégie Nationale de soutien à la parentalité 2018-2022.

連帯・保健省、2020、Stratégie nationale de prévention et de protection de l'enfance.

第 10 章

「健康で文化的な生活」を問うことの
今日的意味

浜岡政好

はじめに

　2020 年の春以降 2 年近くに及ぶ新型コロナパンデミック下の勤労国民の生活は健康面だけではなく、文化的な生活の面においても、極めて厳しい状況に置かれた。この間、コロナに罹患しても自宅療養で放置される患者が続出したり、「三密」防止のような社会経済活動の抑制の結果、多くの社会文化活動が「不要不急」とされ、それらに関わっている多くの人びとの仕事と生活が危機に陥った。今の勤労国民の生活状態は果たして憲法が国民の権利として保障している「健康で文化的な生活」水準をその「最低限度」においてさえクリアしていると言えるのかという疑問が抑えがたく噴き出してくる。コロナ禍があぶりだした勤労国民の昨今の生活困難は、コロナによる一過性の問題というより、実はコロナ禍以前の暮らしのあり方と地続きである。今、眼前にある生活の姿はコロナによる「緊急事態」の下で可視化されたものではあるが、それは 30 年以上にわたって続けられてきたこの国の新自由主義的な社会経済施策の帰結ともいうべきものである。

　しかし、この間、勤労国民の「健康で文化的な生活水準」の最低限度を維持するための生活保護の基準は引き下げられてきている。2013

年から行われた生活扶助基準の引き下げは平均6.5%、最大10%にも及ぶものであったが、その根拠とされたのは全国消費実態調査の最下位10%世帯との比較で、子どもの多い多人数の生活保護世帯の収入が高めになっていること、新規に設けた「生活扶助相当CPI」（消費者物価指数）という指標によって物価が下落しており、生活保護世帯の生活費が下がっているはずというものであった。

　どのような理由付けにせよ、こうした生活保護の引き下げが意味するのは、生活保護費の引き下げによってもなお生活保護受給世帯や勤労国民の生活水準が「健康で文化的な生活」の最低限度を保持しているということである。果たしてそうであろうか。そうした疑問は生活保護引き下げの不当さをめぐっては現在裁判で争われている最中であるが、コロナ禍以前の議論の広がりはまだ限定的なものであった。本書の契機となった全国生活と健康を守る会連合会と全日本民医連の「健康で文化的な生活とは何か」プロジェクトがスタートした（2017年）のはそういう時期であった。そしてこのプロジェクトの報告書『健康で文化的な生活とは何か』はコロナ禍直前の2020年にまとめられた。

　コロナ禍は生活保護受給者と非受給の勤労国民との間を遮っていたものを取り払い、その視界を広げるなかで、多くの勤労者に自らの生活実態を、憲法が権利として保障している「健康で文化的な生活」という物差しに照らしてみて、どのようになっているかを点検する必要を感じさせた。上述の2つの疑問はつながり、さらに広がったのである。こうして「健康で文化的な生活」という物差しは、今日多くの勤労国民によりリアリティをもったものとして受け止められてきている。

　小稿のテーマは、今、なぜ「健康で文化的な生活」を問うのかであるが、大きく2つのことを取り上げることにする。1つは「健康で文化的な生活」という物差しの今日的意味である。つまり、健康と文化に

よって二重に規定されたものとして生活を捉えることがもつ意味の検討である。とくに、今日、文化的生活（cultured living）とは具体的に何を指すか。2つは「最低限度」（ミニマム）の今日的意味である。そもそも「最低限度」とは何か。生活以外の事情である財政や「国民感情」などで設定される「最低限度」は何かなど「最低限度」をめぐる今日的な論点を検討する。

1 「健康で文化的な生活」をめぐる今日の社会状況

(1) 長期に続く勤労者生活の窮乏化

　人びとが「健康で文化的な生活」を営むためには必要な生活資源（所得・財・サービスなど）を得ることができなければならないが、雇用労働者化が進み、生活資源の全般的な商品化が進むと、所得の多寡が生活状態を左右することになる。日本においては1980年代に入るとそれまで公共的に提供されてきた生活インフラや互助的に営まれてきた生活行事等を含めて生活資源の商品化が一段と進展した。他方、1990年代に入ってバブル経済が破綻すると賃金をはじめとする勤労者の所得は長期にわたって下降を続けた。「国民生活基礎調査」（厚労省）の1世帯当たりの平均所得金額の年次推移を見れば、全世帯の平均所得金額のピークは1994年の664.2万円で、その後2013年の528.9万円を底に若干上昇してはいるが、それでも2018年時点で552.3万円とピーク時の83.2%の水準となっている。4半世紀の間、国民の平均所得金額は下がったままの状態にある。

　この世帯の所得金額低下の背景にあるのは賃金の長期にわたる下落である。「毎月勤労統計調査」（厚労省）によると、事業所規模30人以上（サービス業を含む）の月間現金給与総額は1997年の42万1384円をピークに徐々に下がり、2020年には36万5100円となっている。ピ

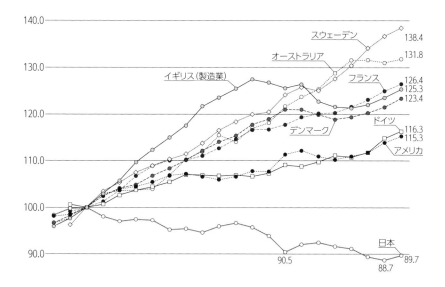

図 10 – 1　実質賃金水準の国際比較（1997 年＝100）

原注：民間産業の時間当たり賃金（一時金・時間外手当含む）を消費者物価指数でデフレートした。
　　　オーストラリアは 2013 年以降、第 2・四半期と第 4・四半期のデータの単純平均値。仏と
　　　独の 2016 年データ第 1〜第 3・四半期の単純平均値。英は製造業のみ。
出所：OECD.stat より全労連が作成（日本のデータは毎月勤労統計調査によるもの）。

ーク時と比較すれば、86.6％である。これを国際比較でみたものが図
10 – 1 であるが、日本の 1990 年代後半以降の賃金の推移がいかに異常
なものであるかを如実に示している。こうした賃金の下降は雇用破壊
と並行して進められ、正規労働者の賃金抑制とともに低賃金で雇用の
不安定な非正規労働者が激増したことによってもたらされた。賃金の
下落は家計における世帯主の勤め先収入の減少とも連動している。勤
労者世帯はこのような所得の低下にどのように対応しているであろう
か。

⑵　委縮する消費生活、節約され縮小する人間と社会の再生産

　長期にわたって収入が減少し、他方で税や保険料などの非消費支出が増大すれば、当然、可処分所得は減少することになる。事実、勤労者世帯の可処分所得は 2000 年以降 2015 年にかけて長期にわたって下降している。2020 年にはコロナ禍に伴う特別定額給付金の支給などにより可処分所得は 2000 年比で 5 ポイントも上昇したが、消費支出は大幅に減少し、そのため平均消費性向も 61.3％ に低下した。これら勤労者世帯の消費の変化は何を示しているのであろうか。表 10−1 によると、2000 年と 2020 年と比較して、比率が高くなっている 10 大支出費目は、①食料（106）、③光熱・水道（102）、④家具・家事用品（119）、⑥保健医療（120）、⑦交通・通信（113）の 5 費目になっている。

　このうち 20 年間一貫して 100 を上回っている 10 大費目は③光熱・水道、⑥保健医療、⑦交通・通信の 3 費目のみである。これらは現代の生活様式を営むためのインフラ維持費ともいうべき費目で、家計の消費支出が 1 割近く減少するなかで、なお増やさざるを得ないのは個々の世帯レベルでの対応を超えた構造的な要因が働いているものと思われる。すなわち、③光熱・水道費の増加の背景にある、電力料金等の値上げやエアコン、家電製品などの普及、また⑥保健医療費の増加の背景にある保健医療費の値上げ、そして⑦交通・通信費では自動車関係費や携帯電話の普及などである。2020 年の家計はコロナ禍の下での特異な現象が生じた年なので、長期的推移を見るうえではその影響を配慮しなければならない。いわゆる「外出自粛」に伴う「巣ごもり需要」や特別定額給付金による電気製品の買い替え需要などである。それは①食料、④家具・家事用品の費目などに現れている。

　他方、2000 年より減少している 10 大費目は、②住居（87）、⑤被服及び履物（62）、⑧教育（91）、⑨教養娯楽（79）、⑩その他の消費支出（63）の 5 つである。②住居費は 2010 年以降下がっているが、新設住

表 10 - 1　勤労者家計支出の推移

（単位：円）

分類	2000 年平均	2005 年平均	2010 年平均	2015 年平均	2020 年平均
Ⅰ　実支出	430,239(100)	(96)	(95)	(96)	(97)
1）消費支出	341,896(100)	(96)	(93)	(92)	(89)
①　食料	75,174(100)	(94)	(93)	(99)	(106)
調理食品	8,266(100)	(103)	(100)	(113)	(134)
外食	14,142(100)	(99)	(100)	(109)	(90)
②　住居	21,716(100)	(101)	(95)	(90)	(87)
③　光熱・水道	21,282(100)	(100)	(102)	(108)	(102)
④　家具・家事用品	11,268(100)	(92)	(94)	(98)	(119)
⑤　被服及び履物	17,195(100)	(87)	(79)	(79)	(62)
⑥　保健医療	10,901(100)	(110)	(105)	(101)	(120)
⑦　交通・通信	43,632(100)	(108)	(110)	(115)	(113)
交通	7,873(100)	(96)	(81)	(89)	(54)
自動車等関係費	25,245(100)	(103)	(107)	(106)	(116)
通信	10,514(100)	(127)	(140)	(154)	(152)
⑧　教育	18,261(100)	(102)	(100)	(100)	(91)
⑨　教養娯楽	33,796(100)	(97)	(101)	(90)	(79)
教養娯楽用耐久財	4,232(100)	(92)	(124)	(47)	(67)
教養娯楽用品	7,357(100)	(93)	(93)	(93)	(104)
書籍・他の印刷物	4,692(100)	(99)	(86)	(73)	(63)
教養娯楽サービス	17,515(100)	(100)	(103)	(103)	(77)
宿泊料	1,583(100)	(95)	(98)	(115)	(67)
パック旅行費	5,079(100)	(77)	(73)	(66)	(18)
月謝類	4,291(100)	(102)	(98)	(97)	(77)
他の教養娯楽サービス	7,751(100)	(118)	(131)	(134)	(126)
⑩　その他の消費支出	79,671(100)	(90)	(79)	(73)	(63)
諸雑費	22,263(100)	(111)	(115)	(121)	(126)
こづかい(使途不明)	24,242(100)	(82)	(61)	(46)	(34)
交際費	23,835(100)	(87)	(75)	(68)	(50)
仕送り金	9,332(100)	(80)	(74)	(68)	(61)
2）非消費支出	83,429(100)	(94)	(103)	(111)	(126)
直接税	35,851(100)	(89)	(100)	(105)	(115)
社会保険料	47,374(100)	(99)	(105)	(117)	(135)
Ⅱ　実支出以外の支払	513,814(100)	(96)	(97)	(99)	(122)
繰越金	72,067(100)	(90)	(73)	(70)	(124)
可処分所得	441,156(100)	(93)	(91)	(90)	(105)
平均消費性向（%）	74.7	74.7	74.0	73.8	61.3
エンゲル係数（%）	21.5	21.5	21.9	23.6	26.0

注：（　）内の数値は 2000 年を 100 とした指数。
出所：総務省統計局「家計調査年報」。

宅の一戸当たり床面積は長期にわたって縮小しており、居住面積を縮めながら、家計の固定費の圧縮を図っているものと思われる。⑤被服及び履物費はこの 20 年間一貫して減少しており、一番消費支出削減の影響を受けている。⑧教育費は世代的再生産からは節約しにくい費目であり、事実、少子化のなかで子ども 1 人当たりの教育費は増えている。しかし、2020 年は私立高校無償化制度の拡充もあって授業料等が減少し、教育費も下がっている。⑨教養娯楽と⑩その他の消費支出も非固定的費用としてそぎ落とされてきている。⑨教養娯楽のなかでは「書籍・他の印刷物」費、パック旅行費、月謝類など、⑩その他の消費支出ではこづかい、交際費、仕送り金などである。

　以上のような消費の縮小の状況は実収入（経常収入、勤め先収入など）の減少に対する勤労者世帯の対応を示している。表 10-2 のように、世帯収入の核となってきた世帯主の収入は長期にわたって低下したままである。これへの対応が共働き化による収入増である。また高齢化の反映として社会保障給付の増加も経常収入の増加には一定の寄与をしているが、それでも 2015 年までは 2000 年比で 100 を割っており、世帯主収入の減少をカバーできていない。2020 年の経常収入の 2000 年越えは前述の特別定額給付金の影響による一過性のものであり、コロナ禍後も勤労世帯の収入停滞は続くものと思われる。

　下降する世帯主収入を補うために家族総働きで収入の維持に努め、他方で、世帯収入の減少に対応して消費支出を低下させているが、こうした長期に及ぶ生活の圧縮は家族の再生産に大きな負荷をかけることになる。比較的世帯規模の大きな家計調査（総務省）の対象世帯のプロフィールも、世帯主の配偶者の有業率は 2000 年の 39.1％ から 2020 年の 54.7％ へと増加し、他方で、世帯人員は 3.52 人から 3.31 人へと縮小している。国民生活基礎調査の平均世帯人員は 2001 年の 2.75 人から 2019 年の 2.39 人となっている。また労働力調査特別調査による

表 10 - 2　勤労者家計収入の推移

（単位：円）

分類	2000 年平均	2005 年平均	2010 年平均	2015 年平均	2020 年平均
実収入	562,754(100)	(93)	(93)	(93)	(108)
経常収入	552,007(100)	(93)	(93)	(94)	(105)
勤め先収入	527,818(100)	(94)	(92)	(92)	(102)
世帯主収入	460,289(100)	(93)	(91)	(90)	(94)
うち男	446,333(100)	(92)	(90)	(89)	(92)
世帯主の配偶者の収入	54,723(100)	(105)	(106)	(118)	(164)
うち女	54,312(100)	(105)	(105)	(118)	(161)
他の世帯員収入	12,806(100)	(84)	(79)	(62)	(118)
事業・内職収入	3,915(100)	(73)	(59)	(72)	(91)
他の経常収入	20,273(100)	(89)	(123)	(137)	(191)
社会保障給付	18,949(100)	(89)	(124)	(139)	(194)
特別収入	10,748(100)	(93)	(75)	(88)	(283)

注：（　）内の数値は 2000 年を 100 とした指数。
出所：総務省統計局「家計調査年報」。

　共働き世帯の比率は 2000 年時点で 50.7％、2020 年では 68.5％ にもなっている。勤労者世帯の実態は家計調査のプロフィールよりもさらに共働き化が進み、世帯規模が小さくなっていることを示している。

　家計支出の抑制・節約が家族成員の節約にまで及んでいるのである。この小さな家族は働き手のすべてが働くというゆとりのない状況の下で、これまで家庭内で行っていた共同生活維持のための仕事も、一部は外部化し、他は放棄されたり簡略化されたりした。少ない人数で生活維持のための多くの役割を担わざるを得ない家族はストレスを高め、DV や児童虐待などファミリーバイオレンスを多発させている。また「ヤングケアラー」と呼ばれる家族の世話や介護などに追われる中高生の存在も全国調査で明らかにされている。以上のように家族を中心にした世帯という共同体は縮小過程に入るとともにそのセイフティネット機能を著しく毀損させてきている。それを端的に表しているのは自殺動向であるが、2020 年の自殺統計は 11 年ぶりの件数の増加と自殺者の属性の変化として女性と若者の増加を伝えている。家族が女性や若者にとって安全な居場所ではなくなってきているのである。

2 「健康で文化的な生活」とは何か

(1) 今、なぜ「健康で文化的な生活」なのか

　長期にわたって勤労者生活の窮乏化が続き、勤労者の生活水準が下降しているにも関わらず、それに対して社会的な歯止めが全くかかっていない。すでに述べたように、勤労者の生活水準の下降に合わせて、逆に「健康で文化的な生活水準」の最低限度を維持するための生活保護を何度も引き下げるという理不尽な政策が行われているからである。さらに注視すべきは勤労者生活の窮乏化や生活保護の引き下げと並行して、企業の内部留保（利益剰余金）が 2000 年の 191 兆円から 2020 年には 484 兆円に膨張していることである。勤労者への分配そのものが歪んでいるのである。こうした今日の事態は社会保障制度審議会が「95 年勧告」で述べているような「今日の社会保障体制は、すべての人々の生活に多面的にかかわり、その給付はもはや生活の最低限度ではなく、その時々の文化的・社会的水準を基準と考えるものとなっている」とは程遠い状況にあることを示している。

　では憲法や生活保護法で「健康で文化的な生活」の最低限度の保障が謳われながら、なぜこうした状況が看過されてきたのか。憲法の規定を受けた形で、生活保護法においては「最低限度の生活は、健康で文化的な生活水準を維持することができるもの」と定められているが、同時に、「基準及び程度の原則」で、「保護は、厚生労働大臣の定める基準により測定した要保護者の需要を基とし」て、政府の責任で「健康で文化的な生活水準」を決めるとしている。そのため政府の決めた基準が「健康で文化的な生活水準」に照らして妥当か否かが問われることになる。そこで朝日訴訟の第一審では、「健康で文化的な生活水準」は「特定の国における特定の時点においては一応客観的に決定す

べきものであり、またしうるものである」としたうえで、「修養娯楽費」の内容等を具体的に検討して、当時の生活保護による生活水準が「健康で文化的な最低限度」に照らして生活保護法違反との判決を下したのである。

　この時点で最低生活費の算定方法とされていたのは「マーケットバスケット方式」であった。これは「買い物かごに入れるように生活に必要なものを積み上げて生活費を算出する方式」であるが、この時「あるべき最低生活」の根拠とされたのは非稼働者の「栄養学的に必要とされる熱量やタンパク質」であった。そして実際の保護基準額は栄養所要量すら確保できない程度であったと指摘されている[1]。ここでの問題は算定方式の科学的厳密さの問題というより、「あるべき最低生活」の設定のされ方が「健康で文化的な生活水準」から逸脱して栄養に偏り、文化に関してはほとんど配慮されていないことである。「マーケットバスケット方式」は「あるべき最低生活」の具体像を可視化させるということでは優れた方法であるが、「あるべき最低生活」が幅をもつなかで、その恣意性が強調され、その後、1960年代後半以降には「格差縮小方式」、「水準均衡方式」へと変更されていった。

　「マーケットバスケット方式」に変わって採用された算定方法は、生活保護受給者と非受給者の消費格差の縮小や均衡を目的とするもので、「健康で文化的な生活」の「最低限度」をいちいち確認するという手間を省き、一般国民（実際には低所得者）の消費動向に連動させて「最低限度」を上下させるという方式であった。この方式は勤労者所得や消費の上昇期には生活扶助基準を上昇・維持させることができた。しかし、生活扶助基準の根拠は「あくまで栄養を補充することにあり、日常生活での寝起きの動作をする程度の費用の保障」という本質は変わらなかったが、しかし、この変更によって、「健康で文化的な生活」保障という政策規範に照らして、その「最低限度」を設定し直すという

政策姿勢は放棄された。「最低限度」の設定から「健康で文化的な生活水準」が消えたのである。

　しかし、すでにみてきたように1990年代後半以降の長期にわたる勤労者所得の低下と消費生活の縮小の局面においては、一般国民の消費動向を総合的に勘案して生活扶助基準を決める「水準均衡方式」などの基準では「最低限度」が相対的な意味しかもたなくなってくる。「最低限度」の引き下げが繰り返されるなかで、今日の時点での「最低限度」の生活とされているものが、果たして憲法や生活保護法が保障した「健康で文化的な生活水準」にかなったものなのかという疑問が当然出てくる。これは単に生活保護を受給している人びとの生活だけでなく、所得が減少して、消費を縮減させてきている勤労者の生活を含めて問われているのである。

⑵　「健康で文化的な生活」を具体的に捉えることの意味

　ところで「最低限度」の前に冠している「健康で文化的な」が意味しているものは何であろうか。生存権の表現はワイマール憲法では「人たるに値する生存」となっている[2]。これに対して日本国憲法では周知のように「健康で文化的な最低限度の生活」と表現されている。抽象的な人間にふさわしい生活のあり方という言い方がより具体的に「健康で文化的」という表現になっているのである。この2つのキーワードが憲法に盛り込まれた契機やそれに関わった森戸辰男や鈴木義男の思いについては、本書の執筆者でもある中村美帆氏の『文化的に生きる権利』[3]が詳述している。とくに鈴木義男が文化的生活について、「人間が動物と違うところは、ただ働いて食べて寝て起きて死ぬというのではなく、生活に必要なだけは働くが、できるだけ余裕を作って、芸術を楽しむ、社交を楽しむ、読書や修養につとめる、つまり文化を享受し、人格的価値を高めるというところにある」と述べていることを

紹介している。

　このように憲法や生活保護法に謳われている「健康で文化的な生活」の最大のポイントは、健康だけでなく文化的な生活が併記され、それが「人たるに値する生存」の核心として位置づけられていることにある。しかし、その後の経緯はすでにみたように健康についての「あるべき最低生活」は非稼働者の「栄養」補給に限定され、また他方で、文化的生活の「あるべき最低生活」は明示化されることなく、第一・10分位層等の低所得者の消費実態のなかに融解した。だが果たして第一・10分位層等の低所得者の消費実態は「健康で文化的な最低限度の生活」、とくに文化的生活の「最低限度」をクリアしているのであろうか。その消費額で営むことのできる文化的生活の内容はいったいどのようなものなのか。少なくとも今日における「文化的な最低限度の生活」とはどのようなものかを可視化させる必要がある。

　またこの文化的生活は戦争や自然災害、パンデミックなどの惨事においては「不要不急」の営みとして縮小される傾向をもつことにも注意を払う必要がある。「欲ガリマセン、勝ツマデハ」「贅沢ハ敵ダ」とばかりに文化的生活はいち早く節減の対象となるからである。コロナ禍の2020年の勤労世帯の消費支出において、2015年より大幅に減少したのは、食費のなかの外食費（-19ポイント）、被服及び履物費（-17ポイント）、交通・通信費のなかの交通費（-35ポイント）、教養娯楽費のなかの教養娯楽サービス費（-26ポイント）、宿泊料（-48ポイント）、パック旅行費（-48ポイント）、月謝類（-20ポイント）、交際費（-18ポイント）などである。これらがコロナ禍の「三密」防止の社会的行動規制等の影響を受けていることは確かである。そして、縮小された文化的活動によって人びとの「健康で文化的な生活」が大きく毀損されたことをみておく必要がある。このことは改めて「文化的な最低限度の生活」とは何かを明示化することの重要性に気づかせてくれた。

では、この文化的生活はどのようにして具体化し可視化することができるのであろうか。『広辞苑』では、文化「culture」は、「人間が自然に手を加えて形成してきた物心両面の成果。衣食住をはじめ科学・技術・学問・芸術・道徳・宗教・政治など生活形成の様式と内容とを含む」と説明されている。こうした文化の説明では人間生活のすべてが文化ということになるが、憲法等で健康と並んで文化的生活があげられているのは、ここでの文化には特定の生活様式や精神生活が想定されているからと思われる。前述の鈴木義男の場合は、それを、芸術、社交、読書・修養や「新聞を読み、ラヂオを聴取し、ガス、電気を使用し、交通機関を利用する等、通常の文明の恩沢に浴する生活」という言い方で表している。戦後直後から75年を経過した現在の時点における、芸術、社交、読書・修養や「通常の文明の恩沢に浴する生活」の内容はどのように更新する必要があるのであろうか。

　私たちは前記のプロジェクト調査では、①食生活、②住生活、③家電製品や通信機器の保有状況、④旅行や外食、⑤休日の過ごし方、⑥近所づきあいや社会活動への参加、⑦地域における文化施設の設置状況、利用状況などの諸指標を用いて、今日の時点での文化的な生活の状態を把握しようとした。もともとこの文化的生活の内容は、社会権としてはすべての人びとに共通して必要とされるものであるとしても、そのジャンルやコンテンツによっては選択性が高くなることもあるし、逆に、電気・ガス・水道や交通・通信などの生活インフラの場合には選択性が低くなることもある。多様な選択の自由を損なわずに社会権としての文化的生活を享受するためには、個人や家族の側の享受力とともに、社会の側での共通する文化的環境を整えることやそれらへのアクセス（移動や費用）の確保、また文化的生活の享受力の支援（教育）、そして各種の社会活動への参加を容易にする条件の整備などが前提となる。

次いでもう一つのキーワードである「健康な生活」とは何かであるが、これも必ずしも自明ではない。病気でないことや栄養状態が良いことなどは確かに健康のある側面を表すものではあっても必ずしも十分ではない。そこで私たちのプロジェクト調査ではWHO（世界保健機関）憲章の、「病気でないとか、弱っていないということではなく、肉体的にも、精神的にも、そして社会的にも、すべてが満たされた状態あること」という定義に依拠して「健康な生活」を把握しようとした。この定義の特徴は健康について社会的な状態を加えていることにあるが、「健康で文化的な生活」を具体的に把握するにあたって健康の社会性に注意を払うことは、健康格差が社会問題となっているなかで、重要性を増していると思われるからである。

　今回のプロジェクト調査では、肉体的健康、精神的健康、社会的健康を把握する指標として、①本人や家族の健康状態、②医療機関へのアクセスの状況、③食生活、④レジャーや休日の過ごし方、⑤近所づきあいや社会活動への参加、⑥精神生活の状況などをも用いることにした。③食生活、④レジャーや休日の過ごし方、⑤近所づきあいや社会活動への参加などの諸指標はすでにふれた文化的生活の指標とも重なるが、健康的生活と文化的生活が密接に関連しているだけでなく、社会的健康の状態が肉体的、精神的健康に影響を及ぼすことからしてもこうした指標を通して健康状態を社会的、文化的文脈からも捉えることが必要と考えた。

　以上のような健康と文化の２つにキーワードに引き付けて各種の指標により生活像を具体化することは、第一・10分位層等の低所得者の消費実態のなかに相対化させ、消滅させてきた「健康で文化的な生活」の姿を取り戻すことにもなる。またそれによって現実に家計レベルの消費支出という形で表示される「健康で文化的な生活」のもつ歪みにも気づかせてくれる。それは家計レベルの消費支出の「所与」と

なっている生活様式のもつ癖や歪みの反映でもあるが、「健康で文化的な生活」の実現をめざすとき、その「所与」の問題性を問い直す必要があるのである。例えば、家計レベルでは光熱水道費や保健医療費、交通通信費、教育費などとして表されている社会サービス利用の費用は、その供給や利用のあり方（公共化や市場化など）によって大きく異なってくる。つまり、「健康で文化的な生活」の物差しで現代の勤労者生活を照射することによって支配的な生活様式の問題点がみえてくるのである。

3 「最低限度」をめぐる今日的社会状況

(1) なぜ生活の「最低限度」なのか

すでにみてきたように賃金などの分配においても、社会保障の再分配においても、いずれも「最低限度」の下降が続いている。そしてワーキングプアが広がるなかで、とくに生活の「最低限度」である生活保護基準をめぐって、その「最低限度」の高い低いが多くの人びとの関心事になってきている。それは「最低限度」とされる生活保護と同程度で生活する人びとが増えていることとも関連していると思われるが、今日のように「最低限度」が下降する状況の下で、改めて「最低限度」とは一体何かについて考える必要が出てきている。また憲法や生活保護法が権利として保障する「健康で文化的な生活」はなぜ「最低限度」でなければならないのであろうか。そしてその「最低限度」がなぜ現在のこの水準なのかについても明らかにする必要がある。

憲法25条第1項の「最低限度」は必ずしも生活保護の対象者に限定した規定ではなく、第2項の国の増進義務に記されている「社会福祉、社会保障及び公衆衛生」等の政策からすると、広く社会保障政策全般に及ぶ規定である。ではなぜ社会権としての社会保障に「最低限

度」という規定が盛り込まれているのであろうか。リベラリズムの論議では、社会権として要求できる必要と、そうでない要求とを区別して、「国家が強制力をもって実現することのできる価値」は、共約可能な「公共的価値」（「どのような生を生きるのであれ誰もが必要とする価値」）に限定されるべきとされる[4]。しかし、こうした論議からすぐに社会権としての要求が「最低限度」であるべきことを引き出すことはできない[5]。

　では「最低限度」は、どのように説明されてきたのであろうか。その1つには資本主義下での生活の自助原則の「部分的修正」としての社会保障という捉え方がある。つまり、「『最低』を上回る生活部分は、あくまでも各自がその任意的な『自助』活動を通じて、つまり"自由権"や"労働権"を行使することによって自主的に確保されるべきことが原則とされているから」という説明である[6]。しかし、こうした説明は生活保護には妥当しそうにもみえるが、年金や医療、社会福祉、公衆衛生など社会保障全般の水準が「最低限度」であるべきことを説明できないし、実際にもその水準は必ずしも「最低限度」にはなっていない。

　生活保護の場合には生活の自助原則の「部分的修正」は、「残余主義」[7]と結びつけられて「最低限度」が正当化されている。生活保護法においてはそのことが、保護の補足性として、「その利用し得る資産、能力その他あらゆるものを、その最低限度の生活の維持のために活用することを要件」とすること、また「扶養義務者の扶養及び他の法律に定める扶助は、すべてこの法律による保護に優先して行われるものとする」と規定されおり、生活保護が各種セイフティネットの最後のものとして位置づけられていることが分かる。

　とはいえ、ここからうかがえるのは生活保護によるセイフティネットの最終性であって、その基準が「最低限度の生活の需要を満たすに

十分なものであつて、且つ、これをこえないものでなければならない」ことの根拠は示されていない。有無を言わせず頭から生活保護の水準は「最低限度」でなければならないと決めてかかっているのである。同時に目を向ける必要があるのは、生活保護の基準が生活の下限を設定しているだけでなく、上限をも設定していることである。

　なぜ、こうした規範が持ち出されてくるのか。それは生活保護が保障する生活水準を「最低限度」または「最高限度」とすることによって、「他の所得保障制度の給付水準はそれを下まわってはならない。……逆に言えば、生活保護が保障する生活水準は、他の給付水準よりも低くあるべき」というロジックになっているからである[8]。こうした生活保護の低位性規範は「就労や保険料納付へのインセンティブを確保するという機能主義的観点から、あるいは働いている人と保護利用者とのあいだでの『公平性』という社会倫理的な観点から、正当化されてきた」のである[9]。

　しかし、生活保障における実際の「最低限度」の設定は、「最低限度の生活の需要を満たすに十分なものであつて、且つ、これをこえないもの」という生活の現実からの要請を離れ、「保険料納付及び就労のインセンティブや財政的制約といった、社会保障システムにとっての事情によって、つまり生活保護制度にとっても生活保護利用者にとっても相対的に外在的な事情のために『最低限』に切り詰められ」てきたが、この場合の「最低限度」は決して人びとの「健康で文化的な生活」における「最低限度」ではない。このような生活保護の「最低限度」をめぐる論議は、社会権としての「健康で文化的な生活」を保障するにあたって果たして「最低限度」という規範が必要かどうかについての疑念を深めさせる。また生活の「最低限度」が保障されていることになっている生活保護受給者に科せられている普通の人びととは異なった特異な生活様式が「人たるに値する生存」にふさわしい水準

にあるのか、そこでの「最低限度」の生活の中身が内在的に問われてきている。

　こうした中で厚労省の「生活保護基準の新たな検証手法の開発等に関する検討会」（2019年〜2021年）においても、これまでの一般国民生活の消費水準との比較による「相対的なもの」だけではなく、マーケットバスケット方式など理論生計費による絶対的水準としての「最低限度」の生活保障の必要性が論議されている。そしてその際にも問題になっているのが多様性をもつ社会的・文化的経費である。必要にして「最低限度」の社会的・文化的費用とは何かという難問である。社会的・文化的費用という多様性をもつこの生活の質を時々の生活資源の量に置き換えるという問題は、専門家や一部の人びとがパターナリスティックに設定できることではなく、結局、人びとの合意によって解決されるしかないが、その際にもその合意が少数の人びとの生活の質を損なうことのないように細心の注意が払われる必要がある[10]。

(2) 生活の「最低限度」と生活の「最小限度」をめぐって

　憲法第25条が審議された小委員会に提案された社会党案では現在の「健康で文化的な最低限度」という表現が、「健康で文化的な最小限度の生活」となっており、「最小生活ト云フ言葉ハ聞カヌ」という議論を経て今の表現に落ち着いたという経緯はあまり知られていない。またこれまであまり問題にもされてこなかった。それは生活の程度を高低で表示することと、大小で表示することの意味の差異があまり自覚されてこなかったからである。高低は質的な変化を伴うのに対して大小は量的な変化を表示する。「最小限度」では量的な限界のもっている質的な意味があまり明確にならず、一定の生活水準を下まわることが社会的に許容されない生活の質であることが意識されたから「最低限度」という表現に落ち着いたのであろうか。

しかし、今日、生活の「最小限度」に関わる問題がさまざまな形で表れてきている。それは新自由主義による国民生活の窮迫の反映でもあるが、他方で、憲法制定時には想像もし得なかった大量消費社会を経過した現代生活の投影でもある。すなわち、「断捨離」や「終活」ブームなどにみられる消費「ミニマリズム」（最小限主義）の隆盛である。これは生活のなかの活用されない過剰なモノやサービスをそぎ落として「最小限度」のモノやサービスでの生活を志向する考え方であるが、ここでの「最小限度」は自由権の発揮として、一人ひとりの個人が生活のあるべき姿として下から設定している。社会権としての「最低限度」が社会的規制として上から設定されるのとは対照的である。この消費「ミニマリズム」は資本主義下での消費欲求の極大化への誘いに対する個人的抵抗であったり、地球環境の持続性を意識した「最小限度」の生活の追求であったりと、その動機付けはさまざまであるが、その「最小限度」の生活の姿は個人の自由権の上に構築されている。

　生活における「最低限度」と「最小限度」の違いを示す興味深い分析がある。生活保護受給母子世帯の消費水準とほぼ同水準にある低所得母子世帯の消費水準とを比較して、低所得母子世帯後者が「通常、必需品と考えられている財やサービスの消費を量的に、あるいは質的に抑制しながら、むしろ、通常、選択項目と考えられている子どもを通じた社会活動、自分や子どもの将来への投資に、所得や時間を振り向けようとする傾向がある」のに対して、生活保護受給母子世帯では「通常、必需品と考えられている財やサービスに関しては、低所得母子世帯よりも高い消費水準を実現する一方で、社会活動や将来設計に向かう支出を抑える傾向がある」ことを明らかにし、それをもたらしているのは、一般に必需品と考えられていない「社会活動や将来設計に向かう支出」には、「社会的な抵抗感を強く伴うから」と捉えている[11]。

この分析は「最小限度」としての消費の縮小が選択的とみられてい
る社会的・文化的活動の費用を維持し続けることに力点をおいている
のに対して、逆に、生活保護による「最低限度」の消費においては社
会的・文化的活動の費用の維持に強い抑制力が働いていることを示し
ている。つまり、現行の生活保護制度の下で保障されている「最低限
度」の生活水準は文化的な生活要求の抑制を前提に制度化されている
のである。したがって「健康で文化的な生活」の実現には「最低限度」
のなかに文化的な生活要求を必需品として持ち込み、その範囲を広げ
る必要がある。他方、生活の「最小限度」への指向については、その
「最小限度」の程度を「健康で文化的な生活」を基準に客観化してみる
必要がある。それは前述の低所得母子世帯のように社会的・文化的活
動の相対的重視が必需品である財やサービスの抑制とセットになって、
その結果、「健康で文化的な生活」が損なわれることもあるからである。
　今日の「最小限度」生活と「最低限度」生活との関係の特徴は、「最
小限度」生活と「最低限度」生活が接近傾向を示していることと「最
小限度」生活の縮小傾向に合わせて「最低限度」の生活の引き下げが
行われていることである。こうした状況に歯止めをかけるには、すで
に述べたように絶対的水準としての「最低限度」の生活保障によって
「最小限度」生活の際限ない下降を防止しなければならない。それとと
もにコロナ禍や地球環境問題の切迫化は生活の全面的商品化やその上
に構築される個人主義的生活様式を放置したままでは、「最小限度」生
活も「最低限度」生活も「健康で文化的な生活」を保障するものとは
なりえないことに改めて気づかせくれている。すなわち、生活の公共
化やコモンズ化の必要性である。そしてこのことの社会的受容の広が
りを示しているのは、「未来のための自己抑制」とコモンズの重要性を
説く『「人新世」の資本論』[12] の驚異的なベストセラー化であった。

おわりに

　「健康で文化的な生活」とその「最低限度」をめぐる今日的な意味について検討してきたが、これを現実の生活において実現するには2つの課題が残されている。1つは「健康で文化的な生活」を実際に成り立たせる生活の場である地域の意味や地方自治体の役割であり、2つはその「最低限度」の設定や運用に関わる社会運動の役割である。稿を閉じるにあたって、この2つについて簡単に触れておきたい。

　まず第1については、地域住民が「健康で文化的な生活」を営むためには地域にどのような生活環境を整える必要があるか、その現実化ために地方自治体がどのような役割を果たさなければならないかという問題である。この間のプライバタイゼーション、高齢化、人口減少などを受けて、住宅、交通・通信、教育、社会保障・社会福祉など公共的に提供される生活環境のあり方は大きく変化した。すなわち、生活に必要な財やサービスは、基本的には商品の形で市場を通して個人主義的に入手するものとされ、「健康で文化的な生活」の個人的実現のために交換手段である貨幣の獲得に注力する生活の仕方に転換した。地域住民の生活の仕方は商品化・市場化に過度に依存する生活環境となり、その結果、住民の「健康で文化的な生活」の維持には歪みや困難が生じることとなった。個々の住民生活の再生産には欠かせない財やサービスでも市場が成立しなければ提供されることもなく、またそれらが地域の存続に不可欠な生活インフラであるという共通意識も希薄化させられてきた。

　こうして少なからぬ地域では住民生活や地域の再生産が危機的な状況に陥ることとなったのである。これは自治体が地方自治法に謳われている「住民の福祉の増進を図ることを基本として、地域における行

政を自主的かつ総合的に実施する役割を広く担う」という基本的役割
を発揮しづらい状況に置かれたことと無関係ではない。住民の「健康
で文化的な生活」をその地域において具現化するという役割は、自治
体の存在理由そのものである。しかし、1990年代以降の新自由主義
政策の下で自治体のそうした基本的役割は縮小し、変質させられてき
た。それは資本の成長戦略が生活の商品化や市場化と一体のものであ
り、自治体が「住民の福祉の増進」よりも成長戦略の担い手としての
役割を重視するものへと変えられてきたことと関わっている。

　その自治体の縮小と変質の到達点を示しているのが「我がこと・丸
ごと」地域共生社会戦略における自治体の位置づけである。ここでは
自治体が地域の生活問題に直接かかわることは後景に退けられ、「自
治体戦略 2040 構想研究会　第二次報告」（2018 年 7 月）において自治
体の新たな役割として描かれた「プラットフォーム・ビルダーへの転
換」と「新しい公共私の協力関係」（「共助の場」の形成・創出）がす
でに先取りされている[13]。したがって地域社会に「健康で文化的な生
活」を実現するには、自治体を取り巻くこうした状況を変え、本来の
「住民の福祉の増進」という基本役割に回帰して地域の生活環境形成に
直接関与することができるようにさせる必要がある。

　第2の社会運動の役割は、朝日訴訟の運動などからみて取れるよう
に、憲法や生活保護法等に記された「健康で文化的な生活」を実現す
るための基本的な力である。さまざまな当事者運動を初め、労働運動、
協同組合運動、NPO運動、事業者運動などが自らの生活要求を基礎
に社会的標準としての「健康で文化的な生活」を創り出し、維持する
ために大きな力を発揮してきた。そして人びとの「健康で文化的な生
活」の「限度」や「限界」を民主的に決めるのも社会運動の役割であ
る。しかし、生活保護法では前述のように、その「限度」や「限界」
の管理を政府の裁量に委ねている。今、社会保障をめぐる社会運動で

課題となってきているのは、こうした生活の「限度」や「限界」の決め方の妥当性である。

　前記の『「人新世」の資本論』では気候変動の下での気温の「限界」設定の問題を取り上げて、「限界はあくまでも私たちがどのような社会を望むかによって、設定される『社会慣行的』なものである。限界の設定は、経済的、社会的、そして倫理的な決断を伴う政治的過程の産物なのだ。だから、限界設定を一部の専門家や政治家に任せれば、安心というわけにはいかない」としている。このことは「健康で文化的な生活」の「限度」設定の場合にはさらにいえることである。とすれば「限度」設定の民主主義化、すなわち多様な人びとの開かれた議論による決定が必要ということになってくる。現在のような一省庁の裁量権のなかに封じ込められた「限度」設定の解放こそが求められるのである。そしてその大きな役割が社会運動に期待されている。

注
1　岩永理恵「最低生活保障実現に向けた生活保護」駒村康平編『最低所得保障』岩波書店、2010 年。
2　この「人たるに値する生存」の最近の国際的な表現の 1 つが「まともな」（decent）である。
3　中村美帆『文化的に生きる権利―文化政策研究からみた憲法第二十五の可能性―』春風社、2021 年。
4　齋藤純一『政治と複数性―民主的な公共性に向けて―』岩波書店、2020 年。
5　リバタリアニズムの立場から、「なぜ、福祉への権利ではなく、最小限の福祉への権利なのか」を論じたものとして、橋本祐子『リバタリアニズムと最小福祉国家』（勁草書房、2008 年）がある。そこでは「最小限の福祉」について、「人が生存するために必要な最小限のものである。それ以上を超えるもの、例えばその人の善き生を送るための御膳立てをすることは最小限の福祉の供給ではない。福祉への権利が最小限でなければならない理由は、他人から干渉されないという消極的権利を侵害する程度を最小限にとどめなければ

ならないからである。」と説明されている。ここでは自由権と社会権を対立するものと捉え、自由権への侵害を最小化するために、社会権としての福祉の上限を最小化すべきことが説かれている。

6　工藤恒夫「社会保障の政策目的としての"生存権"保障」中央大学経済研究所編『社会保障と生活最低限―国際動向を踏まえて―』中央大学出版部、1997年。

7　「福祉は市場と家族によって提供されるべきであって、これらによる福祉供給が失敗した場合にのみ、国家の福祉制度が一時的に作動し、最小限のセイフティネットを提供する」とする考え方。

8　この低位水準というロジックは国民年金の給付水準や最低賃金額にみられるように厳格に貫かれているわけではない。

9　富江直子「最低生活保障の理念を問う―『残余』の視点から―」前出『最低所得保障』所収。

10　これまでのマーケットバスケット方式など、絶対水準による最低生活費の算定においては、人間生活にとって必需ともいえる社会的・文化的費用を具体化することが恣意性を理由に避けられ、または軽視されてきたように思われる。必要不可欠な社会的・文化的費用を論議し、最低生活費のなかにしっかりと組み込む必要がある。

11　後藤玲子「正義と公共的相互性―公的扶助の根拠―」『思想』No.983、2006年3月。

12　斎藤幸平『「人新世」の資本論』集英社新書、2020年。

13　大沢光「『我が事・丸ごと』地域共生社会からみた『自治体戦略2040構想』」『住民と自治』2019年2月号。

おわりに
　──「健康で文化的な生活」をすべての人に
　　〈地域・自治体からの活動・運動の組織化を〉

河合克義

　私たちは、全国生活と健康を守る会連合会（全生連）と全日本民主
医療機関連合会（全日本民医連）が共同で実施した「健康で文化的な
生活とは何か」を問う調査に関わり、その調査結果を基礎に本書を編
んだ。私たちは、憲法 25 条のいう「健康で文化的な最低限度の生活」
を実現する条件を⑴経済的生活基盤、⑵健康、⑶文化という 3 つの領
域から、その政策保障のミニマム、あるいは公的責任のあり方を検討
する必要があると考えている。本書のおわりに、この 3 つの領域ごと
の検討課題について述べておきたい。

1　生活基盤と制度間調整
　まず、「健康で文化的な」生活をするには、その基盤に生活の安定が
必要である。経済的基盤の差が、生活のいろいろな面に現れることは、
本書で紹介してきた「健康で文化的な生活」調査の結果でも明らかで
ある。
　例えば、「年間収入」を基軸にいくつかの変数と比較すると、収入の
多寡によって、健康状態、お正月のお祝いをしたか、外食の機会、泊
まりがけの旅行の機会、文化施設の利用状況等で差がみられた。つま
り、収入が低い層ほど、健康状態が悪く、お正月のお祝いをせず、外
食の機会が少なく、旅行も行かない。そして文化施設の利用も少ない。
　ただし、日本においての生活を支える基盤整備を考える際、注意し
たいことは現金給付（所得保障）に偏りすぎていて、現物給付（社会的
共同消費手段）が過小であることである。社会的共同消費手段を重視

し、それをもっと充実させなければならない。このことを前提に、現金給付部分について述べるならば、生活の「最低限」（ミニマム）に向けて、諸制度がそのミニマム水準を引き下げないように調整するシステムが欠けていることが大きな問題である。

　高齢者についてみてみると、各制度がバラバラにいろいろな負担を強いてきている。その負担によって、高齢者の生活がどうなるのか誰も責任をとっていない。例えば、介護保険制度では保険料と給付における利用者負担があり、また医療保険では健康保険制度の保険料と窓口負担がある。さらに年金額の引き下げも生活に与える影響は大きい。その結果、高齢者の現実の経済状況がどうなるのかをみるシステムがないのである。

　本書の第 10 章で述べられているとおり、4 半世紀の間、国民の平均的所得金額は下がったままの状態にある。さらに 1980 年代以降、生活資源の商品化が一段と進展した結果、商品購入を前提に生活が成り立つ状況が進んでいる。生活するためには、お金が今まで以上に必要な社会になってきている。

　生活の現実をみてみよう。本書で紹介してきた「健康で文化的な生活」調査では、生活保護基準相当額として、単身で年間収入 150 万円、世帯で 200 万円という線を設定し、その生活の現実をみてきた。明らかなことは、生活保護の今の基準では「健康で文化的な生活」を実現するには不十分であるという事実である。

　その意味で、国民的な経済的ミニマムは、生活保護基準よりもう少し上に設定されなければならないであろう。そのミニマムへ向けての諸制度の総合調整が必要なのである。ミニマム基準が引き下げられることのないように、各制度は現実の生活、各世帯の家計の実態をみなければならない。各制度がバラバラに世帯に負担を強い、世帯収入が減少することが、個々の世帯にどのような結果をもたらすのかをきち

んと測定しなければならない。「生活の基盤」がないところに「健康で文化的な生活」は実現されない。

2　健康と予防

　健康であるためには、多様な条件・施策が必要となる。病気になった時には、適切な治療が受けられることは重要なことである。しかし、ここでとくに強調したいことは「予防」ということである。病気にならないように、健康を維持するための条件を作ることは予防ということでは基本的なことであるが、他方、病気になっても初期に発見し、治療をすることも、広い意味での予防活動である。こうした予防を重視した優れた取り組みは、日本の戦後の歴史のなかでもいくつかの地域にみられる。

　その例として、例えば、第2次世界大戦直後に長野県の佐久総合病院の若月俊一が行った「潜在疾病とのたたかい」を挙げることができる。若月は、次のように述べている。

　医者にみせないで「がまん」する、あるいは、させられてしまうような農民的生活の中にこそ、すべての原因があると思いました。
　それには、①医療費という経済的原因もあります、②農繁期の多忙のため、手間がないということもあります。また、③僻地では、医者がいない、あるいは医者がいても、そこまでいくのに非常に不便であるという、いわゆる「無医村的」環境のために、「がまん」してしまう場合もありましょう。結局は、農村や農家の貧困ということに帰するわけですが、また、明らかに、④農民自身の衛生的知識の欠乏がもとになっている場合もあります。そのため、「気がつかない」で放っておく。そして「手遅れ」になる[1]。

若月は、潜在疾病には「がまん型」と「気づかず型」があると整理しているが、その原因として「農村や農家の貧困」と「農民自身の衛生知識の欠乏」を挙げている。ここから、若月は農民自身による地域づくりと主体的学びを働きかけた。医療の範囲をはるかに超えた生活改善と地域づくり、また地域の中に入り込み、そこで指人形や演劇を通して衛生教育、地域の民主化を進めた。

　予防を重視した地域づくりの例として、もう一つ挙げたいのは、岩手県沢内村の取り組みである。沢内村は、1960年に65歳以上、翌年には60歳以上の者を対象に、日本で初めての「老人医療の無料」制度を創設した自治体である。「沢内方式」と呼ばれたこの制度は、単に医療費の自己負担を無料にしただけではない。沢内方式の特徴は、予防活動を中心に置いたことである。保健・医療・福祉の施策を一体的に進めた。同時に、村民自身の学習と住民組織活動を重視した。

　この老人医療の無料化は、1969年、美濃部亮吉都知事のもと東京都の制度となり、全国の自治体に広がっていき、さらに1973年に国の制度となった。しかし、この老人医療無料の制度は、1983年2月の老人保健法施行によって、わずか10年で廃止されることとなった。

　老人保健法による政策の背後には、〈無料の制度は医療費を増大させる〉という考えがあった。1970年代半ば以降、老人保健法が策定される過程で、「医療の無料化が病院を老人のサロンに変えた」とまでいわれた。

　1982年8月成立の老人保健法によって、国の老人医療無料の制度が廃止されることが決まったが、同年10月に、厚生省公衆衛生局老人保健部長が「老人保健法における医療について」という通知を出している。

　その第7項目「地方単独事業の取扱いについて」には、次のように記されている。

「従来、多くの都道府県又は市町村が独自の判断で行っている年齢の引き下げ又は所得制限の緩和等による老人医療に関するいわゆる単独事業あるいは上乗せ福祉については、本法の趣旨、内容を十分御理解の上、本法との整合性、単独事業実施による医療保険財政や国及び他の地方公共団体の財政に対する影響を十分配慮しつつ、その存続の必要性等について再検討し、本法実施までに適切な対応をされたいこと。

　なお、臨時行政調査会の第1次答申は、『地方公共団体は、単独事業としての老人医療無料化ないし軽減措置を廃止すべきである』とし、また、基本答申は、『いわゆる上乗せ福祉については、徹底した見直しを早急に行い、全体としてその財政支出の合理化を推進すべきである』としており、これらの趣旨に沿うものであること。」

　実際、国は「上のせ福祉」実施自治体に対し、①「臨時財政調整補助金」（1983年度で22億円）の不交付、②「社会保険診療報酬支払い基金」の使用停止という制裁措置をすると通知したことで、全国の自治体単独事業としての老人医療無料制度は消滅していった。

　こうした中で、沢内村は無料制度を継続してきたが、2000年の介護保険制度のスタートによって、それまで沢内で実施してきた保健・医療・福祉の一体的推進体制は変質を余儀なくされ、「介護保険を下支えする役割」（高橋典成）を担うことになってしまった[2]。

　確かに、介護保険制度は、それまでの予防活動のあり方を大きく変えるものであった。

　さて、1980年代以降、国の医療制度の方向は、高齢化による医療費の増大を病院での窓口負担の強化で抑制しようとしてきている。2008年の後期高齢者医療の導入、また2022年10月から75歳以上の高齢者に対する病院窓口での負担の2割化（対象：単身世帯で年収200万以上、夫婦世帯で年収320万円以上）も、導入の論理は同じである。

今日、予防施策を進めることが政策的に困難な状況にある。介護保険制度導入後の健康政策が介護予防に限定されてきているのである。介護予防が予防のすべてではない。

　そもそも地域住民の健康づくり施策や活動は、介護予防だけで完結するはずはない。地域丸ごとの健康づくりということでは、改めて、若月俊一のもと佐久総合病院が取り組んだ「潜在疾病とのたたかい」、また沢内村の保健・医療・福祉の一体的推進の取り組みの精神と実践を学ぶ必要がある。

　少なくとも、医療機関での窓口負担を増やし、病院との距離を作ることは、病気の早期発見、初期治療とはならない。結果として医療費の増大となることは明確である。岩手県沢内村の取り組み、また佐久総合病院の潜在疾病を初期段階で発見するシステムである長野県八千穂村での「全村健康管理」は、結果として2つの地域とも医療費の減少をもたらしたことを忘れてはならない。

　真の予防政策・活動とは何かを考え、地域・自治体から「健康な生活」を実現する方向・条件を考えたい。

3　文化的な生活をすべての人に

　本書の第6章において、中村は、憲法25条の「健康で文化的な最低限度の生活」の「文化」とは何か、とくに生存権と文化との関係を論じている。中村は、とくに憲法25条によって生存権と文化が一体化したことを「画期的変化」だったとみている。

　憲法制定過程では25条をめぐって「文化」の内容が議論されたが、憲法制定後は〈「文化」を含めた25条〉の中身がほとんど議論されないままに今日に至っている。

　私たちは、本書で紹介してきた「健康で文化的な生活」調査の中で、「文化的な生活」の実態・現実を明らかにし、文化的な活動ができる条

件を考えてきた。調査対象者の文化活動以前の厳しい生活の現実は衝撃的なものであった。

　第5章で、私たちの調査の第2次調査の事例を紹介したが、在日韓国人女性で、戦時中、父が徴用を避けて日本に移住し、その後、本人が3歳の時に母に連れられて日本に来た方を思い出していただきたい。これまでの多くの困難を努力で乗り越えて、その苦労が日記ににじみ出ている。

　「新しい日を7時20分にむかえた。私も家族達も無事な日をおくることが出来ます様に、同じく東に向かって手を合わせた。……今日も無事でくらせました。ありがとう。」

　「私は花が大好きで……ほしいほしいと前から思っていた花がある。でも1980円ちょっと高い。わたしの1日分の食事のお金だ。……花は毎年咲くけど、私は1日1日が気をゆるせないのだ。ああ……。でも、さあ今日はこれくらいにして夕食をつくり、テレビをみて15日をむかえよう!!」

　このケースに明確に示されていることは、文化的な要素が生活の中に加わるには、「最低限度の生活」の水準、そのイメージを大きく変えなければならないということである。私たちの中にある「最低限の生活」の中身をもっと豊かにしなければならないのではないか。

　もう一つ考えなければならないことは、「文化を享受する力」を小さいころから育てることが大切だということである。第9章のフランスの実態で示されているように、教育の一部としての「文化」があり、それは「個々人の中にある文化を豊かにする（enrichir la culture de chacun）」ものであり、「楽しむもの、レジャーではなく学びに近い」ことが紹介されている。

　本書の第5章で紹介した樺太からの引き揚げ者の事例からは、「文化的なものを楽しむ力・享受する力」を養うことを、それぞれの人生の

中で社会的に保障することが必要であることを思い知らされた。この方は、学校には小学校３年生までしか行かず、家の手伝いをしてきた。電気もなく、ラジオも聴けなかった。映画も見たことがない。本を読む機会もなかった。

　人格形成期に文化を楽しむ力を、学校教育の中で、あるいは地域文化活動の中で、どのように育てるのか、このことが重要な課題であろう。また、文化的な活動をする時間的余裕が生涯の中であるのかということに関連して、日本の仕事のあり方も問われるところである。とにかく、小さい時から文化を享受する力がどのように獲得されているか、それがその人の現在の文化的な欲求水準を規定することになるのである。

　フランスでは「すべての人に文化を（la culture pour tous）」という政策的スローガンがある。毎年９月の新学期には、学校、大学、地方自治体をあげて、子どもから高齢者までの全世代に向けて文化・社会活動団体（NPO、フランスでは Associations という）の紹介をし、参加を呼びかけている。学校の「新学期」は、「余暇活動（loisirs）」と「団体生活（la vie assosiative）」のスタートの時期でもあるといわれる。

　私たちの「健康で文化的な生活」調査において文化施設の利用状況を調査項目に入れたが、本書で紹介しているように、その利用率は低い。

　日本の現状からして、文化を楽しむ力・享受する力を全国民的に育てる社会的方策が求められているのではないか。同時に、世帯の経済力で文化を楽しむことに格差があってはならない。

4　地域・自治体からの活動・運動の組織化を

　昨今、「ニーズの潜在化」あるいは「社会的孤立」が問題にされている。本人が自覚していない・気がつかないニーズというものがある一

方、本人は気がついていても我慢していることから社会的に注目されず、隠されている現実も他方にある。

　前述のとおり、若月は潜在疾病には「がまん型」と「気づかず型」があるといった。「健康で文化的な生活」の要求を明らかにするには、地域ごとに潜在化している課題を丁寧に拾い上げることが必要となろう。その際、地方自治体の役割は、非常に大きい。声をあげない人の「健康で文化的な生活」要求を、地方自治体ごとに把握し、整理し、そこからミニマム水準を設定する作業が求められている。

　同時に、地域住民自身の「健康で文化的な生活」とは何かを考える学習と課題解決のための諸団体の組織化活動・運動が求められる。第10章で述べたとおり、地方自治体が「住民の福祉の増進」を重視し、地域の生活環境形成に直接関与することができるようにさせる住民からの働きかけが大切である。

　日本における「健康で文化的な生活」は、世帯の経済力への依存度が高い。つまり経済的に余裕のある世帯は、健康と文化を享受できるが、経済的に不安定な世帯は、それらを享受できない環境にある。本書第8章で述べているように、「たとえ生活扶助費が最低生活費を十全に満たせるほど十分な金額でなくても、欧州先進諸国のように文化面の社会資本（社会的共同消費手段）が無料または安価で豊富に提供されていれば、貧困者が余暇活動・趣味活動に参加する際のハードルは相当に低くなる。」ことを改めて強調したい。このことは、生活保護世帯のみのことではない。国民すべての人にいえることである。文化面の社会的共同消費手段が無料または安価で豊富に提供されるならば、国民の余暇活動・趣味活動に参加する条件が大きく変化するであろう。

　今、求められていることは、社会の側での健康と文化を享受できる環境をもっと整えることや、それらへのアクセスの確保を国民的に保障することではないか。

「健康で文化的な生活」をすべての人に保障するための日本の途を地域・自治体から探りたい。

注
1　若月俊一『信州の風の色―地域農民とともに50年―』労働旬報社、1994年、128-129頁。
2　高橋典成・高橋和子『今と未来に生きる生命尊重行政―沢内村（現西和賀町）が教えてくれること―』日本機関紙出版センター、2019年、80頁。

執筆者紹介（執筆分担順）

河合克義（かわい・かつよし）
明治学院大学名誉教授。専門は社会福祉論。博士（社会学）。明治学院大学教授、明治学院大学副学長、港区政策創造研究所初代所長を歴任。2018年より現職。現在、港区地域保健福祉推進協議会会長、東京都生活協同組合連合会理事、自治労連・地方自治問題研究機構運営委員などを担っている。
著書等　『大都市のひとり暮らし高齢者と社会的孤立』法律文化社、2009年、『生活分析から政策形成へ—地域調査の設計と分析・活用—』（長谷川博康と共著）法律文化社、2017年、など。

板倉香子（いたくら・こうこ）
洗足こども短期大学准教授。社会福祉士。専門は地域福祉、子ども家庭福祉。修士（社会福祉学）。前橋市社会福祉協議会、群馬社会福祉専門学校、港区政策創造研究所などを経て、2014年より洗足こども短期大学専任講師、2021年より現職。2020年より社会福祉法人愛児の家評議員。
著書等　『社会的孤立問題への挑戦—分析の視座と福祉実践—』（共編著）法律文化社、2013年、『子ども家庭福祉—子ども・家族・社会をどうとらえるか—』（共編著）生活書院、2020年、など。

菅野道生（かんの・みちお）
岩手県立大学准教授。専門は地域福祉論。修士（社会福祉学）。東京ボランティア・市民活動センター専門員、東日本国際大学福祉環境学部准教授を経て2012年より現任校着任。内閣府社会経済研究所研究員、港区政策創造研究所等歴任。
著書等　『押さえておきたい　地域福祉』（編著）ぎょうせい、2022年、「岩手県A市B地区の高齢者世帯におけるゴミ出し支援のニーズに関する調査」（共著論文）岩手県立大学社会福祉学部紀要32号、2022年、『岩手の地域課題から社会保障を考える—貧困・高齢者・国保税・医療・社会福祉—』（共著）岩手地域総合研究所、2019年、など。

中野航綺（なかの・こうき）
東京大学大学院人文社会系研究科博士課程3年。専門は社会福祉行政研究、社会福祉政策研究。修士（社会学）。
主な論文　「『相談』の民間委託とその影響—地域包括支援センター・在宅介護支援センターの民間委託の経緯と特徴に注目して—」『社会政策』第13巻3号、ミネルヴァ書房。

小川栄二（おがわ・えいじ）
元立命館大学産業社会学部教授。元世田谷区福祉事務所職員。
現在、自治労連・地方自治問題研究機構運営委員。全国老人問題研究会運営委員。
著書等　『北東アジアにおける高齢者の生活問題と社会的孤立』（共著）クリエイツかもがわ、2019年、『ホームヘルパーの手による1000の事例研究会報告書』（共著）ホームヘルパー全国連絡会、2020年、など。

中村美帆（なかむら・みほ）
公立大学法人静岡文化芸術大学文化政策学部芸術文化学科准教授。専門は文化政策研究。博士（文学）。日本学術振興会特別研究員（DC2）、静岡文化芸術大学文化政策学部講師を経て、2018年より現職。
著書等　『文化的に生きる権利―文化政策研究からみた憲法第二十五条の可能性―』春風社、2021年、『法から学ぶ文化政策』（共著）有斐閣、2021年、『自治体文化行政レッスン55』（共著）美学出版、2022年、など。

吉永　純（よしなが・あつし）
花園大学社会福祉学部教授。専門は公的扶助論。全国公的扶助研究会会長、日本社会保障法学会理事。1979年京都大学法学部卒業、2010年京都府立大学大学院博士後期課程修了、博士（福祉社会学）。1982年京都市役所に入り福祉事務所を中心に、生活保護ケースワーカー（12年半従事）をはじめ生活保護事務、生活保護監査、ホームレス支援などに携わる。2006年花園大学社会福祉学部助教授を経て2008年から現職。
著書等　『生活保護審査請求の現状と課題』明石書店、2020年、『判例　生活保護』（共編著）山吹書店、2020年、など。

唐鎌直義（からかま・なおよし）
佐久大学人間福祉学部教授（特任）。専門は社会保障論・国民生活研究。長野大学助教授、大正大学教授、専修大学教授、立命館大学教授を経て、2021年より現職。現在、総合社会福祉研究所理事、労働運動総合研究所理事。全国年金減額違憲訴訟において、原告側証人として2019年に大阪地裁で、2021年に和歌山地裁で証言した。
著書等　『日本の高齢者は本当にゆたかか』萌文社、2002年、『脱貧困の社会保障』旬報社、2012年、『ここまで進んだ！格差と貧困』（共著）新日本出版社、2016年、など。

安發明子（あわ・あきこ）
在仏社会保障・社会福祉研究者。専門は子ども家庭福祉、児童保護分野の研究。フランス国立社会科学高等研究院健康社会政策学修士、社会学修士。
著書等　『親なき子』（ペンネーム島津あき）金曜日社、2008年、「社会的養護と子どもの権利条約―フランスとの比較の中で―」『人間と教育』民主教育研究所、2019年、など。

浜岡政好（はまおか・まさよし）
佛教大学名誉教授。専門は社会学、労働・生活研究。現在、総合社会福祉研究所副理事長。
著書等　『公共性と市民〈第三版〉』（共編）学文社、2020年。「最賃・社会保障の両輪論と労働組合の社会保障運動」『季刊 自治と分権』第84号、2021年7月、自治労連・地方自治問題研究機構、大月書店、など。

編著者

浜岡政好（はまおか・まさよし）佛教大学名誉教授

唐鎌直義（からかま・なおよし）佐久大学人間福祉学部教授（特任）

河合克義（かわい・かつよし）明治学院大学名誉教授

執筆者（執筆分担順）

板倉香子（いたくら・こうこ）洗足こども短期大学准教授

菅野道生（かんの・みちお）岩手県立大学准教授

中野航綺（なかの・こうき）東京大学大学院人文社会系研究科博士課程3年

小川栄二（おがわ・えいじ）元立命館大学産業社会学部教授

中村美帆（なかむら・みほ）公立大学法人静岡文化芸術大学文化政策学部芸術文化学科准教授

吉永　純（よしなが・あつし）花園大学社会福祉学部教授

安發明子（あわ・あきこ）　在仏社会保障・社会福祉研究者

＊詳しくは「執筆者紹介」参照。

「健康で文化的な生活」をすべての人に

―憲法25条の探究―

2022年3月31日　　初版第1刷発行

編著者　浜岡政好・唐鎌直義・河合克義

発行者　長平　弘

発行所　㈱自治体研究社
　　　　〒162-8512 東京都新宿区矢来町123　矢来ビル4F
　　　　TEL：03・3235・5941／FAX：03・3235・5933
　　　　http://www.jichiken.jp/
　　　　E-Mail：info@jichiken.jp

ISBN978-4-88037-738-4 C0036　　　　印刷・製本／モリモト印刷株式会社
　　　　　　　　　　　　　　　　　　　　DTP／赤塚　修

社会保障法
──権利としての社会保障の再構築に向けて

伊藤周平著　定価 3520 円

公的扶助（生活保護）、年金、社会手当、医療保障、労働保険、社会福祉を章ごとに解説し、その不備を生存権から捉える社会保障法の決定版。

コロナ禍からみる日本の社会保障
──緊急対応と政策課題

伊藤周平著　定価 2200 円

コロナ禍で日本の社会保障の制度的脆弱さが明らかになった。医療・保健（公衆衛生）、介護、保育・学童保育、生活保護などの実際を検証する。

検証 介護保険施行 20 年
──介護保障は達成できたのか

芝田英昭編著　定価 2420 円

介護保険が目的とした社会的入院の解消、介護の社会化、介護離職の解消等は達成できたのか。権利としての社会保障の視点からとらえ直す。

子どものための児童相談所
──児童虐待と子どもへの政治の無関心を超えて

浅井春夫編著　定価 1870 円

2020 年、20 万件を超える「子ども虐待相談」が全国の児童相談所に持ち込まれた。225 か所の児童相談所で 4553 人の児童福祉司が対応した。

デジタル改革と個人情報保護のゆくえ
──「2000 個の条例リセット論」を問う

庄村勇人・中村重美著　定価 990 円

デジタル改革関連法の成立により、住民の個人情報は利活用する方向が示された。条例の「改正」も含め、自治体はどのように対応すべきか。